지금 여기의
페미니즘×민주주의

Feminism
×
Democracy

정희진　서민　손아람　한채윤　권김현영　손희정　홍성수

지금 여기의
페미니즘×민주주의

교유서가

차
례

'남성의 얼굴'을 한
'합리적 시민' 앞에서

'명백한 거악'과 '정치아이돌', 그리고 사라진 목소리

저는 2007년 신문사 〈한겨레〉에서 기자생활을 시작했습니다. 10년이 조금 넘는 기자생활 동안 가장 기억에 남는 취재의 순간을 꼽으라면 2008년 5월, 광장에서의 두 달입니다. 당시 저는 부서의 막내 기자이자 사회 영역을 담당하던 기자였기 때문에 현장은 대체로 저의 몫이었습니다.

가장 기억에 남는 장면은 '넥타이부대' 등이 합류하기 전의 촛불집회입니다. 중간고사가 끝나고, 주말과 어린이날이 이어진 황금연휴 덕에 5월 첫 주 청계광장에는 교복 치마를 입은 10대 여성 청소년이 많았습니다. 2008년 5월 6일 한 친구는 촛불문화제 단상에 올라가 "아, 떨립니다. 미친 소를 수입하지 않겠다고 이명박 대통령이 내게 말해줬으면 좋겠다는 생각에 '텔미춤'을 준비했습니다"라고 말하며 즐겁게 당시 유행하던 원더걸스의 〈텔미〉 음악에 맞춰 춤을 췄습니다. 동방신기 팬클럽 '카시오페아' 등 아이돌 팬덤은 물론이고 '쏘울드레서', '쌍코' 등 (지금은 익숙하지만 당시에는 생소했던) 화장법·패션팁 등을 공유하던 '여초카페 회원들' 역시 광장의 상당 지분을 차지했습니다.

당시 10대들은 '광우병 쇠고기'라는 먹거리 이슈는 물론, 0교시, 우열반, 영어몰입교육 등 이명박식 신자유주의적 교육정책에 대한 문제의식도 매우 높았습니다. 이명박 대통령은 '얼리버드'이자 '개천의 용'으로 살아온 자신의 성공신화를 교육정책에 녹였죠. 10대들은 마우스 클릭하듯, 쉽고 빠르게 반대를 현실세계에서 표현했습니다. 이슈의 공유도 굉장히 빨랐습니다. 새로운 '풍경'이자 '현상'으로 많은 언론들이 여기에 주목했습니다.

2008년 촛불집회 이야기를 다소 길게 꺼낸 건, 당시 역대 최대 표차로 당선된˚˚ 이명박 정권이 출범 100일 만에 이토록 발랄했던 시민과 '명박산성'을 높이 쌓으며 절연했던 정권임을 복기하고자 함입니다. 또한, 당시의 1020여성이 지금의 2030여성이 되어 2016년의 광장을 채웠음을 상기하고자 함이기도 합니다.

2008~2012년 이명박 정권에 이어 2017년 3월 박근혜 대통령의 탄핵이 가결되기까지 지난 10년은 '합리적 시민'들에게는 '명백

˚「당신이 10대라면 가만히 있겠는가」, 〈한겨레21〉 710호, 2008. 5. 20.
˚˚ 이 기록은 문재인 대통령에 의해 깨졌다. 문재인 대통령은 557만 표차로 당선돼 이명박 대통령의 '최다 표차 당선(531만 표)' 기록을 깼다.

한 거악'이 존재하던 세월이었습니다. 2018년 3월 22일 발부된 이 명박 전 대통령의 구속영장에는 그가 시민으로부터 위임받은 권력을 활용해 어떻게 사익을 추구했는지가 잘 적시돼 있습니다. 대통령 선거 때부터 제기됐던 '다스' 비자금 의혹은 모두 사실로 드러났습니다. 대통령이라는 지위를 이용해, 'BBK'에 대한 투자금을 반환하는 소송비용을 삼성이 대납하게까지 했죠(〈한겨레21〉 사무실에서는 이명박 전 대통령의 구속영장이 발부되던 날, "희대의 잡범"이라는 탄식이 절로 새어나왔습니다). 졸속으로 이뤄진 4대강사업, 용산 참사, 자원외교 비리, 신문사가 방송사업에 진출할 수 있도록 허용한 방송법 개정, 방송사 낙하산 사장 임명 등 국민의 돈을 사적으로 사용하고, 언론의 구조를 바꾸고, 땅을 파헤치는 등 통치행위를 빙자한 '돌이키기 힘든 잘못'을 열거하려니 가슴이 답답해집니다.

박근혜 정부의 잘못은 조금 결이 다릅니다. 박근혜는 이 책 '5강'에서 권김현영이 지적하듯 "아무것도 하지 않는 것이 어떤 비극을 만들 수 있는지를" 손수 보여준 대통령입니다. 2014년 4월 16일, 세월호 참사가 벌어지는 동안 국가는 '윗선에 보고하는 일'만 신경 썼고 아이들은 속수무책으로 바다에 잠겼습니다. 그 참사를 지켜본 모든 사람들은 거대한 트라우마를 안게 됐습니다. 안전하지 않은 사회가 안긴 사회적 트라우마인 셈입니다. 무위의 극치를 보여준 박근혜 대통령은 도대체 무얼 하는지 아직도 알 수 없는데다가 이름도 괴이한 '미르재단'·'K스포츠재단'을 통해 최서원씨가 돈을 챙기는 데는 적극적으로 조력하거나 방조한 걸로 보입니다. 한심한 대통령이었습니다.

　기자의 입장에서 말해보면, 이 명백한 거악을 비판하는 건 비교적 쉬운 일입니다. 선악이 분명합니다. 법과 상식에 근거해, 잘잘못을 찾아내면 됩니다. 물론 지금처럼 MB의 '집사' 김백준도, MB의 조카 이동형도 "다스는 MB 것"이라고 진술하지 않았기 때문에, 사실관계가 잘 취재되지 않았습니다. 검찰도 움직이지 않았습니다(이제 와 움직이는 검찰의 칼을 보면 사실 조금 계면쩍기도 합니다). 그 잘잘못을 취재해 기사를 쓰면 돌아오는 건 "새빨간 거짓말"이라는 뻔뻔한 외침이거나, 딴소리거나, 무응답이거나, 소송이었습니다. 하지만, 적어도 독자나 시민으로부터 외면당하기보다는 응원받았습니다. 세월호 참사 때의 기레기 논란은 보도행위에 대한 비판이라기보다는 '취재윤리'에 대한 비판이었습니다. 그 역시 옳은 질책이었습니다.

　그런데 2017년 5월, 문재인 정부가 출범한 뒤 사정은 달라졌습니다. 문재인 정부는 명백한 거악이 아닙니다. 문재인 대통령은 적폐청산을 내걸고 당선된, 합리적 시민의 상식에 부합하는 정권입니다. 그간의 행보는 감동도 줬습니다. 5.18민주화운동 기념식에서 계엄군에 의해 아버지를 잃은 유가족을 따뜻하게 안아주는 문재인 대통령의 모습은 한 국가의 지도자가 지녀야 할 품성의 전형을 보여주는 듯했습니다. 모든 것이 가려져 있던 밀실과 권위의 청와대를 10년 가까이 보다가, 대통령이 소탈하게 직원식당에서 점심 먹는 모습, 청와대 비서관과 커피를 마시며 산책하는 모습을 보는 것만으로도 사람들은 '안구 정화'를 외쳤습니다. 문재인 대통령이 입은 등산 재킷이 품절되고, 문재인 대통령이 즐겨 간 커피숍에서는 그가 즐겨 먹던 원두의 배합비율이 '문블렌딩'이라는 상품이 되기도 합니다. 대통령은 최고의 정치아이돌이 되었습니다.

"좋은 사람이 대통령이 되었는데 왜 우리의 삶은 달라지지 않는가"

대통령이 아이돌이 되면서, 정부에 대한 비판은 어려운 일이 됐습니다. 합리적 시민이 문재인 정부를 지키는 기사단이 되었습니다. 이는 선거기간부터 예견된 일이었습니다. 19대 대통령선거 직전, 유시민씨는 이렇게 선언합니다. "제가 대선이 끝나고 뭘 할 건지에 대해 많은 분들이 궁금해하시는데 저는 공무원이 될 생각이 없어요. 제가 진보 어용 지식인이 되려고요." 대통령선거 후 방송인 김어준씨는 이렇게 말했습니다. "이제 진보정권에서 진보언론이 기사를 쓰는 방식을 새롭게 고민해야 한다. 시대가 원하는 진보언론의 역할은 다르다." '진보끼리는 비판하면 안 된다'는 진영논리, '우리 편을 비판하면 적'이라는 패거리주의로 기사단의 활동은 든든한 뒷배를 얻었습니다.

이 합리적 시민은 대체로 남성의 얼굴을 하고 있습니다. 여성/소수자시민의 모멸감은 이 국면에서 설 자리를 잃게 됐습니다. 이 책 '8강'에서 정희진은 "문재인 정부의 최대 약점은 젠더"라고 지적합니다. 젠더가 아킬레스건이 될 것은 선거 때부터 예측됐습니다. 대통령선거운동 기간에 텔레비전 토론회에서 당시 문재인 후보가 한 "나는 동성애에 반대한다"는 발언이 대표적입니다. 기독교단체를 방문한 자리에서 "차별금지법이나 동성혼 합법화 등 성적소수자의 인권을 위한 추가 입법은 하지 않겠다"라는 발언도 했습니다. 이 문제를 문재인 정부는 '나중에' 해결할 문제로 미뤘습니다(그 과정은 한채윤의 '5강'에서 상세하게 설명됩니다).

젠더관점 부재의 결정판은 인사였습니다. 안경환 법무부장관 후보자는 몰래 혼인신고를 했다가 혼인무효 판결을 받은 점 등이 드러나 낙마했습니다. "나이트클럽에서 여성과 원나잇을 해도 집에는 꼭 들어간다, 아내는 엄마니까. 집에 가서 엄마가 빨아준 옷 입고 출근해야 개운하다", "예쁜 애는 같이 일할 때 신경쓰이니까 안 뽑는다" 등의 말로 단행본 세 권에 걸쳐서 성차별적 인식을 보여준 탁현민 행정관은 여성단체의 숱한 성명, 언론보도에 이어 심지어 여성부장관의 해임 건의에도 불구하고 꿋꿋하게 자리를 지키고 있습니다.

정희진은 "문재인 정부가 여성에게 빚진 정부"라고 말합니다. 정유라씨가 이화여대생들의 공정성을 건드리며 촛불집회의 기폭제가 되었고, 최순실·박근혜·정유라라는 세 여성에 대한 혐오가 연료가 돼 결국 문재인 정부의 탄생까지 이어졌다는 것이죠. 2016년 탄핵을 간절하게 바라던 촛불집회에는 2008년 촛불의 경험을 몸에 새겼던 2030여성들이 거대한 한 축을 차지하고 있었습니다. 문재인 대통령은 이를 받아 안아 "페미니스트 대통령이 되겠다"고 선언까지 했지만, 결국 광장에서의 여성/성소수자의 목소리는 제대로 대접받지 못하고 있는 셈입니다.

이런 문제에 대한 지적들은 탁현민이나 그를 지키려는 청와대가 아니라, 지적하는 비판자에 대한 집중공격으로 되돌아왔습니다. 문재인 정부에 대한 비판과 사소한 젠더문제라는 두 개의 요소가 결합해, 누구든 이 문제를 말하는 자는 대중의 조롱과 공격에 시달리게 됐습니다. 언론은 절독운동이라는 소비자주의에서 비롯한 실질적 압력을 받기도 했습니다.

이것은 진짜 사랑인가. 팬덤의 윤리는 무엇인가. '이토록 완벽한 문재인 정부'는 왜 유독 젠더문제에 취약한가. 한국사회의 남성연대는 어떻게 만들어지는가. 젠더권력은 왜 항상 사소한 일로 치부되는가. 이 책의 기반이 된 '지금, 여기의 페미니즘×민주주의' 강의는 바로 이 지점에서 출발했습니다. 여러 질문들이 폭발할 수밖에 없던 여름을 보내고 질문과 답을 숙성시킨 뒤 800여 명의 시민과 정희진, 권김현영, 서민, 손아람, 손희정, 한채윤, 홍성수 일곱 명의 강사가 만났습니다.

2017년에 오고간 이 질문과 답은 2018년 한국사회를 뒤덮은 '미투' 국면에서도 유용한 지침이 됩니다. 지금의 미투는 남녀 간의 사소한 문제로 협애화되는 중이고, 진보세력을 음해하기 위한 공작으로 그 진실성이 의심받고 있습니다. 미투를 하는 여성들은 비난과 혐오의 대상이 되기도 합니다. 그리고 미투를 공격하는 가해자 남성연대의 힘은 셉니다.

영화평론가 손희정과 여성주의 연구활동가 권김현영은 그 가해자 남성연대가 문화적·정치사회적으로 어떻게 구성되어 작동하는지를 분석합니다. 작가 손아람은 남성이자 문화생산자의 입장에서 문화산업구조에서 여성을 대상화하는 문화상품이 어떻게 생산되는지, 페미니스트 기생충학자 서민은 한국사회의 남성들이 온라인 공간에서 어떤 방식으로 여성혐오를 실행하는지를 말합니다. 성소수자인권운동가 한채윤은 종교와 정치가 결탁해 성소수자를 어떻게 현실 정치에서 소외하는지, 홍성수 교수(법학)는 이 '혐오의 시대를 어떻게 건너야 할지' 이론적 팁을 제공합니다.

여성학자 정희진은 책을 마무리하는 '8강'에서 "좋은 사람이 대통령이 되었는데 왜 우리의 삶은 달라지지 않는가"라는 화두를 던집니다. 이 책은 이 질문에 대한 대답을 찾을 수 있는 짧지만 강렬한 여정이 되리라 생각합니다.

2018년 3월
박수진(⟨한겨레21⟩ 기자)

'톰과 제리'는 적대관계지만 섹스하지 않는다
:젠더권력은 왜 현실정치로 사소화되는가

정희진

여러분, 안녕하세요? 반갑습니다. 저는 정희진이라고 합니다. 대개 저를 '여성학자'라고 부르는데, 사실 저는 '여성'도 '학자'도 아니에요(웃음). 저는 여성을 대표하지도 않고, 근본적으로 여성과 남성을 구분하는 제도에 반대합니다. 그리고 '학자'라고 불리시는 분들과 저를 동일시하지도 않아요(웃음). 어쨌든, 여성주의자들은 여성주의가 민주주의를 완성한다고 주장하지요. 하지만 과연 한국사회가 여성주의와 민주주의 의미를 어느 정도, 어느 수준에서 공유하고 있는지 의문입니다. 우리가 그 뜻을 얼마나 알고 있을까요?

지금 우리 사회를 한 장면으로 요약하는 데 이만한 사건도 없을 것입니다. 2017년 9월에 열린 자유한국당의 여성정책 토론회를 소개하겠습니다. 홍준표, 류석춘, 류여해. 이 세 분은 공적 영역에서 여성에 대한 '상식'과 태도, 시각을 전형적으로 보여주었어요. 홍준표씨는 당 차원에서 여성정책 토론회를 개최해놓고, 바로 그 자리에서 "나는 젠더를 모른다"고 하고 잠을 잤지요. 정치인이 "나는 경제를 모른다, 교통문제에 관심 없다, 장애인 차별을 모른다"고 말하는 경우는 드뭅니다. 하지만 젠더에 대해서는 모른다고 당당하게 말합니다. 무지가 권력인 거죠. 정반대(?)로 류석춘씨는 "아니, 지금도 젠더폭력이 있느냐? 그것은 이미 봉건시대에 사라졌다", 류여해 여성최고위원은 "젠더란 여성우월주의"라고 말했습니다. 한마디로 야만의 현장, 몰상식의 합창입니다. 한 사람은 모른다, 한 사람은 그런 거 없어진 지 오래다, 한 사람은 여성 상위 시대다? 세 사람의 발언 모두가 매우 상징적이고, 사실이 아닙니다.

〈한겨레21〉도 마찬가지예요. 그래도 이 강좌 프로그램의 강사는 남녀 비율이 3대 4는 되잖아요. 저는 '양성평등'에 반대하지만, 어쨌든 강사의 반은 여성이잖아요? 2017년 가을에 〈한겨레21〉이 주최한 적폐청산 인터뷰 특강은 사회자인 김미화씨만 빼고, 스무 명이 넘는 출연자가 모두 남성이더군요. 제 눈을 의심하고 여러 번 확인했어요. 이게 바로 적폐예요, 적폐(웃음). 여러분, 예를 들어 미국의 진보적인 매체에서 토론회와 강연회를 하는데 100퍼센트 와스프WASP로만 채우는 일은 있을 수 없어요. 아시아 여성, 히스패닉, '흑인'이 한 명도 없고, 완전히 백인 중산층으로만 채우면 여론이 심상치 않을 겁니다. 하지만 한국사회에서는 이상하게 생각하지 않아요. 다행히, 그 적폐청산 특강은 '장사'가 잘 안 됐다고 들었어요(웃음). 〈한겨레21〉부터 반성해야 합니다.

"해일이 몰려오는데 조개를 줍는 사람"은 없습니다

한국사회에서, 아니, 모든 가부장제 사회에서, 젠더gender 문제와 관련해 가장 흔히 하는 말은 아마도 "사소하다"가 아닐까 합니다. '여성이 억압받고 있다/아니다' 이런 이야기보다, 여성이 성차별의 피해자든 '여성 상위 시대'든 간에 어쨌든 '여성'만 들어가면 '사소하다', '개인적인 문제다', '집안일이다' 등등의 담론이 대세를 이루죠.

몇 년 전 모 진보정당에서 고위당직자의 성폭력 가해 사건이 발생했을 때, 여성당원들이 문제를 제기하자 어느 유명한 논객이 이렇게 말했죠. "해일이 몰려오는데 조개를 줍고 있다." 풀이하면, 큰 정치적 사건(해일)을 앞에 두고, 사소한 일(조개 줍기)에 매달린다는 이야기죠.

이 말은 이후 소위 레전드(?)가 되었습니다. 이제는 누가 말했는지조차 잊어버리고 많은 이들이 이 말을 인용합니다. 비판이든 옹호든 간에 '해일과 조개'는 거대한 은유가 되었어요. 저는 이 문장에 대해 어떤 입장도 없습니다. 다만, 저는 이 말 자체가 매우 이상하다고 생각합니다. 난센스, 비문非文이죠. 저는 아무리 생각해도 이 말이 무슨 말인지 모르겠어요. 즉, 이 말이 '성폭력은 사소하다'는 원래 의도로 사용되려면, 해일이 몰려오는데 조개를 줍는 사람이 실제로 있어야 합니다.

그런데, 생각해보세요. 그런 사람 보셨습니까. 그런 사람은 없습니다. 다들 도망가지. 그냥 하는 말이 아니고요, 여러 가지 역사적 맥락에서 저는 이 발언을 하신 분을 개인적으로 존경하고 호감도 가지고 있습니다. 그런데 '훌륭한 남성'도 젠더문제 때문에 인생을 망치죠. 그것은 여성도 마찬가지입니다만. 어쨌든, 그의 젠더가 이런 역사에 길이 남을 이런 명언銘言을 제 마음에 새겼습니다.

정신분석학적으로 볼 때, 해일이 몰려오는데 조개를 줍는 사람은 극도의 공포 상태에서 심각한 방어기제와 회피기제를 사용하는 사람입니다. 전치轉置, dis/placement라고 하죠. 현재 있는 장소와 자기가 존재한다고 생각하는 가상의 장소가 따로 있는 상태입니다. '나는 여기 있지 않다', 즉 자신이 '지금, 여기'라는 현실에 없다고 자기 마인드를 조작하여 그 공포를 잊는 것입니다. 동물행동학에서도 나오죠. 어린 새 옆에 거대한 독수리가 있어요. 새는 자기가 독수리에게 잡아먹히고 곧 죽을 것임을 알고 있어요. 그러면, '정상적인' 행동은 잡힐지라도 도망가는 겁니다. 그러나 극도의 공포심 때문에 몸이 얼어 엉뚱한 짓을 해요. 주둥이로 맨땅을 쫀다든가, 먼 곳을 쳐다보죠. 원래 사람을 포함하여 동물들의 가장 큰 공포는, 산 채로 잡아먹히는 것과 생매장당하는 것인데, 맹수 앞의 작은 새도 그런 공포에 놓이게 된 거죠. 너무 두렵기 때문에 직면하지 못하고 딴짓을 하는 겁니다. 저는 가정폭력이나 성폭력 피해 여성이 피해 현장에서 엉뚱한 행동을 하는 경우가 많다는 것을 압니다. 공포를 잊고자 하는 방어행동이죠. 아시다시피, 방어기제는 인간을 살게 하기도 하지만 근본적으론 문제해결을 어렵게 합니다.

어쨌든, 해일이 몰려오는데 조개를 줍는 행위는 '정상적인 인간'의 일반적 행동이 아닙니다. 우리는 모두 해일이 몰려온다면, 남녀불문 영화 〈해운대〉(2009)처럼 아이를 안고 뛰거나 사랑하는 사람을 구하고자 애를 씁니다. 그 영화에서도 조개를 줍는 사람은 없습니다(웃음). 저는 이 말이 "성폭력 문제는 사소하다"는 말로 비유되는 상황 자체가 난센스라고 생각합니다. 이 말은 성폭력의 사소화와 아무런 관련이 없습니다. 언어가 아니거나 인간 전반을 비하하는 말이지요. 차라리, 성폭력에 대해 모른다고 말하는 게 낫지 않을까요?

18

남녀관계는 정치의 최종심급입니다

오늘 제가 말씀드릴 주제는 여성주의의 가장 기본적인 개념이면서 무궁무진하게 응용을 잘할 수 있는 이야기라서, 페미니즘 강의를 처음 들어보시는 분도, '고급 강좌'를 원하시는 분도 모두 만족하시리라 생각합니다(웃음). 물론 제가 수강생 고객만족서비스를 잘해야 가능하겠지만요.

페미니즘과 젠더를 어떤 식으로 설명할까……. 제 나름대로는 연구에 연구를 거듭한 결과(웃음), 이 메타포보다 좋은 게 없다고 생각했어요. 톰과 제리! 고양이와 쥐! 제 주제는 간단하게 말해 '톰과 제리'의 관계예요. 만화 캐릭터로 재현되어서 그렇지, 실제로 생각해보면 고양이와 쥐가 친구를 하고 있는 거잖아요. 류승완 영화감독의 인터뷰가 인상적이었는데, 본인은 만화 〈톰과 제리〉가 너무 무섭다는 거예요. 쥐가 고양이하고 같이 노는 것. 그 생사의 긴장과 쥐가 느끼는 공포! 고양이와 쥐는 모순, 적대적 모순관계죠. 한쪽이 죽어야 한쪽이 살죠. 물론 그렇다고 해서 항상 고양이가 승리하지는 않지요. 쥐가 영리하잖아요? 고양이가 못 들어가는 공간에 쏙 들어가고. 고양이는 쥐 없이 존재할 수 없지요. 고양이의 정체성은 쥐로부터 나옵니다. 주체는 타자의 인질이죠.

고양이와 쥐의 관계는 소위 천적, 자연 생태계에서는 천적이라고 얘기하지만, 사회과학 패러다임에서는 '모순'이라고 말할 수 있죠. 모순이라는 말은 윈윈win-win이 아니라 영합零合 게임이죠. 너를 먹어야 내가 사는. 플러스 마이너스 영. 제로섬zero sum게임.

너의 불행이 나의 행복인 모순관계. 쉽게 말해, 착취와 계급문제. '착취搾取'라는 말처럼 정확한 표현도 없는데 거부감을 느끼는 분들이 있는지, 대개 '양극화문제'로 에둘러 표현하지요. 사실 양극화가 더 무서운 말 아닌가요(웃음)?

톰과 제리의 이야기를 남성과 여성의 이야기로 바꾸면 어떨까요. 남성은 여성의 노동 없이 존재할 수 없죠. 누가 고양이고, 누가 쥐일까요? 아무리 '여성 상위 시대의 피해의식'에 시달리시는 남성도, 남성이 쥐라고 말할 수는 없을 겁니다. 고양이는 남성이고 여성이 쥐라고 말할 수 있겠지요. 강자와 약자.

그런데 문제는 이거죠. 톰과 제리는 섹스를 하지 않아요. '재벌'하고 '알바'는 섹스를 안 해요. 그런데 남성과 여성은 적대적 모순관계인데, 섹스를 합니다. 이게 바로 이성애제도죠. 그 때문에 섹스가 정치적인 문제가 되는 겁니다. '적과의 동침' 때문에, 남녀가 가족을 만들고 가족은 사소한 문제, 비정치적인 문제로 인식되는 겁니다. 가정폭력방지법 제정 당시 국회 속기록을 보면, 변웅전 당시 국회의원이 이 법을 반대하면서 "비바람은 집에 들어가도, 법은 집에 못 들어간다"라고 말한 내용이 나옵니다. 아니, 그러면 상속세 같은 것은 왜 있나요? 예전에는 국가가 안방까지 쳐들어와서 피임까지 시켰는데. 가족계획! 영화 〈잘 살아보세〉(2006)가 그 내용이잖아요.

자본주의의 전제, 젠더의 전제

과학적으로도 남성과 여성이 간단히 구별되는 존재가 아니지요. 이 강의에서 다 설명할 수는 없지만, 자웅이체는 통념입니다. 『양성평등에 반대한다』라는 책을 봐주세요(웃음). 두 개의 성? 양성은 없어요. 굳이 표현하자면 우리는 모두 간성間性이예요. 인터섹슈얼intersexuals. 간성 중에서도 극단적 남성이 있고 극단적 여성이 있습니다. 여기서 극단적이라는 말은 사회가 요구하는 규범적인 젠더를 말합니다. 규범은 달성할 수 없는 지배이데올로기죠. 그사이에 수많은 평범한 우리 같은 젠더들, 젠더스genders들이 살아갑니다. '남성과 여성'이 아니라 '어디쯤에서 너는 여성이니', '너는 어디까지 남성이니'……, 이렇게 질문해야 합니다. 이것이 여성학이론에서 말하는 여성의 범주의 문제죠. 극단적 여성은? 누구예요? 아이유? 가장 잘나가는 여성? 이성애자 고학력 중산층 백인. 아, 엠마 왓슨 정도 되겠네요. 엠마 왓슨 같은 여성도 있고 그 스펙트럼 내에 저처럼 중년의 뚱뚱한 여성도 있지요. 대개는 '제3의 성'으로 불리는(웃음). 가난한 남성, 키 작은 남성, 대머리 남성들도 비슷한 처지일지 모릅니다.

더욱 중요한 이슈! 젠더가 어떻게 작동하느냐는 거예요. 이성애제도 없이 젠더는 작동하지 않아요. 이 말 어렵지 않죠. 남녀 간의 분리, 남녀에 따른 성역할, 성역할 규범, 남녀에 따른 성별분업이 있다는 것은 남성과 여성이 다른 존재라는 것, 근본적으로 다른 존재라는 가정이 있는 겁니다. 이성애가 나쁜 것이 아닙니다. 그것

의 제도화, 호모포비아가 문제죠. 가족이 나쁜 게 아니라, 가족제
도가 나쁜 거예요.

제가 생각하는 폭력의 정의 중 하나는 인간의 감정을 제도화
하는 겁니다. 동창회, 민족주의, 가족제도, 부부 관계……. 인간의
감정을 제도화했을 때, 우리는 일신우일신日新又日新하거나 노력하
는 삶을 살 필요가 없어요. 제도의 매뉴얼에 따라 움직이는 거죠.
제도가 우리의 몸을 태워서 날라다줍니다. 저는 타인과 다른 사람
이 아니라 1분 전의 제 자신과 다른 사람이 되고 싶어요. 하지만 쉽
지 않죠. 그래서 제도의 지원을 받지 않는 사랑, 제도가 보장해주
지 않는 관계, 제도 밖에서 일하고 언어를 만든다는 것이 그토록
어려운 거예요.

다시 이성애문제로 돌아오면, 남녀가 근본적으로 다르기 때
문에 동성끼리의 섹스는 짐승들이나 하는 것이라고 일부 기독교
는 말하죠. 일단, 짐승의 정의가 틀렸어요. 저는 짐승입니다. 여러
분은 식물인가요? 자연의 섭리라고 하지만 자연을 타자화하고 있
는 거죠. 가부장제 사회는 고양이('남성')와 쥐('여성')가 섹스를 하
는 사회입니다. 그러니, 폭력이 발생하죠. 잡아먹히고, 패고, 맞
고……. 성산업, 성매매는 이 문제가 제도화된 것입니다. 톰과 제
리의 사이는 나쁘거나 갈등을 빚을 수밖에 없고, 제리가 각성하면
인류 문명의 근본이 흔들리는 거죠.

고양이가 쥐를 지배하는 사회, 남성지배사회에서 성폭력이나
성매매는 일탈이 아니라 규범입니다. 톰이 제리를 '돌리는' 거죠.

한 고양이가 배가 너무 부른데, 쥐를 다섯 마리 잡았어요. 그럼 다른 고양이에게 남은 쥐를 주거나, 다른 고양이들은 '쟤는 쥐가 많은데 나는 왜 없어?' 이러면서 폭력이 일어날 수 있죠, 이것이 제도로서의 성매매, 성폭력입니다. 남성연대 혹은 남성들 간의 교환물로서 여성을 동원하고 활용하는 것이죠. 끔찍한 현실이죠. 그런데 사회는 '쥐'가 어린 여자아이일 때만, 성폭력이라고 명명하죠. 한편으로, 남성은 그들의 시선에서 여성들의 등급을 매기죠. 외모와 나이를 중심으로요. 남성들에게 자원은 권력과 지식인데 여성들에게 자원은 나이와 미모예요. 이렇게 성별에 따라 매력자원이 다릅니다.

요지는 자본주의의 전제는 가부장제(젠더)고 젠더의 전제는 이성애제도라는 겁니다. 마르크스주의의 시작이 엥겔스의 가족, 사유재산, 국가의 관계에 대한 사유잖아요. 자본주의가 작동하기 위해서는 집에 가사노동자가 있거나 남녀 간 임금격차가 있어야 가능합니다. 지금 우리나라 남녀 임금격차는 100:52에서 100:62 사이를 왔다갔다합니다. 한국노동자와 이주노동자의 임금격차는 100:30. 인종차별과 젠더차별을 활용한 임금격차가 없다면 자본은 임금을 조절할 수 없죠. 월급이 남성 100만 원, 여성 60만 원이어야 100만 원 받는 노동자의 입을 막을 수 있죠. 이렇게 노동운동을 분열시키는 것은 페미니즘이 아니라 가부장제입니다. 이주노동자는 더욱 심각하죠. 제 친구가 방글라데시의 다카 대학 의대 나온 의사예요. 그런데 그 나라에서는 월급을 7만 원 받았대요. 한국에와 가죽공장에서 일하면서 30만 원 받아요. 그래도 자기 나라보다는 낫다는 거죠. 사업주에게 구타를 당할지언정.

그렇다면, 도대체 무엇이 정치인가요? 젠더와 이성애제도가 가장 정치적인 문제 아닐까요? 문제는 고양이와 쥐는 섹스를 하지 않는데, 남성과 여성은 섹스를 하기 때문에 젠더가 탈정치적으로 보인다는 겁니다. 그러므로 섹스가 정치적 문제가 되는 겁니다.

누구에게 젠더가 사소한가?

페미니즘의 가장 기본적인 주장 중 하나는 "개인적인 것이 정치적인 것이다The personal is the political"죠. 이 말이 뭐냐면, 남성에게는 퍼스널한 문제가 여성의 입장에서는 폴리티컬하다는 거예요. 여성에게는 공적 영역도, 사적 영역이라고 간주되는 영역도 모두 정치의 장입니다. 우리나라 대통령선거 세 번이 모두 젠더에 의해서 승패가 갈렸어요. 이회창씨는 일가의 병역 비리로 두 번 고배를 마셨고, 박근혜씨는 '박정희의 딸'이라는 이유로 당선되었죠. 그런데도, 사회과학자와 매체가 젠더가 대선에 미치는 영향을 분석한 글을 본 적이 없어요. 페미니즘은 모두에게 곤란한 문제입니다. 사적인 관계, 연애, 이성관계의 정치경제학을 분석하거든요. 남성들이 흔히 하는 이야기죠. "허리 아래는 얘기하지 않는다?" 저는 이게 무슨 말인지 모르겠어요. 남성들은 모든 것이 허리 아래에 있나요(웃음)?

남성과 여성, 남성과 남성, 여성과 여성의 관계가 있어요. 성별 외에도 인간사회는 나이, 인종, 계급 등으로 나뉘어 있죠. 남성과 남성의 관계는 인간과 인간의 관계로 간주됩니다. 인간의 기준이 남성이기 때문이죠. 유관순 '누나'잖아요. 유관순 '언니'가 아니고. 국민, 시민, 민족의 성별은 남성이죠. 다시 강조하면, 남성과 남성의 관계는 인간과 인간의 관계예요. 이 관계가 바로 역사이고 정치이고 공적인 영역의 모든 것입니다. 예를 들어 '트럼프'와 '문재인'의 관계는 한미관계이지, 부동산 재벌과 인권변호사의 관계는 아니잖아요? 남성과 남성의 관계도 아니고.

그런데 "여성의 적은 여성"이라고 정말 많이 말하죠? 직장에서의 예를 들어보죠. 남성 상사와 남성 부하의 관계는, 부하와 상사로 보지만 상사와 부하가 여성이면 그 관계를 여자들 간의 관계로 봅니다. 남성은 인간이나 개인으로 취급되지만, 여성의 존재성은 성역할로 환원됩니다. 사실, 남성과 남성이 여성과 여성보다 더 많이 싸우지만, 여성과 여성이 싸우면 "여자의 적은 여자야", 이렇게 이야기하죠. 맞습니다. 여자의 적은 여자예요. 그런데, 남자의 적도 남자입니다. 남성과 남성의 관계는 계급문제, 민족문제라고 해요. 그런데, 여성과 여성의 관계는 사회적 문제로 인식되지 않아요. 고부관계처럼 남성을 매개로 맺어진 이해관계를 여성과 여성의 관계라고 할 수는 없습니다. 그건 그냥 남성중심적 가족관계에서 여성의 성역할일 뿐이죠.

남성의 자립, 독립성, 개인성은 건강하고 성숙한 자아로 간주되지만 여성들의 그것은 금세 이기적selfish인 이미지로 연결됩니다. 목소리를 내거나 공부를 더 하려고 하거나, 돈을 더 벌려고 하거나, 출세를 하려고 하거나, 남성보다 지식이 많거나 엄청난 승부욕을 가진 여성들은 요즘 말로 무슨무슨 '충'이거나 '된장녀'가 되기 십상이죠. 기본적으로 남성과 여성의 성역할에 사회적 평가가 다르지만 오늘 중요한 건 그게 아니고요.

가부장제 사회에서 남성과 여성의 관계는 이성애제도에 국한됩니다. 연애, 섹스, 로맨스, 사적인 관계, 가족……. 그래서 직장 동료를 '동료'가 아니라 '여성'으로 대하면 소위 성희롱이 되는 겁니다. 가부장제사회에서 남성과 여성의 관계는 성과 사랑, 사적인 관계라고 간주돼요. 왜냐? 여자는 '사람'이 아니기 때문이죠. 물론 사람은 사람이죠. 하지만 남성과 동등한 사람은 아닙니다. 동등한 사람이 아니기 때문에 자기(남성) 말을 잘 듣거나 착하거나 예쁘거나 출산율을 높여주거나, 돈을 벌어서 가져다주거나, 섹스 상대가 되어야 하는 거죠. 대부분 여성들의 삶, 지위가 남성과의 관계에서 결정되는 겁니다. 이것이 '제2의 성'으로서 여성입니다. 물론 이런 남성 네트워크를 잘 활용하는 여성들도 있죠.

여성주의는 "파이를 같이 만들자"는 주장

말할 것도 없이 남녀관계는 정치적인 관계죠. 즉 권력관계인데, 권력이란 자원의 배분을 둘러싼 정치잖아요. 남성은 여성이 파이를 뺏어간다고 생각합니다. 여성의 주장은 달라요. 최소한 제가 아는 페미니즘은 파이를 뺏는 것이 아니라 '파이를 같이 만들자'는 거예요. 더 나가면, "여태까지 남자들이 만들어놓은 파이가 파이냐? 너무 맛이 없어. 난 그런 파이 안 먹어!" 이런 여성들도 있죠. 여성이 남성을 '도와' 파이를 같이 만들자는데, 무슨 파이를 뺏어간다는 거죠? 그렇게 못 만든 파이를(웃음). 지금 지구가 살 만한 별이에요? 아니잖아요. 이게 나라냐? 아니잖아요. 브렉시트, 트럼프 당선. 이게 정상이에요? 지금, 남자들이 주도해온 세상이 살 만하냐고요? 아니잖아요. 그래서 우리 모두 촛불을 들었잖아요.

소수자는 권력에 저항하면 할수록 권력을 얻어요. '저들'의 말을 들으면 안 돼요. 사회적 약자 중에서도 "나는 파이에 관심 없고 순결하고 권력욕 없다" 이런 사람들이 있어요. 이렇게 나오면 절대 안 돼요. 순결하고 싶은 것도 권력욕이죠. 남자사회는 그런 여자, 정치색이나 의식이 없는 여성을 바라니까. 페미니즘은 협상하려는 거지, 가부장제에 저항하거나 반대하는 게 아니에요. 자본주의에 저항하거나 반대할 수 있어요? 자본주의와 가부장제를 벗어난 공기 밖은 없어요. 저항하려는 게 아니라 틈새를 확장하고 그들의 언어와 협상해서 목소리를 가시화시키는 거죠. 제 안에도 가부장제와 자본주의가 가득해요. 자신만 상록수라고 생각하는 시대는 지났습니다.

자본주의 혹은 현실정치에서의 여당과 야당의 관계, 대개 이런 걸 정치라고 하잖아요. 여성이 성폭력을 당했다는 것을 심각한 정치적 문제로 보는 사람은 드물어요. 거듭 말하지만, 자본주의가 작동하기 위한 기본전제는 가부장제예요. 젠더시스템이에요. 박근혜씨가 여성이어서 대통령이 된 게 아니잖아요. 박정희씨 딸이기 때문에 된 거죠. 박근혜씨의 득표율 70퍼센트는 '남성들도' 힘든 일이에요. 가부장제사회에서 가장 힘있는 사람은 남자나 남자 대통령이 아니에요. 그 남자의 딸이지. 그래서 세상에 가장 흔한 병이 공주병이죠. 왕자병은 없어요. 왕자병은 다른 남자들이 그 꼴을 못 봅니다. 나르시시즘은 여성적 현상이죠. 진짜 공주는 세상에 한 명, 혹은 매우 드물기 때문에 다들 공주'병'에 걸리는 겁니다. 박근혜씨는 '진짜 공주'지 '공주병 환자'가 아닙니다.

모든 인간관계는 권력관계입니다. 사회를 떠난 인간은 없고, 권력망으로부터 자유로운 사람도 없습니다. 그런데 왜 유독 젠더만 탈정치화하려고 하십니까. 제가 권력관계임을 강조하는 것은, 권력의 개념과 관련이 있어요. 권력은 영향력 혹은 힘이 아니라 책임감이라는 인식의 전환이 필요합니다. 권력은 어떤 지위에서 '행사'하는 것이 아니라 일에 대한 역할을 '수행'하는 것입니다. 우리는 언제나 파워에 민감해야 합니다. 파워와 사익은 달라요. 따라서 '큰 정치', '작은 정치'가 따로 있지 않아요.

오늘 못다 한 이야기는 8강에서 만회하겠습니다. 감사합니다.

Feminism
×
Democracy

한국남성이 본
한국남성

서민

잘생긴 건 언제나 힘이 세다

안녕하세요. 서민입니다. 항상 저한테 덕담 비슷하게 "직접 보니까 못생기지 않았네요" 하시는데 사실 저 이 정도면 충분히 못생기지 않았나요(웃음)? 전 다시 태어나면 잘생기게 태어나고 싶어요. 제가 지금까지 살면서 느낀 건, '잘생긴 건 언제나 힘이 세다'라는 겁니다. 대부분 영화 〈타이타닉〉(1997)을 진정한 사랑에 관한 영화라고 알고 있지만, 제가 보기에는 불륜영화예요. 케이트 윈즐릿에게는 약혼한 남자가 있죠. 56캐럿 정도의 어마어마한 다이아를 약혼선물로 받았어요. 근데 이 여자분은 다이아를 목에 찬 채로 바람을 피웁니다. 케이트 윈즐릿의 약혼남은 레오나르도 디카프리오와 윈즐릿을 방해하고 쫓아다니죠. 이상하게 모든 정황으론 디카프리오가 나쁜 놈인데, 약혼남이 나쁜 놈 같지 않아요? 이걸 저는 디카프리오 효과라고 생각합니다. 만약 디카프리오 대신 제가 나왔으면 영화 자체가 성립되지 않았을 겁니다. 그러면 아마 임자 있는 여자에게 집적거리다가 바다에 던져지는 걸로 끝날 것 같아요(웃음).

어쨌든 제가 기생충학을 전공하게 된 이유도 외모 때문입니다. '얘도 고생이 참 많았겠다' 싶었고, 제가 기생충의 편에 서서 변명을 해주겠다고 다짐했어요. 그러기 위해선 제가 좀 떠야 했기에, 『소설 마태우스』라는 책을 썼어요. 낸 다음에 알았죠. 그 책이 쓰레기라는 것을요. 그래도 포기하지 않고 노력한 끝에 결국 〈경향신문〉 칼럼니스트로 사람들에게 이름을 알렸어요. 그리고 제가 꿈에도 그리던 기생충을 다룬 베스트셀러를 냈어요. 이 책은 저에게 새로운 기회를 열어줬어요. 그전까지는 책을 한번 내려면 출판사 열 군데에서 거절당했는데, 그 이후로는 여러 출판사에서 제의해줘서 책을 쓰면서 살게 됐습니다. 세상이 저에게 준 또다른 기회는 방송의 러브콜이었습니다. 말을 너무 못해서 번번이 잘리곤 했지만, 이것도 계속하다보니 실력이 늘어서 지금도 가끔 텔레비전에 나가고 있습니다. 그러니까 저는 대학에서 자리도 잡았고, 지하철을 타면 열 명의 한 명 정도는 '저 사람 누구지?' 할 정도로 얼굴이 좀 알려진, 비교적 성공한 사람이 된 겁니다. 저는 이게 저의 노력 덕분이라고 생각하고 있었어요. 그런데 어느 날 그게 다가 아니라는 걸 깨닫게 되었어요. 성공의 비결에 제가 남자인 게 큰 지분을 차지한다는 것을요.

외모, 성공, 성별

남자는 성공하려면 노력만 하면 됩니다. 축구선수 박지성씨는 외모는 잘생기지 않았지만 엄청난 노력으로 최고의 선수가 됩니다. 그리고 났더니 다들 박지성더러 '훈남'이라고 합니다. 어떤 분은 "박지성 선수의 외모가 순박하고 인간적이라서 참 좋다"라는 댓글을 답니다. 또 이런 이야기도 나옵니다. "박지성씨 정도면 괜찮지 않나요?" 여기에 격분한 어느 분이 '박지성은 훈남인가 추남인가'란 투표를 했는데, 63퍼센트가 훈남이라고 답을 합니다. 브라질 국가대표 축구선수였던 호나우지뉴도 잘생긴 외모라고 보긴 힘듭니다. 하지만 매스컴에선 이 선수가 웃는 장면에 "살인미소"라는 제목을 붙였더군요. 남자는 성공만 하면 미화되는 경향이 있어요.

여자는 그렇지 않아요. 골프선수 박인비는 박지성이나 호나우지뉴가 쌓아온 것보다 훨씬 더 많은 걸 이뤄냈습니다. 3연속 메이저대회 제패라는 전무후무한 기록을 세웠으니까요. 하지만 이런 업적을 발판으로 세계랭킹 1위에 오른 이 선수의 기사에는 "얼굴도 못생겼고 몸매는 뚱뚱하고", "잘한다. 그러나 살 좀 **빼자**" 이런 댓글이 달려요. 역시 골프선수인 안선주도 마찬가지입니다. 골프대회에 나가려면 스폰서가 있어야 해요. 그런데 우리나라의 어떤 기업도 이 선수에게 스폰서 제안을 하지 않았어요. 딱 한 기업이 "얼굴을 고치면 해주겠다"라는 조건으로 스폰서 제안을 했답니다. 결국 안선주는 일본으로 건너가요. 일본이라고 외모지상주의가 없을까 싶겠지만, 의외로 일본에서는 다섯 곳의 스폰서가 생겼습니다. 덕분에 안선주 선수는 일본에서 골프도 잘 치고 우승도 하면서 잘살고 있어요. 우리나라의 외모지상주의가 훨씬 더 심각하다는 거죠. 우리나라 골프 기사에 댓글을 다는 남자분들은, 여자선수 중에서도 '예쁜' 선수들만 좋아합니다. 대표적으로 안신애, 유현주 선수. 근데 이 선수들의 성적이 조금만 좋지 못하면 "너는 왜 얼굴로 골프 치냐", "얼굴에 걸맞은 성적을 올리지 못한다"고 가루가 되도록 까입니다. 좀 못 칠 수도 있는데 말입니다.

당연한 이야기지만, 한 여론조사에 따르면 취업할 때도 외모가 중요하다고 생각하는 사람이 100명 중 81명 정도 됩니다. 이러니 우리나라 성형시장이 세계에서 1위를 달릴 수밖에 없습니다. 그런데 이게 이상하게 한국여자들이 이기적이라는 증거로 여겨져 한국여자들이 욕을 먹습니다. 그렇지 않습니다. 성형이 얼마나 어려운지 아세요? 돌출입 수술은 입 근처 뼈를 잘라서 깎은 뒤 다시 맞춰 넣는 겁니다. 전 생각만 해도 무서운데, 여성들이 이런 수술을 받아요. 남자들한테 이 수술 받으라고 하면 받을까요? 양악수술도 마찬가지입니다. 위험하기도 하고, 아픈 수술입니다. 이걸 여자분들이 기꺼이 합니다. 이건 여성들이 살아가기 어렵다는 이야기입니다. 그런데 남자들은, 예쁜 여자를 좋아하는 남성들은, 여자가 예쁘게 고치면 과거 사진을 들이밀며 고쳤다고 또 욕을 합니다. 너무 어이가 없죠. 남자분들의 논리는 "여자는 예뻐야 한다. 그런데 못생긴 여자는 고치지 말고 계속 욕을 먹어라" 같아요.

방송에 나온 여성변호사의 사연을 봅시다. 이 변호사는 서른아홉 살입니다. 얼굴도 못생기지 않았어요. 이 변호사가 결혼정보회사에서 상담을 했더니, F등급을 받았다고 해요. 나이도 많고 고학력이니까. 만약 같은 나이의 남자 변호사라면 이런 등급을 받겠어요? A나 B등급이겠지요. 그리고 그 남자들은 미모의 젊은 여자와 결혼을 할 겁니다. 그런데 이 여자분은 그 자리에 오르기까지 노력을 했는데, 이젠 결혼할 상대가 없는 상황이 돼요. 이것만 봐도 남녀 간의 차별이 얼마나 많은지 볼 수 있어요.

전 집에 있을 때 이상한 댓글 캡처를 합니다. 'MLB파크(엠팍)'라는 사이트를 즐겨 찾는데, 만날 여성혐오로 가득찬 글이 올라와요. 이 변호사 사연도 거기서 본 건데, "F등급이면 F등급 남자랑 결혼해야지 자기 눈이 높은 걸 가지고 왜 불평하냐?"라는 댓글들이 달립니다. 잘난 남자들은 젊고 예쁜 여자 찾아서 결혼하고, 잘난 여자들은 결혼 못하고. 서울대 의대 출신인 기생충학 선배가 한 분 있습니다. 학생 때 성적도 우수했고, 논문도 아주 잘 씁니다. 1년에 열 편씩 해외학술지에 논문을 게재합니다. 이 정도 쓰는 분이 저희 학회에 다섯 명도 안 돼요. 서울대에 교수 자리가 나면 당연히 이 사람이 1순위로 뽑혀야 맞습니다. 그런데 당시 주임교수가 이분을 반대했습니다. "내 눈에 흙이 들어가도 여자는 안 받는다"라는 게 그분의 논리입니다. 그게 20년 전 일인데, 이 말이 그 선배에게 아직도 상처로 남아 있다고 합니다.

여성혐오의 시작

최근에 읽은 책 애너벨 크랩의 『아내 가뭄』은 '왜 여성 위인은 나오지 않는가'라는 질문을 던집니다. 답은 남자는 아내가 있고 여자는 없기 때문이랍니다. 맞는 말이에요. 제 경우에도 그래요. 저는 아내에게 옷 찾아달라, 밥 달라 부탁합니다. 아내는 다 들어줍니다. 하지만 아내는 저에게 뭐 하나 부탁한 적이 없습니다. 그 덕분에 제가 일에만 전념할 수 있는 겁니다. 제가 성공한 지분의 절반 이상이 아내에게 있는 거죠. 만약 여자에게도 아내가 있다면 지금처럼 남성 위주의 사회는 안 됐을 겁니다. 홍준표씨도 훌륭한 아내 덕분에 설거지를 한 번도 안 할 수 있었고, 그 자리까지 간 것이죠.

과거 여성들은 이렇게 살았어요. 그러면서 부당한 현실에 목소리를 내지 못했어요. 성추행, 성희롱, 성폭행을 당해도 '내가 참아야지' 하며 자기 탓으로 돌렸던 세월이 있어요. 그 덕에 남성이 어떤 이득을 봤는지 아십니까? 리베카 솔닛의 『여자들은 자꾸 같은 질문을 받는다』라는 훌륭한 책에는 '강간문화', 그러니까 여성에 대한 성추행, 성폭행이 어떤 효과를 발휘했는지가 나옵니다. 여자들이 밤늦게 다니면 성추행, 성폭행을 당하니까 집에 일찍 들어오고 그동안 남자들이 열심히 야근해서 여자들을 앞질렀다는 겁니다. 그러니까 강간문화는 여자를 경주로에서 밀쳐내고 남자들에게 공간을 열어줬다는 거예요. 남자들은 강간문화가 자기에게 유리하기 때문에 강간을 크게 문제시하지 않고, 없애야 한다고 이야기하지 않습니다. 전적으로 동의하지 못하는 분들도 계시겠지만, 타당성이 있지 않습니까? 요즘은 시대가 달라져서 결혼해서 주부로 사는 것보다 일로 성공하려는 여성들이 많아졌어요. 그리고 여성들이 말하기 시작했어요. 불리한 현실에 대해서요. '내가 성폭행당했다'는 얘기도, 과거 같으면 피해자들이 어떻게 말을 하느냐고 오히려 눈총을 받았을 텐데 지금은 목소리를 내는 몇몇이 있습니다. 강간문화 덕분에 앞서 달리던 남자들이 위기감을 느끼겠지요?

　여성혐오의 원인에는 여러 가지 가설이 있겠지요. '남자들이 취직이 안 된다', '여자에게 거절당한 남자들이 여성혐오를 한다' 등등. 저는 여성혐오의 가장 큰 목적이 '침묵하지 않는 여성들의 입을 닥치게 하기 위해서'라고 생각합니다. 예전처럼 성차별을 해

도, 성추행을 해도 그냥 가만히 있어주면 좋겠다는 게 남자의 실제
속마음이라고 생각합니다. 성추행도 자유롭게 하고, 여자들이 지
나가면 품평회도 하는 세상을 남자들이 즐겨왔는데, 이제 여자들
이 거기에 반발을 하니까 화가 나는 거죠. 이것이 여성혐오의 원인
이라 생각합니다.

여자들을 침묵시키는 남자들의 노력

이 세상의 모든 범죄 중 피해자를 욕하는 범죄는 드뭅니다. 심
지어 보이스피싱도 피해자를 욕하지 않아요. 그런데 성범죄는 피
해자를 욕하는 거의 유일한 범죄입니다. 상당히 많은 사람들이 '네
가 끝까지 저항했으면 성폭력은 불가능했을 것이다', '네가 만만해
서 그랬을 것이다'라고 성범죄 피해자들 탓을 합니다. 2017년 7월,
한국 여대생이 대만에 갔다가 택시기사가 준 음료를 먹고 잠이 들
었고 성폭행을 당했습니다. 여기에 대한 댓글이 "멍청한 것들 택시
기사가 준다고 넙죽 받아먹냐"였습니다. 물론 이 사건에 흥분한 남
자들이 있긴 했어요. 하지만 그건 대만남자가 '우리 소유물'인 한국
여자를 건드렸다는 취지에서의 흥분이지, 한국남자가 성폭행을 저
지르면 이렇게까지 흥분하지 않습니다. 이제부터 지금 이 순간, 여
자를 침묵시키기 위해 남자들이 어떤 노력을 하고 있는지 말씀드
리겠습니다.

① 꺼진 불도 다시 보자

인터넷은 남자들에게 장악당했어요. '네이버'가 성별하고 연령 데이터를 제공해준 덕분에 '남자 중에 죽치고 댓글만 달고 있는 사람들이 정말 많구나'를 알게 되었지요. 남성이 수적으로 우월하기에 댓글 양상이 여자들에게 불리해지며, 심지어 가해자를 옹호하는 여론도 높습니다.

제가 그만둔 〈까칠남녀〉란 텔레비전 프로그램이 있어요. 대부분의 방송프로그램이 남자들의 목소리를 대변하는 와중에, 〈까칠남녀〉는 여성의 목소리를 담는 거의 유일한 프로그램이에요. 월요일 밤 11시 35분, EBS에서 합니다. 이 내용이 불편하신 분들은 안 보면 됩니다. '박근혜 싫으면 이민 가면 된다', 이건 말이 안 되지만 텔레비전 프로그램은 마음에 안 들면 안 보면 돼요. 그런데 〈까칠남녀〉 시청자 게시판을 모니터링하다보면 대단한 분들이 눈에 띕니다. 하루에 게시글이 20~30개 올라옵니다. 이건 〈무한도전〉 같은 프로그램도 기록하기 어려운 숫자예요. 그 대부분이 '김치녀' '꽃뱀' 등등 여자를 욕하는 내용이거나 이 프로그램 당장 때려치우라고 욕하는 내용이에요. 저도 굉장히 많이 언급돼요. "서민 교수 나이 먹고 미쳤냐", "서민 교수 사과하시오", "서민 이 사람 뭐냐" 등등. 그런데 여기다가 이렇게 쓴다고 해서 뭐가 달라지는지 모르겠어요. 차라리 안 보기 운동을 하면 될 텐데 왜 이러는 걸까요? 하는 행동도 웃겨요. 한 명이 여자 욕하는 글을 올리면 서로 칭찬해요. 제가 볼 땐 너무 말도 안 되는 글인데, 명문이라고 자기들끼리 댓글 달고 추천하고, 어이가 없어요(웃음). 간혹, 정말 가뭄에 콩 나듯 여자를 옹호하는 글이 있으면, 30분도 되지 않아서 우르르 몰려와서 댓글로 욕을 해요. 자기네끼리 연락망이 있나봐요. '여자 옹호글 올라왔다' 이러면 예비군 동원하는 것처럼 우르르 오는 거죠. 근데 여기를 이렇게 장악해봤자 뭐합니까. 보는 사람도 없는데.

한번은 이 프로그램에서 낙태죄를 다뤘는데 여기서 했던 주장은 '낙태는 웬만하면 피해야 한다'는 겁니다. 낙태를 위해 임신하는 여성은 없기 때문에 낙태를 합법화한다고 해서 낙태가 기하급수적으로 늘어나는 건 아니라는 거예요. 다른 나라 같은 경우에도 낙태를 합법화한 뒤에 오히려 낙태 건수가 줄어들었거든요. 그런데 낙태가 불법이면 불법시술소에서 낙태를 하기 때문에 더 위험해요. 실제로 무허가시술소에서 낙태시술을 받던 여자가 죽은 적도 있습니다. 태아가 생명이라며 낙태에 반대하는 사람들은 낙태 금지로 인해 산모가 죽을 수 있다는 것에는 왜 눈을 감느냐는 것이죠. 〈까칠남녀〉에서 낙태 경험이 있는 여성들 인터뷰를 했는데, "지금도 너무 슬프고 태아에게 미안하고, 내가 살아야 하니까 어쩔 수 없이 낙태를 했다"고 이야기해요. 여성분들이 '낙태가 합법화되면 열심히 낙태를 하겠다' 이런 이야기가 절대 아니라는 거죠.

한국은 낙태 건수가 많은 국가입니다. 그런데 그 이유는 여자들이 더 문란해서가 아니라 남자들이 피임에 소극적이기 때문이에요. 미국의 10대보다 우리나라 성인 남자들 콘돔 사용률이 현격히 떨어져요. 성교시 감도가 떨어진다고 하는데, 그런 말은 사실 잘 못하는 애들이 합니다. 조금 덜 느끼더라도 여자가 임신의 공포에 시달리지 않게 콘돔을 쓰면 좋은데 죽어도 콘돔을 안 써요. 그리고 지금 낙태죄는 처벌이 여자에게 국한됩니다. 그래서 낙태죄를 유지한다면 임신을 시킨 남자도 같이 처벌해야 마땅하다고 주장한 것이지요. 심지어 이런 경우도 있었어요. 여자가 헤어지자 그랬더니 남자가 과거 낙태했던 사실을 알리겠다고 협박을 해요. 이런 놈들이 한둘이 아니에요. 같은 남자가 봐도 너무 찌질하지 않습니까?

그리고 낙태를 합법화한 선진국들이 우리보다 생명을 경시하는 건 아니잖아요. 그 나라들에서는 먹는 낙태약도 팔아요. 수술보다 훨씬 더 안전한데다, 임신 7~8주 안에 먹으면 90퍼센트 이상 효과를 본다고 합니다. 이슬람 국가 빼놓고 웬만한 나라는 다 허가가 났는데, 한국은 허가가 안 납니다. 이게 문제라는 겁니다. 낙태를 해서는 안 되는 이유가 태아가 생명이기 때문이라고 해보죠. 그럼 아이를 낳으면 잘해줘야 하는데 그런 것도 아니에요. 결혼하지 않고 아이를 낳으면 '미혼모'라는 낙인찍힌 삶을 살아야 해요. 이런 와중에 그 아이가 행복하게 자랄 수 있을까요? 출산하면 사회가 책임을 지는 구조라면 낙태를 반대할 수도 있다고 생각해요. 그런데 전혀 아니잖아요. 그래서 낳은 아이를 유기하다가 걸려서 구속되는 사람도 생기죠. 생명을 위한답시고 낙태를 반대하는데, 그게 오히려 더 많은 생명을 위협하고 있는 거예요. 이게 〈까칠남녀〉에서 했던 얘기들입니다. 자, 그런데 시청자게시판의 글들은 어떨까요? "낙태는 살인입니다", "시술 과정을 보세요. 태아를 찢어 죽이고 뼈를 조각내서 빼내지 않습니까. 살인임은 변하지 않습니다." 누가 아니라고 했습니까. 낙태를 계속 처벌하는 게 옳은지를 이야기하고 있는 건데, 아무리 말해도 이해를 못하고 앵무새처럼 이런 얘기를 하고 있어요.

〈까칠남녀〉를 없애고 싶으면 게시판에 죽치고 있느니, 안 보기 운동을 하든지 '방송통신위원회'에 신고하는 게 차라리 효과적이에요. 그런데 그분들이 난리를 쳐서 게시판이 활성화되고, 이게 이슈가 되어서 시청률이 올랐거든요. 이분들은 대체 왜 이러고 있을까요? 답은 '꺼진 불도 다시 보자'입니다. 여자들이 내는 어떠한 작은 목소리도 절대로 용납할 수 없다는 게 남성분들의 생각인 것 같아요.

이번엔 '강남역 여성살인 사건'에 대해 이야기해보죠. 남성들은 이게 여성혐오범죄가 아니라고 계속 우겨요. 이 남자가 분명히 "여자들이 날 무시해서 죽였다"라고 했고, 남자가 화장실에 들어갔을 때는 가만히 숨어 있다가 여자가 들어오자 죽여버립니다. 그러니까 조현병 경력이 있든 없든 이 남자는 여성혐오 때문에 살인을 한 게 맞아요. 그런데 남자들은 죽어도 그게 아니랍니다. 경찰이 아니라고 했다는 게 그 증거래요. 언제부터 경찰 말을 그렇게 잘 들었을까요. 그 사건 직후 여자들이 강남역에 몰려가 망자를 위로하면서 여자로 살아오며 당해온 억울함을 이야기했어요.

이럴 때 남자는 '여자가 안전한 사회를 만들기 위해선 어떻게 해야할까' 이런 생각을 해야 한단 말이죠. 그런데 "한 인간쓰레기가 살인을 저질렀다고 온 남성들을 모욕하지 마라, 메갈들아"라고 합니다. 이런 말이 왜 필요한지 모르겠어요. 이걸 왜 굳이 추모하는 자리에서 해야 하죠? 게다가 남자들은 강력범죄 남자 피해자가 많다고 주장해요. 설사 그렇다고 쳐도, 그들을 누가 죽였나요? 여자가 죽였어요? 남자들이 죽는 건 주로 자기들끼리 이해관계 다툼 중에 죽는 거예요. 반면 여자들은 이해관계 상관없이 모르는 사람한테 죽거나, 자기를 지켜줄 거라고 믿었던 남자친구나 남편 들에게 죽는단 말이죠. 전혀 다른데 "남자가 더 많이 죽거든" 이러고 있어요. 이 사건이 나고 어떤 남자가 "항복 선언문"이란 글을 썼어요. 앞으로 여성을 보호하지 않겠다고 합니다. 그동안 여성을 얼마나 보호했다고 이러는지, 정말 엉뚱한 발언인데, 이런 식의 무개념 글에 남자들이 감동해서 추천하고 퍼 나르고 난리가 났어요. 앞으로 여자가 맞고 있어도 그냥 지나가겠다는데, 단 한 번이라도 도와준 적이 있는 사람이 얼마나 된다고 이러는 건지 모르겠습니다. 참고로 2016년 한 해 동안 남편, 남자친구에게 살해되거나 살해될 뻔한 사람이 187명이랍니다.

② 욕설과 폭력: 남자는 여자가 자기를 비웃을까봐 걱정한다. 하지만 여자는 남자가 자기를 죽일까봐 걱정한다

강남역 여성살인 사건에서 정말 뜬금없었던 것은 그리로 천안함 용사 추모조화가 배달된 일입니다. 조화의 리본에 "남자라서 죽은 천안함 용사들을 잊지 맙시다"라고 써 있습니다. 전 천안함 용사들이 정말 억울하게 죽었다고 생각하고요, 이분들 죽음을 헛되이 여기면 안 된다고 생각합니다. 그런데 왜 강남역에 이 조화를 보냈을까요. 전 확신하는데, 이 화환을 보낸 분들은 평소에 '천안함 사건'을 애통하게 생각하거나 성금 얼마라도 내지 않았다고 생각해요. 그런 놈들이니 강남역 사건에서 그분들을 이용해 물타기를 하는 거죠. 그래서 어떤 여자가 블로그에 글을 썼어요. "천안함 용사들을 여자가 죽였습니까? 여자가 남자들이 싫어서 천안함 용사들을 죽였냐고요." 그냥 자기 블로그에 쓴 글입니다. 그런데 남자들이 우르르 몰려가서 댓글을 답니다. "그렇게 말씀하시면 안 되죠. 남자라서, 남자니까 군대에서의 죽음은 당연한가요?", "나랑 관계없는 여자라 다행이다. 생각은 하고 사시나요? 댁에 가서 본인 아버지 죄인 취급하세요." 심지어 다음과 같은 말도 나옵니다. "남녀평등이니 그딴 개소리 지껄이지 마 ㅅㅂ년아, 주둥이 짝 찢어버리기 전에. 블로그에 이딴 엿 같은 글 올리고 무섭지도 않냐? 내가 너 찾아가면 어쩌려고 그러냐. 네 가족들 전부 칼 맞아 죽어있으면 나인 줄 알아라." 별로 유명하지도 않은 일반여성이 자기 블로그에 의견을 올렸다는 이유로 이런 식의 댓글이 올라와요. 어떤 반대되는 의견이라도 이렇게까지 짓밟는 게 무섭죠. 문제는 이게 실제 사례로도 연결될 수 있다는 점이에요.

여기에 대해 마거릿 애트우드라는 사람이 멋진 말을 했습니다. "남자는 여자가 자기를 비웃을까봐 걱정한다. 여자는 남자가 자기를 죽일까봐 걱정한다." 실제로 남자가 여자를 죽이는 이유 중 상당수가 자기를 무시했다는 겁니다. 이런 기사들을 보세요. "왜 무시해? 아내 살해한 비정한 남편", "무시당해서 친모 살해. 시신 훼손 대학생 징역 30년", "날 무시해? 밥 안 차려준 아내 살해하려 한 남편 집행유예". 마지막 기사에 대해 알아보죠. 범인 최씨는 자신의 외도 사실을 알아챈 아내가 밥을 차려주지 않고 자신을 무시한다는 생각에 범행을 했어요. 그런데 재판부의 판결이 희한합니다. "피고인이 자신을 피해 도망치는 아내를 좇아가 머리를 계속 때리는 등 범행방법이 무자비하고, 이 때문에 피해자가 피를 많이 흘려 사망할 위험도 컸다. 피고인은 밥을 차려주지 않고 자신을 계속 무시한다는 지극히 자기중심적인 이유로 배우자를 살해하려 했다." 여기까지는 좋습니다. 그런데 그다음, "범행이 미수에 그쳤고 상처도 치료해 일상에 지장이 없다. 피해자가 완전히 용서한 건 아니지만 피해자가 처벌을 원치 않는다"고 고려해 집행유예를 줬어요. 6개월 안에 이 여자분이 죽지 않을까 걱정되지 않습니까? 우리나라 재판부도 남자가 많기에 가해자에 빙의를 많이 하더라고요.

그리고 '갓건배 사건'이 있습니다. 다 아시겠지만, 게임을 하다보면 남성유저가 많으니까 여성유저에게 성차별적 발언을 많이 해요. 여기에 '갓건배'라는 여성유저가 자기가 진행하는 인터넷방송에서 남자를 똑같이 욕하기 시작했어요. 그러자 인터넷방송을 진행하는 한 남성 BJ가 갓건배를 죽이자는 '특공대'를 만들어요. 갓건배의 집으로 추정되는 주소 세 개를 정한 뒤 아무곳이나 가서 갓건배를 죽이는 장면을 생방송 하겠다고 했어요. 심지어 "갔는데 갓건배의 주소가 아니면 다른 여자라도 목 졸라 죽이겠다"는 이야기를 합니다. 방송을 보던 분이 경찰에 신고를 했는데 글쎄 음란물유포혐의로 처리가 돼서 범칙금 5만 원 형이 나왔어요. 겨우 5만 원이에요. 게다가 죽이러 갔던 그 남자는 사건 이후 돈 많이 벌고 인기스타가 됐어요. 여성혐오는 돈이 된다니까요. 지금까지 봤듯이 남자분들은 여자 입을 '닥치게' 하려고 욕설과 폭력을 즐겨 씁니다. 이게 두번째 무기고요, 그다음이 '주작(온라인상에서 '조작'을 뜻하는 은어)'입니다.

③ '주작'

"빵이 없으면 케이크를 먹으면 된다." 마리 앙투아네트가 했다는, 유명한 말입니다. 하지만 앙투아네트는 이런 말을 한 적이 없거든요. 앙투아네트는 딸이 비싼 선물을 사려고 하자 "궁전 밖에는 가난하고 굶주린 사람이 많다"라며 만류했고, 루이 16세가 다이아몬드를 사주겠다고 했을 때 "우리는 군함 한 척이 더 필요하다"라고 했던 사람이에요. 그런 사람이 이런 말을 했다는 게 말이 됩니까? 이런 식의 '주작'이 끊임없이 있다는 거죠. 예컨대 2015년 북한이 초소에 설치한 발목지뢰로 병사 한 분이 발목을 하나 잃는 안타까운 사건이 벌어집니다. 그때 배우 이영애씨가 5,000만 원을 성금으로 줍니다. 그랬더니 어떤 분이 SNS에 다음과 같은 글을 올립니다. "다리 잘린 게 무슨 자랑이라고 이런 거 올리냐. 이영애가 준 돈으로 빡촌이나 갔겠지." 프로필 사진이나 이름이 여자분 같습니다. 남녀를 떠나서 인간이 할 말은 아니에요. 그래서 남자들이 총 궐기를 해서 신상을 털려고 노력했는데 이게 나중에 '주작'으로 드러났어요. 이런 식의 '주작'이 인터넷상에서 심심치 않게 벌어집니다. 자신들이 '주작'을 하다보니 여성분이 피해 사례를 올려도 '주작'으로 간주하기도 합니다. 한 사이트에 이런 글이 올라옵니다. "임산부인데 지하철 자리에 남자가 먼저 앉기에 임산부 배지를 보여주고 양보를 부탁했더니 남자분이 쌍욕을 하고 밖으로 나가서 쓰레기통을 발로 찼다. 놀라서 진정이 되지 않았다. 출입문이 닫혀 망정이지 해코지할까봐 순간 쫄았다" 이런 글이에요. 여기에 대한 정상적인 댓글은 "욕봤네요. 그런 남자가 다는 아니니까" 이런 거 아닌가요? 그런데 실제로 달리는 댓글은 "인터넷 글 안 믿어", "아 다르고 어 다르다", "양보 부탁하지 마세요", "솔직히 인증 없으면 믿기 어려운 것도 사실이죠" 이런 겁니다. 이분이 놀라서 위로받으려고 글을 올렸는데 구태여 '한쪽 이야기만 듣고는 판단을 보류하겠다', '나 이제 이런 거 안 믿음' 이런 식으로 이야기할 필요가 뭐가 있을까요. 그리고 자기가 안 믿으면 댓글을 안 쓰는 것도 한 방법인데, 왜 안 믿는다는 글을 남길까요. 여성의 말을 거짓으로 몰아야 남자가 더 살기 편해서인가요?

④ 가해자 빙의

제일 이상한 게 바로 가해자 빙의입니다. '나도 잠재적 가해자이니 언젠가 내가 가해자 될 때 너희들이 도와줘' 이런 논리가 아니면 가해자에 빙의할 필요가 없죠. 예를 들어 '호식이두마리치킨' 회장이 성추행을 합니다. 이런 사건에서는 그냥 그 회장을 욕해주면 됩니다. 그런데 남성들은 "욕하지 말고 지켜보자", "피해자가 꽃뱀일 수도 있다. 결과 나오면 욕해도 된다" 이런단 말입니다. 이런 신중함이 '김여사'를 욕할 때는 적용되지 않습니다. 게다가 일부는 "솔직히 이건 돈 많은 노인 꾀어 돈 좀 뜯어내자는 거지. 남자라서 당한 거지", "꽃뱀에 한 표" 이런 글들을 올려요. 신기하죠. 남자들이 정말 잠재적 가해자가 아니라면 이럴 필요 없어요. 게다가 피해자가 거듭된 요청에 어쩔 수 없이 합의를 해주고 3억 원을 받았더니 난리가 났죠. "수상하네요", "다급하게 고소하고 취하?" 이러면서 피해자를 '꽃뱀'으로 만들어요. 아시다시피 합의하면 처벌이 관대해지니 성추행 가해자가 합의를 종용하는 거잖아요. 회장측 변호사가 피해자를 귀찮게 하니까 짜증도 나고 무섭기도 해서 합의할 수밖에 없거든요. 그런데 합의하면 '꽃뱀'이 됩니다. "성추행을 당하고 강간당할 뻔하다가 도망쳤다 해도 합의한 이상 꽃뱀일 뿐이다", "경찰한테 신고했다가 처벌을 원치 않는다고 한 건 이상하네" 이런 식으로 여자를 '꽃뱀'으로 몰며 가해자 편을 들어요.

물론 무고하는 여자가 있죠. 정확한 통계는 아니지만 무고 건수는 전체의 2퍼센트 정도입니다. 이것 때문에 98퍼센트를 엎는

건 너무하지 않아요? 게다가 무고죄는 여성을 침묵하게 만드는 수
단이 될 수 있어요. 원래 성범죄는 증명이 어렵기 때문에 무고죄로
처벌받을 가능성이 있단 말입니다. 예를 들어 한 남성이 여자 대리
운전 기사를 성추행합니다. 피해자가 신고를 했더니 가해자가 피
해자를 '꽃뱀'으로 몰고 무고죄로 겁니다. 무고죄는 여자에게 부담
이 됩니다. 다행히 이 경우에는 블랙박스로 증명이 됐고 가해자가
실형을 받았는데, 블랙박스가 없었으면 영락없이 '꽃뱀'이 될 뻔했
죠. 그런데 무고죄 형량을 높이면 어떻게 되겠어요? 여성은 부담
이 돼서 신고를 못하고, 성추행범은 처벌을 안 받겠지요. 남자들이
원하는 게 이런 세상인가요?

⑤ 물타기

물타기도 남자들이 잘 쓰는 수법 중 하나죠. 남성에게 불리한
기사만 나오면 '여가부 폐지', '여자도 군대 가라' 등의 댓글을 다는
수법입니다. 군대는 여성의 입을 닥치게 할 수 있는, 전가의 보도
죠. "하루 45분, 한국남성 가사분담률 OECD 최하위"라는 기사가
나와요. 이런 기사를 보면 '나는 하루에 몇 분이나 집안일을 하지?
나라도 해서 평균을 올리자' 이런 생각이 건전한 거 아닌가요? 그
런데 이 기사의 베스트 댓글은 이겁니다. "OECD 국가 중 징병제
시행국인 이스라엘, 터키, 그리스, 에스토니아, 멕시코 중에서 다
시 비교해보자."

정말 이해가 안 되는 게, 어떻게 군대 2년으로 몇십 년을 통치

려 하는 거죠? 군대 2년이 너무 힘든 건 알지요. 전 국가가 그 2년을 보상해야 한다고 생각해요. 최소한 100만 원 이상 월급을 줘야 한다고 생각해요. 하지만 남성들이 요구하는 가산점은 옳은 방식이 아니라는 것이지요. 2001년 헌법재판소에서 군가산점을 없애면서 "국가는 다른 방안의 보상책을 조속히 마련해 불만을 털어줘라"라고 해요. 여성단체도 가산점이 아닌 다른 보상체계에 대해서는 전적으로 동의해요. 그런데 국가는 다른 방안을 전혀 생각하지 않고 있어요. 국가가 돈을 쓰기보단 여자랑 장애인 것을 뺏어서 군필자 일부에게 가산점을 주는 게 훨씬 편하거든요. 그러니까 이건 국가가 직무유기하는 거예요. 이런 상황에서 국가에 항의하는 대신 여자한테 군대 가라고 목소리를 높이는 건 찌질한 일입니다. 남성들이 진짜로 여자가 군대 가는 걸 원하느냐, 그것도 아닌 것 같아요. 자기 여자친구 군대 보낼 사람이 얼마나 있을지 모르겠어요. 그냥 여자에게 화풀이로, 입을 닥치게 하는 제일 좋은 방법이 군대 가라는 거죠. 너무 그러니까 '남자들이 군대 말고 여자보다 더 나은 업적을 쌓은 게 없어서 이러나' 하는 생각이 들지요.

어느 분은 군복 차림으로 SNS에 사진과 글을 올립니다. "호들갑 떨지 마 이년들아. 전쟁 안 나. 만약에 난다 그래도 너네들은 집에서 화장이나 해. 나머지는 대한민국 군인 오빠들에게 맡기고 집에서 발 뻗고 편히 자"라는 글을 올렸어요. 웃기는 건 이분이 공익근무요원이에요. 평소에 군복을 입을 일이 전혀 없는 분이 갑자기 전투복 입고 사진 찍고 왜 이런 글을 쓰겠습니까. 군대야말로 여자들의 '입을 닥치게 하는' 좋은 수단이어서 그래요. 최근에 진짜로 여자들 군대 보낼 마음이 있는 분들이 청와대 청원을 시작했어요. 여자한테만 뭐라고 하는 것에 비하면 진일보한 셈인데, 총 12만 명이 청원을 했어요. 그동안 남성들이 입만 열면 '여자도 군대 가라'고 했던 것에 비하면 너무 적지 않나요?

⑥ 여성을 성적으로 대상화하기

여성혐오하는 남자들은 하나같이 이런 말을 합니다. "나 여성혐오하지 않아요. 여자 좋아해요." 그 좋아한다는 건, 여성을 성적으로 대상화할 때에 국한됩니다. 여성의 권리가 낮을수록 여자는 성적 도구 취급밖에 받지 못합니다. 우리나라에서 '몰카'가 유행하는 것도 바로 그 이유입니다. 얼마나 심한지 볼까요. '구글'에서 'woman'을 검색하면 그냥 일반적인 여성이 나오죠. 하지만 한국어로 '여자'를 검색하면 놀라운 일이 벌어집니다. 거의 벗은 여자 사진이 주를 이룹니다. '구글'에서 'sister'를 검색하면 '네가 내 여동생의 마음을 깨뜨리면, 네 얼굴을 깨뜨릴 것이다' 같은 얘기들이 나옵니다. 그런데 한국어로 '여동생'을 입력해보면 어떨까요. 민망한 사진들만 나와요. 한국남자들 정말 성에 환장했죠? 'street'를 검색하면 고풍스런 유럽이나 미국의 거리가 나오는데, '길거리'를 검색하면 다 벗은 여자만 나옵니다. 이렇게까지 여자를 좋아하면 여자한테 잘해서 사귈 생각을 해야지 왜 여성혐오를 할까요.

페미니스트가 된 남자의 전사(前史)

지금까지 제가 말씀드린 건 남성들이 여러 가지 방법을 동원해서 여자들의 입을 틀어막는다는 얘기였어요. 이제부터 제 얘기를 좀 해보겠습니다. 저는 남자고, 외모차별은 받았을지언정 한 번도 성차별을 받지 않았습니다. 그런 제가 어떻게 이 자리에 오게 됐을지 궁금하지 않으세요?

전 서른 살까지 '보통 남성'이었어요. 혹자는 저를 "어릴 때 왕따를 당하는 와중에 여자들만 친절하게 해줘 페미니스트가 됐다"고 하는데 그 당시 남자나 여자 모두 저한테 관심을 갖지 않았어요. 제가 젊을 때는 "여자가 예쁜 건 권리이자 의무다" 이런 무식한 말을 한 적도 있었어요. 성평등에 대한 생각도 전혀 없었고, '여자들은 일도 안 하고 편하겠구나' 이런 생각도 많이 했어요. 그런 저를 일깨워주신 분은 강준만 교수입니다. 우리 사회의 차별을 이야기하는 와중에 성차별을 언급했거든요. 우리나라의 주요 권력부서에는 전부 남성만 있고 여성의 자리는 없다고 하더군요. 당시 제가 이분 말이면 뭐든지 다 듣는 강준만 '빠'여서, 그 이야기를 듣고 난 뒤부터 그 프레임으로 세상을 보기 시작했어요. 그랬더니 우리 사회가 정말로 여성의 희생으로 굴러가는 곳이더라고요. 어머니의 삶도 다시금 생각하게 되더라고요. 어머니의 삶은 편한 게 아니라 많은 것을 희생한 삶이었어요. 어머니가 약대 나오셨는데, 아버지 내조하느라, 그리고 저희 키우시느라 약사의 꿈을 포기했거든요. 그때부터 페미니즘 책을 탐독했는데, 그중 저에게 가장 많은 영향을 준 책은 정희진 선생이 쓴 『페미니즘의 도전』입니다. 한 줄 한 줄이 다 제게 충격과 놀라움을 안겨줬지요.

제 전공이 기생충이잖습니까? 페미니즘의 시각으로 기생충을 보니까 참 재미있더군요. 회충은 전형적인 쇼윈도부부예요. 잠자리 딱 한 번 하고 집에서는 내외해요. 아이도 돌보지 않아요. 그래서 멸종했어요. 편충도 마찬가지고요. 요충은 교미 후 수컷이 도망하고 암컷이 독박육아를 합니다. 자식 잘 키워보겠다고 그 먼 항문까지 가서 알 낳고, 사람 손에 알을 옮기려고 항문을 가렵게 하고. 이러다가 과로사합니다. 암컷의 엄청난 노력 덕분에 요충은 멸종하지 않고 근근이 버티고 있는 중입니다.

메디나충은 요충보다 더한 독박육아를 합니다. 자식 잘 키우려고 배에서 발까지 터널을 파는데, 이게 6개월 걸립니다. 사람 발을 뜨겁게 해서 물에 담그게 하고, 담그자마자 발 밖으로 나가 알을 낳습니다. 사람 눈에 띄었으니 이젠 죽은목숨이지만, 새끼 낳을 거 다 낳았으니 아쉬워하지 않습니다. 이 독박육아 덕분에 메디나충은 자기를 멸종시키려는 인간과 30년 넘게 싸울 수 있었지만, 지금은 멸종단계입니다. 제가 좋아하는 주혈흡충은 어떨까요. 수컷을 보면 가운데 홈이 크게 있어요. 암컷이 원할 때 언제든 들어와 쉴 수 있는 곳입니다. 이동할 때 암컷을 태우고 이동하고 먹이도 수컷이 구해요. 암컷은 아무것도 안 해요. 너는 알만 낳아라. 아무일도 안 하니까 몸이 '쭉쭉빵빵'이에요. 수컷은 일하느라고, 암컷은 수컷이 일을 다 하니까 고마워서 서로 바람을 피우지 않습니다.

하등동물 중 일부일처는 주혈흡충밖에 없고, 지금도 잘나갑니다. 그래서 "인간도 멸종하지 않으려면 주혈흡충을 본받자"고 주장하고 있어요.

제가 이렇게 페미니즘을 알아가는 동안에도 여성혐오는 점점 심해지고, 특히 인터넷은 여성혐오의 놀이터가 됐어요. '된장녀'에 이어 '김치녀', '맘충'이란 말이 유통됩니다. 어떻게 엄마한테 벌레라고 하죠? 일부 이기적인 엄마에게만 그런 말을 한다고 하는데 사실 일반화하고 있어요. 애 데리고 커피숍에만 가도 '맘충'이라고 하잖아요. 이런 일을 당해도 여성들은 목소리를 제대로 내지 못해요. 반박하고 싶어도 수에서 밀리고, 힘에서 밀립니다. 할 수 없이 침묵을 택해요. 그러던 2015년, '메르스 사태' 당시 홍콩으로 여행간 한국인 여성 두 명이 격리를 거부하고 있다고 기사가 나갑니다. 그 여성들, 욕 많이 먹었습니다. '김치녀는 국제적으로 민폐'라고요. 나중에 보니 의사소통이 안 됐던 것이었고 기사는 사실이 아니었어요. 이 일 이후 그동안 참기만 했던 여성들이 들고 일어났고, 그들이 만든 게 바로 '메갈리아'입니다. '메갈리아'가 한국사회에 끼친 영향은 커요. 그동안은 이랬죠. 남성이 여성한테 "너 김치녀냐"고 묻습니다. 그러면 여성은 아니라고, 더치페이 좋아한다고 변명하죠. 굉장히 궁색해 보이죠? 그런데 '메갈리아'는 이걸 바꿔놓습니다. "내가 김치녀면 넌 한남충이냐?" 누군가를 규정짓는 건 강자만이 할 수 있어요. 약자는 거기서 벗어나려고 구구절절 설명을 하고, 권력자는 그걸 보면서 흡족해하는 게 일반적이지요. 하지만 약자가 자신의 규정에 순응하는 대신 "그럼 넌 뭐냐"라 물으면 당황하게 됩니다.

전 '메갈리아'에 긍정적인 면이 많다고 생각해요. 가장 먼저 꼽을 수 있는 건 피해자들이 입을 열기 시작한 것이라 생각해요. 여성들 간의 연대가 이뤄졌어요. 남자들이 그동안 여자들을 욕하고 비웃으면서 즐거움을 얻었는데, 이젠 여성들이 미러링으로 남자들을 욕하기 시작합니다. 드디어 남성들도 욕을 먹는 게 얼마나 기분 더러운 일인지 알게 됩니다. 이것만으로도 큰 성과가 있었다고 생각해요. '메갈리아'가 남녀갈등을 유발한 게 아닙니다. 원래 여성차별은 계속 있었고, '메갈리아'는 여자가 더이상 참지 않겠다는 선언이었어요.

이럴 때 남성들의 정상적인 반응은 이래야 합니다. '여자들도 가만히 있지 않겠다는 선언이구나. 남자로서 반성하게 된다. 나도 방관자였으니.' 하지만 남성들은 그러지 않습니다. "너희들, 남혐을 하면서 남자 인부들이 지은 집에서 왜 살며, 남자가 만든 스마트폰은 왜 쓰냐? 너희들이 쓰는 전기에너지도 남자가 만든 거잖아?" 이런 유치한 질문에는 유치한 답변이 달릴 수밖에 없습니다. "그럼 님은 한국여자가 만든 김치 왜 처먹어요?" 결국 남성들은 '메갈리아'를 '일베'라고 규정하고, '메갈리아'에 호의적인 모든 단체에 테러를 시작합니다. 〈시사인〉이 '메갈리아'에 긍정적인 기사를 쓰자 절독운동을 시작합니다. 많은 구독자가 빠져나갔습니다. 〈시사인〉이 그간 한국사회의 진보를 위해 목소리를 낸 공이 있는데도, '메갈리아' 기사 하나로 쓰레기 잡지 취급을 받습니다. 정의당에서도 '메갈리아'를 옹호하고 난 뒤 5,000명이 탈당하는 사태가 벌어집니다. 김자연 성우가 '넥슨' 게임에서 목소리를 입히기로 하자 그들은 '넥슨'에 몰려가서 김자연을 쓰지 말라고 합니다. '메갈리아'에서 만든 티셔츠 입고 사진 찍었다는 게 이유였어요. 결국 김자연 성우는 퇴출당합니다. 사정이 이러니 '메갈리아'에 동조해도 입을 닫을 수밖에 없어요.

이런저런 사정들이 결합되면서 '메갈리아' 사이트는 결국 없어지고 맙니다. 그럼 이제 다 끝났느냐. 그건 아닙니다. '메갈리아'는 죽지 않았습니다. 여성들의 마음속에서도 그렇지만, 남성들의 머릿속에 훨씬 더 크게 자리잡아요. 남성들은 여성들이 입을 열 때마다 "너 메갈이냐"라고 사상검증을 합니다. 전 이런 일을 보면서도 '안타깝다, 왜 저러나'라고 발만 동동 굴렀어요. 괜히 '메갈리아' 편들었다간 잃을 게 많았거든요. 그런데 팟캐스트 〈불금쇼〉 진행자 최욱씨가 저더러 '메갈리아'를 옹호해달라는 제안을 했어요. 고민을 거듭하다 결국 나가기로 합니다. 〈불금쇼〉에 나가고 난 뒤 최욱씨가 문자를 보냈어요. "댓글 절대 보지 마세요." 난리가 났어요. 그전까지 〈경향신문〉에서 박근혜 대통령, 이명박 대통령을 까면서 명성을 쌓고, '이 시대의 진정한 지식인' 소리도 들었는데 '메갈리아' 한 방에 다 무너졌어요. 그래도 마음은 편했어요. 원래 지식은 행동해야 의미가 있는 거잖아요. 그다음부터 〈여성신문〉에 글을 쓰고, EBS 〈까칠남녀〉에 출연하게 됩니다.

제가 믿었던 건, 여성차별에 저항하는 운동을 여성만 해서는 안 된다는 것이었습니다. 리베카 솔닛이 말했죠. 백인을 끌어들이지 않고 인종문제 해결이 어렵듯 남자를 끌어들이지 않고서는 성차별 완화가 어렵다고요. 저는 남자인지라 성차별을 겪지는 않았어요. 그런데 매스컴에서 성차별을 주제로 인터뷰할 때 다른 여성들보다 저를 더 많이 주목합니다. 이게 현실입니다. 다행히 저는 김자연 성우처럼 프리랜서가 아닙니다. 학교에서 월급을 받아요. 물론 책도 팔면 좋겠지만, 책을 안 팔아도 먹고살아요. 그리고 전 결정적으로 남자입니다. 사람들은 남자한테는 함부로 못해요. "서민 죽이러 가자" 이런 말 못해요. 손아람 작가가 이 '강약약강(강자에게 약하고 약자에게 강한 짓)'을 증명하기 위해서 "키 180센티미터 이하는 루저고, 죽어야 한다"고 이야기했는데, 아직 손아람 작가를 죽이기 위한 결사대는 조직되지 않았습니다. 남자이기 때문이지요.

그들이 제게 할 수 있는 건 인터넷에서 욕하는 것밖에 없어요. '보빨남'이니 '메갈'이니 욕을 많이 하더군요. 전 크게 신경 안 써요. 어릴 때부터 욕을 많이 먹어서 그런지 그런 게 짜릿해요. 그런데 이건 어디까지나 여성들이 느끼는 것과 달리 그들의 욕설이 제 생명에 위협이 되는 게 아니기 때문입니다. 그래도 이런 건 느낍니다. '이러니까 남자들 중에서도 여성들 편에 서는 사람이 없구나'라는 거요. 예전에 군부독재 반대운동을 할 때, 물론 저는 안 했지만,

그게 목숨을 걸고 하는 일이고, 옳은 일을 한다며 지지해주는 사람들이 많이 있었어요. 그런데 성차별 반대운동은 그런 게 없습니다. '오유(오늘의 유머)', '일베(일간베스트 저장소)'는 이념적으로 양극단에 있는 그룹인데 둘이 손을 잡고 저를 욕해요. 한마디로 모든 성향의 남자에게 욕을 먹어요.

결론은 남자들이 변했으면 좋겠어요. 인류는 남녀가 같이 합심해서 만들어가는 것입니다. 여자들의 입을 '무조건 닥치라'고 하는 게 아니라, 여자들의 목소리를 듣고 받아들일 게 있으면 받아들여야 한다고 생각해요. 남녀가 평등한 사회가 되어야 남자도 유리해진다고 손아람 작가님도 이야기했어요. 여자들이 더치페이를 못하는 이유 중 하나도 여자 월급이 적기 때문이에요. 여자들의 월급이 더 올라 남자들 월급과 비슷해지면 더치페이를 당당하게 요구할 수도 있죠. 그리고 남자 혼자 가정이라는 짐을 다 짊어질 이유가 뭐가 있어요. 맞벌이하면서 집안일 같이하면 남자한테 유리하죠. 손아람 작가님이 "여자가 연애하기 어려운 사회에선 남자도 연애하기 어렵다"는 말도 하셨어요. 여자에게 조신함이 요구되면 남자가 연애하기 어렵고, 여자가 연약해야 되면 남자가 힘들어야 하고. 전 이게 진짜 가슴에 와닿는 말이라고 생각합니다.

인터넷에서 남녀문제에 대한 기사가 나오면 여자 욕하는 남자들이 참 많습니다. 그럴 때 '이건 내 일이 아니다'라며 방관하는 분들이 많던데, 그런 댓글들이 부당하다고 생각한다면 남자들도 같이 싸웠으면 좋겠어요. 남자의 공격성을 남자는 감당할 수 있어요.

아닌 건 아니라고 해주고, 그쪽에서 욕을 하면 같이 욕하며 싸울 수 있잖아요. 근데 그러는 남성들이 없어요. 그리고 페미니즘이 돈이 된다고 생각하면, 성차별 반대하는 사람들더러 돈 벌어서 좋겠다고 야유하지 말고, 같이하면 돼요. 그리고 여성들도 할 일이 있어요. 쉽지는 않겠지만 부당함에 대해 입을 열어야 해요. 댓글 활동도 활발히 하고요. 물론 남자들은 거들어줄 수 있을 뿐, 싸움의 주체는 어디까지나 여자여야 합니다. 오드리 로드가 말했죠. "내 침묵들은 나를 보호하지 못했다." 그러면서 여러분의 침묵은 여러분을 보호하지 못한다고 합니다. 혼자가 어렵다면 서로 연대해서 이야기를 해야 합니다. 하나둘 성차별에 입을 열면 시대가 변하지 않을까요? 또한 남자들 중에서도 뜻을 같이하는 사람이 있다면 기꺼이 받아들이고, 이용해주면 좋겠어요. 이상으로 마칩니다. 감사합니다.

**질
의
응답**

Q. 서로 혐오하는 게 문제라고 생각하는 20대 후반 무직 남성입니다. 하지만 또래 남성집단 내에서 남성으로 살아가면서 그들에게 배척당할까봐 목소리를 내는 것이 꺼려집니다. 여성들과 논의할 장도 없습니다. 경계에 있다고 느낍니다. 저 같은 사람들이 어떤 행동을 하는 것이 좋을까요?

A. 질문하신 분처럼 '옳지 않다'고 생각하는 남성이 많다고 생각합니다. 그런 분들의 입을 열게 해야 합니다. 혼자는 어렵지만 같이 연대해서 '쪽수'로 밀고 나가면 좋을 것 같습니다. 페미니즘을 공부하는 모임도 많이 있는데, 그런 곳에 참여하면 공부도 할 수 있고, 또 자신이 혼자라는 생각도 안 할 수 있습니다.

Q. 페미니즘을 접한 후 어떤 점에서 변화가 있었나요?

A. 집안일은 같이하는 거라는 걸 깨달았어요. 결혼 후 아무리 바빠도 설거지와 쓰레기 버리는 것 등 집안일의 일부를 제가 합니다. 이러다보니 제가 외부에 있을 때 아내가 문자로 "언제 오냐, 빨리 좀 와라"라고 말합니다. 집에 제가 필요하다는 이야기죠. 그게

너무 좋아요. 무엇보다 큰 수확은 저희 집에서 없어질 것 같지 않던 차례와 제사를 없앴어요(박수). 물론 긴 시간이 걸렸어요. 제가 결혼을 좀 늦게 했는데, 아내 만나기 전부터 제수씨 혼자 다 하는 게 문제가 있다고 어머니를 설득했어요. 결국, 어머니가 제 말을 들어줬어요. 덕분에 저희 집에 늦게 들어온 아내가 혜택을 봅니다. 이렇듯 페미니즘은 어느 지식보다 실생활에 많은 도움이 됐어요.

Q. 온라인 사례를 많이 말씀하셨습니다. 온라인에서 여성들이 목소리를 많이 낼 필요, 남성들을 끌어들일 필요를 말씀하셨고요. 하지만 온라인상에서 여성들이 불만을 말하면 남성들의 반감이 심각하죠. 어떻게 남성들의 동참을 이끌어낼 수 있을까요?

A. 전 지금의 상황을 안타까워하는 남자들이 있다고 확신합니다. 따돌림당할까봐 말을 못하는 것이지, 여성들의 말에 일리가 있다는 생각을 하는 분들이 분명 있거든요. 그걸 예리한 눈으로 알아봐주고, 포섭을 하면 어떨까요. 조금만 이끌어주면 넘어올 남자가 있다고 생각합니다. 개인적으로 접촉해서 이야기를 해보고, 페미니즘 공부 같은 것도 같이하자고 하면 어떨까요. 그런 남자들이 둘이 되고 셋이 된다면, 여성혐오가 공개적으로 이뤄지진 못할 거예요.

Feminism
×
Democracy

대중문화 속의 여성

손아람

〈한겨레21〉에서 주최하는 페미니즘 특강 시리즈의 강사로 서게 되어서 매우…… 부담스럽습니다. 이런 자리가 저에게는 늘 부담스러워요. 연단에는 저 혼자 서 있고, 그 아래 객석은 대부분 여성들이 채우고 있기 때문입니다. 마치 이런 느낌이 들어요. "여성 여러분, 지금부터 제가 페미니즘을 한 수 가르쳐드릴게요"(웃음).

오늘 저는 '대중문화 속 여성'이라는 주제로 이야기할 것입니다. 제가 남성작가인 만큼 전지적 작가 시점에서 이야기하지는 않을 것입니다. 비판적인 관점으로 저를 포함한 창작자들의 작품들을 둘러보겠습니다. 자기성찰적이고 겸허하게. 이 연단의 연사로 여러분보다 제가 더 자격이 있다면, 그건 여성이 처한 현실을 더 잘 알고 있기 때문이 아닐 것입니다. 대중문화산업에 종사하면서 그 내부를 더 가까이에서 관찰했기 때문이리라 생각합니다.

〈매드맥스〉는 페미니즘 영화인가?

해묵은 논쟁입니다. 영화 〈매드맥스〉(2015)가 국내 개봉했을 때, 소셜미디어에서 이 논쟁이 일어났습니다. '〈매드맥스〉는 페미니즘 영화인가?' 저에게 어떻게 생각하냐고 직접 물어온 사람도 있었어요. 저는, 이 질문 자체가 함정이라고 생각합니다. 물론 〈매드맥스〉는 할리우드 블록버스터 영화치고는 드물게 여성인물에 주체적 역할을 부여했습니다. 페미니즘 텍스트로 사용되는 데 아무런 흠이 없을 겁니다. 하지만 영화 전체에 페미니즘이란 자격 타이틀을 붙일지 말지는 무의미하고 소모적인 논쟁이라고 생각합니다.

그런 논쟁은 이런 질문을 하게 만들거든요. 왜 이 영화의 제목은 〈매드퓨리오사〉가 아니라 〈매드맥스〉인가? 왜 3부작으로 기획된 이 영화는 맥스라는 남성이 마주친 여성들을 보여주는가? 그건 여전히 영화산업이 남성중심의 수요에 갇혀 있기 때문이죠. 이 영화는 남성관객을 붙잡고 여성관객을 끌어들이는 타협의 산물로 기획되었습니다. 문화예술을 산업으로 들여다볼 때는 텍스트 바깥에서 관찰할 필요가 있습니다.

매트릭스는 좌파 영화인가?

유사하게 〈매트릭스〉(1999) 같은 영화를 이야기해볼 수 있죠. 이 영화만큼 좌파 텍스트로 자주 소비되어왔던 할리우드 영화는 없을 거예요. 매트릭스를 체제로 본다면, 그 속에 갇힌 인간은 바로 그 체제에 속한 우리들의 모습입니다. 실제로 워쇼스키들도 영화를 구상하면서 좌파 텍스트들을 많이 참고했다고 하죠. 주인공인 네오만 봐도 분명합니다. 네오를 연기한 키아누 리브스는 체 게바라와 흡사합니다. 둘 다 레지스탕스의 리더죠. 한쪽은 식민 인류의 구세주, 다른 한쪽은 공산주의의 구세주가 되었습니다. 그리고 이들은 재미있는 딜레마를 가진 인물들입니다. 네오가 프로그램과 싸우는 프로그래머라면, 체 게바라는 자본주의와 싸우는 의사, 라틴 민족해방을 위해 싸우는 백인이었습니다. 이들은 각각 초지능 컴퓨터와 제국적 자본으로부터 인류를 구원하고자 합니다. 좋습니다. 그렇다면 '〈매트릭스〉는 좌파 영화인가'라는 질문이 의미를 가질까요?

〈매트릭스〉 3부작은 약 1조 8,500억 원의 극장 수입을 거둬들였습니다. 주연배우인 키아누 리브스가 그중 1,300억 원을 출연료로 독식했죠. 우리가 산업을 들여다보지 않고 서사만으로 영화를 이야기한다면, 영화가 표현하는 가치는 이야기 안에 박제되어 버립니다. 매트릭스를 좌파 텍스트로 읽는 데는 아무 문제가 없어요. 하지만 산업으로서의 영화는 실제 세계에서 또다른 역할을 하죠. 슬라보예 지젝은 스스로 〈매트릭스〉를 좌파 텍스트로 인용해왔으면서도, 저서인 『실재의 사막에 오신 것을 환영합니다』에서 그 위험을 환기했습니다.

키아누 리브스가 눈을 떴을 때, 저항군 모피어스는 인사를 건넨다.
"실재의 사막에 오신 것을 환영합니다."
2001년 9월 11일 뉴욕에서 일어난 사건도 이와 비슷하지 않았을까?
2001년 11월 백악관 보좌관들과 할리우드 시나리오 작가들이 회합을 가졌다.
……
전 세계 할리우드 관객에게 올바른 메시지를 전달함으로써 할리우드가 테러와의 전쟁에 도울 수 있는 방법을 결정하려는 목적이었다.

한 편의 영화는 체제 안에서 인간의 저항을 포착하는 것만큼이나 실질적으로는 체제를 위해 복무할 수도 있는 것이죠. 좌파 영화냐 아니냐, 페미니즘 영화냐 아니냐는 그냥 이름을 둘러싼 논쟁입니다. 〈매드맥스〉의 여성인물 역할 조정은 그 자체로 큰 의미가 있고, 우리의 논점은 어떤 딱지를 붙일 것이냐가 아니라 그곳에 집중하는 것으로 충분합니다.

1979년 발표된 원작 〈매드맥스〉와 2015년의 리메이크판 〈매드맥스〉를 비교해보죠. 원작의 여자주인공은 '분노의 도로' 위에서 끊임없이 뛰어다닙니다. 악당들에게 쫓겨서 '꺅꺅' 비명을 지르면서요. 그녀의 목적은 품에 안은 갓난아이를 지키는 것입니다. 결국 그녀는 아이를 잃고 영화는 막을 내립니다. '모성의 실패'인 거죠. 하지만 2015년, 분노의 도로 위에서 화물트럭을 운전하는 여자주인공 퓨리오사는 다릅니다. 그녀는 남성에 못지않은 용기와 무력을 사용해 적들을 제압하죠. 그리고 동지인 여성들을 지킵니다. 둘 다 같은 감독, 조지 밀러의 작품입니다. 어떻게 된 일일까요? 40년 새 조지 밀러가 벼락이라도 맞은 걸까요? 저는 바뀐 것이 감독이 아니라고 생각해요. 바뀐 것은 영화산업 생태계입니다. 이 생태계는 작가, 감독, 제작사, 투자사로만 이뤄지지 않습니다. 그 모든 것과 대등한 다른 한 축을 관객들이 지탱하고 있죠. 1979년에는 시도 혹은 상상조차 불가능했던 여성성에 2015년의 관객들은 납득할 수 있게 된 것입니다.

여성배역의 한계는 왜 주어져왔나?

그럼 지금까지 여성인물의 한계는 왜 주어져왔을까요? 중요한 질문은 이게 될 겁니다. 왜 여태껏 많은 영화들이 여성인물을 수동적으로 그려왔고, 당면한 갈등과 문제를 능동적인 남성인물이 해결하도록 그려왔을까요? 흔한 변명은 두 가지입니다.

1. 대중예술은 남성중심사회를 투영할 뿐이니까.
2. 여자배우들이 예쁜 척하느라 연기가 늘지 않으니까.

첫번째 변명은 일반적인 남성의 것입니다. "세상이 원래 그렇잖아." 두번째 변명은 영화산업 종사자들이 자주 쓰는 것이죠. "여자배우들은 자기 자신을 완전히 버리고 인물에 몰입하지 못한다. 자신이 스크린에 어떻게 비칠지를 신경쓴다. 그래서 연기의 한계에 쉽게 갇힌다. 그들 스스로 연기 배역의 폭을 좁히고 있다."

과연 그럴까요? 그렇다면 질문을 바꿔보죠. '할리우드 영화에서 아시아인 배역의 한계는 왜 주어질까?' 그 한계는 명백하죠. 아시아인은 사악하고, 비열하고, 피도 눈물도 없습니다. 하지만 결국 따뜻한 가슴을 가진 백인남성 앞에 무릎 꿇을 운명입니다. 수치로 보면 더 극적입니다. 오스카 주연상을 수상한 아시아인 배우는 여태껏 단 한 명도 없습니다. 미국에서 스타성의 지표라고 할 수 있는 〈SNL〉에 출연한 아시아인은 단 두 명입니다. 주연급 배역을 따낸 아시아인의 비율은 엔터테인먼트산업 전체에서 1퍼센트 근처입니다. 아시아계 미국인의 인종 비율은 6퍼센트인데, 실제 문화예술계에서의 역할은 그보다 훨씬 축소되어 있습니다. 주류 미국인들은 이렇게 이야기할 겁니다.

1. 대중예술은 백인중심사회를 투영할 뿐이니까.
2. 아시아인은 감정표현에 소극적이니까.

두번째 이유는 실제로 한 미국 영화평론가의 글에서 제가 접한 표현입니다. 아시아인들은 감정표현 자체가 평면적이라서 배우로서 매력이 없다고 하더라고요. 2000년에 흥미로운 사건이 있었습니다. 할리우드 영화 〈로미오 머스트 다이〉(2000)의 주연을 블록버스터로는 드물게 소수인종들이 따냈죠. 최초로 아시아계 남성이 비아시아계 여성과 사랑에 빠지는 할리우드 영화였습니다. 모티브는 『로미오와 줄리엣』으로, 중국계 범죄조직과 흑인 범죄조직의 갈등상황에서 싹튼 두 남녀의 사랑 이야기였죠. 두 사람의 러브신과 러브라인이 당연히 이야기의 중요한 축이었습니다. 시사회에서 이 영화는 엄청난 악평을 받았습니다. 그리고 러브신이 잘려나간 편집본이 극장에 걸리게 됐죠. 그러자 영화에 호평이 쏟아집니다! 남자주인공 이연걸의 액션도 훌륭하고, 여자주인공 알리야의 연기도 훌륭하다는 겁니다. 다만 두 주인공이 사랑에 빠지지 않는 '로미오와 줄리엣' 스토리가 되었을 뿐. 모든 변명이 다 반박되었습니다. 이런저런 이유로 아시아계 미국인과 여성인물에 한계가 주

어져왔던 것이 아닙니다. 이유는 하나입니다. '사람들은 낯선 것을 싫어하니까.'

우리는 낯선 것을 싫어합니다. 주체적인 여성성이 영화 안에 등장하는 것은 관객들을 낯설게 합니다. "무슨 소리야, 내가 전지현의 연기를 얼마나 좋아하는데!"라고 말할 필요는 없어요. '싫어한다'는 것은 적극적으로 증오한다는 뜻이 아니에요. 어색해하고, 실제로 자주 본 모습이 아니라 생각하고, 그만큼 거리를 느낀다는 것을 뜻합니다. 그런 것은 즐기기 힘들어요. 그리고 사람들은 편안하게 즐길 수 없는 엔터테인먼트에 돈을 잘 지불하지 않습니다. '남자를 두드려 패고 굴복시키면서 세상을 개척해가는 여성 보스의 모습을 난 본 적이 없는데? 영화에서만 그런 일이 일어나는군. 자연스럽지가 않아.' 관객의 무의식이 그렇게 응답하는 영화는 성공하기 어려워요. 산업은 그런 영화의 제작을 피하게 됩니다. 그리고 영화의 고정적 여성성이 강화되고, 관객의 고정관념도 고착되는 끝없는 되먹임이 일어나죠.

방송의 경우

방송 쪽에서 이런 경향은 더욱 두드러지죠. 여성코미디언은 대개 두 가지 타입으로만 존재합니다. 아주 매력적이거나, 아주 매력이 없거나. 어느 쪽이든 외모로 사람들을 웃기게 됩니다. 외모가 뛰어난 여성코미디언은 꼭 한 군데서 망가지죠. 섹시댄스를 다 추고 나서 뇌쇄적인 미소를 지으면 이 사이에 김이 껴 있는 식입니다. 더 흔한 건 뚱뚱한 여성코미디언입니다. 보통 자기 외모에 턱없는 자신감을 갖고 있죠. 웃음 포인트는 주변의 남성코미디언의 리액션이 됩니다. 구역질을 하거나, 때리는 시늉을 하거나, 실제로 때립니다. 하지만 불굴의 의지를 가진 여성코미디언은 여전히 예쁜 척을 그만둘 생각이 없죠. 그래서 웃음소리가 더 커집니다. 여성코미디언이 선택할 수 있는 소재가 외모를 벗어나지 못한다는 건, 여성에 대한 평가가 바로 그 단일 잣대로 결정되고 있다는 뜻입니다. 모든 사람의 관심사가 그것이기에, 그 소재만이 먹히는 것이죠.

남성코미디언도 마찬가지 아니냐고 반문하는 사람들이 있어요. 하지만 남성코미디언은 훨씬 더 큰 다양성을 누립니다. 지적이거나 풍자적인 코미디도 가능하죠. 미국에서도 똑같습니다. 스탠드업코미디문화가 발달해서 남성코미디언의 지적인 언어유희가 높게 평가받곤 합니다. 〈오피스〉(2005~2013)는 굉장히 지적인 대사와 인물조형에 성공한 미국 시트콤입니다. 평범한 사무실의 일상을 배경으로 하지만, 각각의 인물과 상황설정은 훌륭한 지적 짜임새를 갖죠. 딱 한 명, 유일하게 걸리적거리는 인물은 일본인 캐릭터입니다. 이 시트콤에 등장하는 최고 학력자죠. 일본에서 외과의사를 하다가 미국으로 이민을 와서 회사의 건물관리인이 된 사람입니다. 다른 사무직들이 지적인 재치를 뽐내는 동안 이 전직 외과의사는 더듬더듬한 영어로 터무니없는 말들을 늘어놓습니다. 미국인들로서는 이해할 수 없는 꽉 막힌 사고방식이죠. 아시아계 미국인이 웃길 수 있는 유일한 방법입니다. 주류 미국인들이 아시아인에게 바라는 모습이니까요. 심지어 의사인데도 아시아인은 어쩔 수가 없다면 더 웃긴 거죠. 웃음은 일종의 사회적 합의입니다. '그것이 바로 우리가 재밌게 생각하는 점이다'라는 합의에 도달할 때, 동의의 표시로 사람들은 헛숨이 터져나오는 소리를 냅니다. 그래서 이야기 안에서 주어진 인물의 역할은 사회적 편견을 넘어서기 어렵습니다. 미국에서 아시아인이 그렇듯, 한국에서는 여성이 그렇습니다.

역할 비중/주체성

이토록 조심스럽게 길게 돌아온 것은, 여성인물의 한계를 직접 이야기하면 바로 이해하지 못하는 남성들이 꽤 많기 때문입니다. 그런 분들은 자기가 속한 정체성, '아시아인 남성'이 어떤 편견 아래 놓여왔는지를 보여줘야 비로소 고개를 끄덕이거든요. '피해의 교차성' 같은 것이죠. 저는 영화 서사물 안에서 여성배역이 갖는 결함이 크게 이 두 가지라고 생각합니다.

1. 역할 비중
2. 주체성

양과 질입니다. 이 둘은 사실 하나로 엮여 있습니다. 영화는 한정된 시간 안에 끝납니다. 주체성을 가진 인물들은 그 시간 안에

문제를 해결해야 하고, 그 문제를 해결하기 위해 더 많은 시간을
써야 합니다. 수동적인 인물에게 더 많은 시간을 할애한다면 관객
들은 산만하다고 느낄 수밖에 없죠. 그래서 주체성을 갖지 못한 여
성인물은 역할 비중 역시 확보할 수 없습니다. 영화의 대본 한 장
면을 보지요.

> 유인하의 뒤태를 감상하면서, 대석이 팔꿈치로 진원의 옆구리를
> 툭 치고 저거 좀 보라는 듯이 턱짓한다. 굽이 높고 좁은 스틸레토
> 힐. 대석이 휘파람 부는 시늉. 진원은 씩 웃는다.
>
> **대석:** 국민참여재판 전담검사라. 배심을 다 홀려 잡수겠다 이
> 거지.

어떻습니까. 충분히 여성혐오적인가요? 제가 쓴 〈소수의견〉
(2015)의 한 장면입니다(웃음). 소설로 처음 발표했던 당시부터 이
작품에서 전문직 여성을 다루는 방식에 대한 비판을 많이 받았습
니다. 당시 저는 이게 전문직 남성이 전문직 여성을 적대할 때 쉽
게 드러내는 태도라고 변명했습니다. 한참이 지나서야 저는 스스
로를 되돌아보게 되었습니다.

작가들은 여성인물뿐만 아니라 남성인물에게도 어떤 결함과
장애를 줍니다. 그런데 제가 남성인물에게 문제를 발생시켰을 때
는 거기 부딪히고, 해결을 시도하고, 문제를 극복하거나 좌절하는

것 자체가 하나의 이야기이자 작품의 목표가 되었습니다. 하지만 여성인물에게 주어진 상황은 그저 전시되고 끝나는 경우가 많았죠. "이게 세상이다"에서. 제 무의식적 우선순위가 들통났다는 걸 인정할 수밖에 없었습니다. 인식이 여기까지 도달하지 못하면 작가들은 이런 불평을 하기 쉬워요. "이야기 안에서는 살인도 하고, 전쟁도 일어나는데, 여성혐오는 왜 안 돼?"

판단 착오입니다. 작가가 작품 안에서 세계의 문제를 드러낼 때는 보통 그것에 대한 문제의식을 가지고 있습니다. 세계를 모형으로 만들면서 일종의 '문제적' 대상화를 하지요. 문제의식이 있는 작가들은 거기서 작업을 끝내지 않습니다. 대상화된 인물들이 문제를 극복하기 위해 싸우는 과정을 보여줍니다. 그게 바로 '이야기'입니다. 그 과정이 완결되면 작가의 의도대로 이 세계가 작품 안에 '투사'된 것입니다.

여성혐오라고 비판받는 영화는 세계의 문제를 투사하는 게 아니라 재생산하는 데서 멈춥니다. 단지 여성이 두들겨맞는 장면이 영화에 나왔다고 '여성혐오'라고 말하는 여성관객은 없습니다. 그건 관객의 수준을 무시하는 거예요. 관객들은 맥락을 본능적으로 구분해냅니다. 영화가 여성인물이 당면한 문제를 전시하고 지나가

재생산	투사
대상화	대상화의 주체적 극복

는지, 아니면 작가의 문제의식이 이야기를 끌고 나가는 중인지.

범죄 스릴러를 생각해보세요. 살인을 아무렇지도 않은 일로 그려내는 창작자는 없습니다. 주인공이 살인범일 때조차 그 영화에는 인간심리의 어두운 면에 대한 포착이 있어요. 그 반대 축에는 살인범죄를 해결하기 위한 사람들이 등장하죠. 그 치열한 다툼이 스릴러를 구성합니다. 전쟁도 마찬가지입니다. 전쟁에서 많은 군인이 죽어나가는 모습을 보더라도, 관객은 영화가 비인간적이라고 비난하지는 않습니다. 대부분의 전쟁영화는 전쟁의 무의미함에 대한 창작자의 고민을 드러내거든요. 눈에 보이는 장면이 중요한 게 아니라, 작가가 작품 내에서 공유하는 문제의식의 순위가 중요합니다. 그런데 여성이 겪는 문제는 과연 남성작가들에게 어느 정도 순위일까요?

여성이 치명적 위협으로 느끼는 상황이 작가적 고민이 느껴지기는커녕 '툭' 하고 장면으로 떨어진 채 지나간다면 관객들은 불쾌감을 느낄 수밖에 없습니다. 창작자가 그 상황에 윤리적으로 적극적으로 동의하지는 않더라도, 무의식적인 가치의 우선순위가 반영이 된 거예요. 창작자들이 모든 것들을 의식적 수준에서 선택할 수는 없습니다. 많은 문장과 대사와 상황과 가치를 무의식적으로 결정하죠.

얼마 전 김훈 소설가가 작품에서 구사한 여러 문장들이 여성혐오가 아니냐는 논란을 겪었습니다. 저는 제 세대의 여느 작가들처럼 김훈의 전성기를 독자로 보냈던 작가입니다. 그를 읽고, 감탄

하고, 그의 세계관에서 제가 받아들일 수 없는 부분을 발견하고, 도전하고, 극복하는 과정을 거쳐서 작가가 되었지요. 김훈 세계관의 특징은 커다란 힘 앞에 무력화되는 개인을 허무주의적으로 그려낸다는 것입니다. 그 힘은 권력이거나, 젊음이거나, 인간이 탈출할 수 없는 욕망이기도 합니다. 『칼의 노래』에서도 권력과 권력 사이에서 결정되는 전쟁이라는 폭풍 아래 놓인 인간의 미약함을 표현합니다.

> 내가 죽인 아베의 눈동자와
> 아베가 죽인 면의 젖냄새와
> 적에게 끌려가 죽은 여진의 젓국 냄새,
> 그리고 또 내가 시켜서 목베어 죽인
> 내 부하들의 잘린 머리의 뜬 눈이 떠오를 때,
> 지나간 전투의 기억은 계통 없이 되살아났다.

『칼의 노래』의 전체 분위기를 잘 요약하고 있는 구절입니다. 김훈이 힘 아래 놓인 인간을 그려내는 방식이죠. 아들의 생명과 아들을 죽인 원수의 생명력, 마음을 주었던 여자와 그녀를 죽인 적의 생명력, 그리고 부하들의 생명력을 수사적 등가로 교환하고 있죠. 문자 그대로 '계통 없이'요. 일반적으로 우리가 계통에 따라 가치의 우선순위를 두는 것과는 달리, 김훈이 자주 사용하는 수사 전략입니다. 전쟁 아래 그 모든 가치들은 부질없는 것이 되어버리죠.

그런데 유독 '여진'이라는 여성인물에 대해서만 포착한 가치가 다릅니다. 남성인물들의 무화된 가치는 '생명력'인데, 여진의 가치는 '생식적 매력'이죠. 사랑하는 여자와 잠자리를 하면서 매혹을 느끼기는커녕, 씻지 못해 올라오는 '젓국 냄새'를 맡아야 할 정도로 전쟁은 참혹하다는 것이죠. 더 자세히 볼까요?

> 그 여자의 몸은 더러웠다.
> 다리 사이에서 지독한 젓국 냄새가 퍼져나왔다.
> 새벽에 나는 품속의 여진에게 물었다.
> 밝는 날 어디로 가겠느냐. 나의 실수였다.
> 나으리, 밝는 날 저를 베어주시어요.
> 그 여자의 목소리는 진실로 베어지기를 바라고 있었다.

생명을 지키기 위한 싸움 속에서 어이없게 생명을 잃는 남성인물들과 달리, 여진은 생식적 매력을 잃었을 때 자신을 베어달라고 부탁합니다. 김훈의 전체 작품을 통틀어 일관되게 보이는 성향입니다. 가치들의 우선순위를 뒤섞어 붕괴시키며 허무주의를 말하는 김훈의 세계관이 일관되어 보이지 않는 이유는, 그가 붕괴시키는 가치에는 정작 우선순위가 남아있다는 점 때문입니다. 남성의 가치와 여성의 가치를 차별적으로 다루고 있어요. 저는 이런 것도 작가의 무의식이라고 생각합니다. 저는 세간의 오해처럼 김훈이 여성의 성기에 도착적 욕망을 가진 작가라고는 생각하지 않습니다. 이건 전술적 오류에 가까워요. 작가의 무의식이 저지른. 김훈뿐만 아니라 저 역시 자유롭지 않고, 어떤 남성작가도 자유롭기 어렵습니다. 작가는 한 사회 안에서 성장하고, 그 사회 안에서 자기의 관점을 형성합니다. 주제와 소재는 선택할 수 있지만, 관심사의 선택 자체가 사회적 틀 안에서 이루어지죠. 대부분의 작가는 스스로 그것을 '선택했다'는 사실조차 깨닫지 못합니다.

〈차이나타운〉

어떤 작가가 '물리적 폭력이 지배하는 세계'에 관심이 있다고 한다면, 그는 십중팔구 '남성중심적인 폭력의 세계'를 다룰 것입니다. 그게 그가 보며 자란 것일 테니까요. 그의 창작물은 전형적인 남성성으로 포화될 것입니다. 그는 남성 위주의 세계를 작품에 담아내겠다는 선택을 내렸다고는 생각하지 않을 겁니다. 그 선택은 창작을 시작하기 훨씬 전에 내려진 것이니까요. 창작자들은 이런 함정에서 어떻게 벗어날 수 있을까요?

무의식적 선택을 의식적으로 검열하여 조정하는 것도 하나의 방법이죠. 한준희 감독의 〈차이나타운〉(2014) 같은 영화가 대표적인 사례입니다. 이 이야기는 전형적인 한국형 누아르의 공식을 충실히 따라갑니다. 누아르는 어둡고 폭력적인 남성적 세계를 다루는 장르입니다. 태생적으로 여성인물이 끼어들 틈이 거의 없어요. 한준희 감독은 여성인물들의 역할을 재조정하기 위해 역할 자체를 의식적으로 반전시켰습니다. '여성 인신매매 조직'. 이 조직의 수

장인 여성 김혜수씨는 중성적인 이미지로 연기하고 있습니다. 행동대원인 김고은씨는 소년적인 이미지입니다. 그에 비해 박보검씨는 조신하고, 청순하고, 얼이 빠져나간 남성이죠. 그 모습에 김고은씨는 사로잡히고, 흔들립니다. 김고은이 조직을 배신하고 박보검을 구하려고 달려가는 장면에서 저는 '남성연대' 대표였던 고(故) 성재기씨가 떠올랐습니다. 아내가 실종되었을 때 난리를 피우던 고인께 다른 '남성연대' 회원들이 우려를 표하자 트위터에 이런 글을 올렸죠. "미안합니다. '남성연대'를 포기하더라도 아내를 찾겠습니다."

〈차이나타운〉은 남성과 여성의 배치만 바꿨을 뿐 전형적인 누아르 서사를 차용했습니다. 〈아저씨〉(2010) 같은 영화도 그렇죠? 피도 눈물도 없는 원빈을 움직여 한바탕 난리를 만든 꼬맹이가 예쁘장한 소녀라는 건 우연이 아니에요. 소녀와 아저씨 사이에 성적 긴장이 은밀하게 암시되어 있습니다. 남자 꼬맹이였다면 정서적 설득력을 갖기 어려운 설정이죠. 〈차이나타운〉은 이러한 서사 장치를 의도적으로 '미러링'했습니다. 관객을 붙들어놓기 위해 상업영화의 익숙한 서사 안에서 성역할만 뒤집는 타협을 한 것이죠. 하지만 창작자가 늘 이런 식으로 접근할 수는 없습니다. 이런 인물 조정은 의도를 너무 쉽게 간파당합니다. 의도와 생각이 쉽게 읽히면 관객들은 저항하게 되죠. 무시당하는 느낌을 받거든요. 이야기 안에 끌려들어가기를 본능적으로 거부하게 되는 겁니다.

〈굿와이프〉(2009~2016)

제게 상당한 인상을 남긴 미국 드라마입니다. 유능한 여성변호사인 알리샤는 남성정치인과 결혼해서 뒷바라지를 위해 주부로 전업했지만, 남편은 섹스 스캔들로 정치인으로서도 파멸하고 집안은 생계를 위협받게 되죠. 알리샤는 생계를 위해 다시 변호사 일을 시작하려 하지만, 경력단절 때문에 쉽지가 않습니다. 한때 자신을 짝사랑했던 남자변호사의 로펌에 얹혀서 일을 시작하죠. 오래 쉰 만큼 일도 엉망입니다. 하지만 그녀는 다른 여성변호사들과 충돌하고, 연대하기도 하면서 천천히 성장해갑니다. 그리고 한때 남편이 차지했던 주지사의 자리에 접근해가죠.

이 이야기를 쓴 작가 미셸 킹은 노골적이고 의도적인 목표를 수행하고 있음에도 불구하고, 여성이 싸우며 성장해나가는 모습을 숭고하게 다루지 않습니다. 우리가 아는 '페미니스트'와는 거리가 멀어요. 여성인물들은 비열하거나 타협하기도 합니다. 그리고 전형적인 팜므파탈과도 거리가 멉니다. 매우 입체적이에요. 제가 이 드라마를 보고 깨달은 건, 대부분의 작가들이 두려워하는 것과는 달리 약자로서 여성들의 싸움이 그 자체로 흥미진진한 대중서사라는 것이었어요. 사실은 대중서사에서 남성이 주인공일 때도 그 주인공은 약자로 시작해서 더 큰 적대세력과 충돌하잖아요? 성공적인 대중서사의 공식이죠. 여성이 싸우고 생존하는 이야기가 그 자체로 대중서사로서의 잠재력을 가진다는 사실을 미처 발견하지 못했다는 게 저를 괴롭혔어요. 같은 법정물인 〈소수의견〉을 썼지만,

저는 여성전문직들이 처한 상황에서 대중서사를 뽑아낼 발상을 못한 것이죠. 마치 남의 발명품을 보면서, "아! 나도 저 생각했었는데. 나는 왜 저 아이디어로 제품을 만들지 않았지?"라는 후회를 하는 발명가의 기분이랄까요.

〈왕좌의 게임〉

여러분들이 다 한 번씩은 보았을 드라마죠. 역사상 가장 성공적인 미국 드라마라는 〈왕좌의 게임〉(2011~2017) 역시 흥미롭습니다. 중세의 암흑기를 모티브로 한 이 야만적인 세계에서 여성은 몸으로 거래되는 상품일 뿐입니다. 여성인물들은 당할 수 있는 모든 학대를 당하죠. 그럼에도 불구하고 온갖 수단을 동원해 살아남은 여성들이 이 드라마의 '왕좌'에 접근하는 최종후보들이 됩니다. 유력한 남자후보들은 자기 힘을 과신하다가 자멸하거나, 더 조심스러운 여성인물들에게 지능적으로 제거당하죠. 그 과정이 이 드라마의 핵심 서사입니다. 이 이야기에 어떤 어색함이나 불편함을 느낀 남성들은 없을 겁니다. 이 드라마가 페미니즘을 수행한다는 뜻이 아니라, 여성인물의 역할 제약은 작가들 스스로 상상력의 한계에 갇힌 결과였다는 겁니다. 주체적인 여성이 꼭 '좋은' 여성일 필요는 없어요. 사악할 때도 주체적으로 사악한 게 낫죠. 작가의 문제의식은 꼭 정치적으로 올바른 방식으로 표현될 필요는 없습니다.

산업 안으로

산업 안으로 들어가볼까요? 제가 이 자리에 서게 된 것은, 아마 〈말하는 대로〉라는 텔레비전 프로그램 때문일 것 같습니다. 출연 제안을 받았을 때 구성작가들은 콕 집어서 '페미니즘'을 화두로 이야기해줄 수 있겠냐고 제게 물었습니다. 전부 여성인 작가진은 페미니즘 이슈를 다루고 싶어했어요. 저는 거절했습니다. 여성출연자를 세우라고 했죠. 그런데 페미니즘 발언대가 여성에게 간 게 아니라 사라진 거예요. 이유를 물어봤어요. 당시 '메갈리아' 논쟁으로 시끄럽던 때였고, 여성출연자를 세우면 보호할 수가 없다는 것이었습니다. 그래서 제가 할 테니 다시 기회를 달라고 했습니다. 방송이 나간 뒤 어떤 면에서 제작진의 판단이 옳았다는 것을 알게 되었습니다. 전 방송 출연하고 남성시청자들에게 박살이 날 줄 알았어요. 하지만 이렇게 멀쩡합니다. 어떤 남성도 저를 찾아와 비난하지 않았어요. 심지어 방송을 보고 생각이 바뀌었다는 '남성연대' 회원의 메시지까지 받았습니다! 이유는 하나입니다. 제가 남성이었기 때문입니다.

정작 방송에 출연해보니 이 방송은 여성출연자가 한 명, 남성출연자가 네 명이었어요. 이건 그나마 양호한 편입니다. 2016년에 조사된 바에 따르면, 그 시점에 방영되는 예능 프로그램의 절반 이상이 출연자 모두가 남성이었거든요. 영화산업으로 오면 이런 숫자를 관찰할 수 있습니다.

38:16

역대 흥행 10순위 영화들에 출연한 주연배우의 남녀 성비입니다. 명목상의 성비입니다. 여자출연자 가운데 가장 비중이 높은 사람은 무조건 여자주연이거든요. 아시다시피 여자 주연배우가 남자 주연배우와 대등한 비중을 갖지는 않습니다. '천만 요정'처럼 감초 역할을 하는 남자 조연배우 이하의 비중으로 출연하죠. 많은 여자 배우들이 '좌석 부족'에 불만을 토로합니다.

왜 이런 일이 일어날까요? 영화제작자들은 여자배우가 역할 비중을 갖는 것에 확신을 갖고 있지 못합니다. 여자배우만이 주연한 영화들이 스코어로 증명이 되지 않기도 했고요. 투자 대기중인 상업영화 각본 하나를 모니터링했던 적이 있어요. 문장도 훌륭했고, 이야기는 매력이 있었고, 모든 주인공이 여자였습니다. 잠재력이 있어 보였어요. 높이 평가했습니다. 각본이 영화계에 돌자 많은 여자배우들이 탐을 냈습니다.

투자사는 이 각본에 두 가지 요구를 붙였습니다. 첫째, 남자주인공이 필요하다. 둘째, 여자주인공 중 적어도 하나는 노출해야 한다. 그리고 각본은 그렇게 수정되었습니다. 재밌는 건, 각본이 그렇게 바뀌자 여자배우들의 관심이 식어버렸다는 겁니다. 여자배우들은 왜 노출을 꺼릴까요? 보수적이어서일까요? 여자배우의 노출은 영화의 흥행에는 도움이 될지 모릅니다. 하지만 배우의 수명을 단축합니다. 여태껏 반복된 일입니다.

영화는 흥행하지만 배우의 수명은 단축된다

남자관객들이 여자배우의 노출에 순결이데올로기를 대입하는 경향이 있어요. 실제로 손끝 한번 만져볼 기회가 없는 여자배우들에게. 일정 이상의 노출을 한 여자배우가 다음 작품에서 순박한 시골처녀 역할을 연기한다면? 남자관객들은 잘 받아들이지 못합니다. 저 배우는 순결성을 잃었다고 생각하면서 극중 인물에 동의하지를 못하는 겁니다. 제작사는 그 사실을 아주 잘 알고 있습니다. 캐스팅 단계에서 여자배우 후보군을 추릴 때 노출 이력이 언급되는 건 아주 흔한 풍경입니다. 여자배우가 영화 안에서 노출했다는 이유로 좋은 각본을 받는 데 불이익이 생긴다면, 이 배우는 다시 노출 장면이 포함된 B급 영화의 각본만을 받고 거기 출연할 수밖에 없게 되죠. 여자배우의 수명이 단축되는 과정입니다.

영화 〈전망 좋은 집〉에서 코미디언 곽현화씨는 영화배우로 입봉하기 위해 400만 원이라는 말도 안 되는 개런티를 받았고, 제작사는 10억 원 이상의 매출을 올렸습니다. 에로영화였지만 곽현화씨는 전라 노출을 원하지 않았어요. 전라 촬영을 하되 뒷모습 노출까지를 허락했고, 전라 노출 장면이 포함되지 않도록 편집하는 데 합의했다고 해요. 감독과 영화사는 약속을 깨고 전라 노출신이 포함된 편집판을 '무삭제판, 완전판'이라고 홍보 포인트 삼아 VOD 시장에 풀었습니다. 곽현화씨가 영화사를 고소했지만 법원은 기각했습니다. 전라 노출 장면이 담기길 원하지 않았다면 왜 촬영에 동의했냐는 겁니다. 영화사는 아무 책임도 지지 않았고, 후속 시리즈까지 만들어 돈을 벌었습니다만, 여러분 최근에 곽현화씨 본 적 있으세요? 지금도 검색 사이트에서 '곽현화'를 검색하면 연관 검색어로 '곽현화 노출'이 뜹니다. 경력이 영구적으로 단절된 겁니다. 출연료 400만 원을 받고 여자배우가 전라 노출에 자발적으로 동의했다고 간주한 법원 판결은 현실 감각이 완전히 결여된 겁니다. 대개의 성폭력 판결이 비슷하죠. '왜 적극적으로 저항하지 않았냐.'

소비자의 눈높이는 산업을 바꿀 수 있는가?

저는 근본적으로 문화소비자의 역할을 중요하게 생각합니다. 문화는 생태계예요. 만드는 사람이 모든 걸 결정하지 않습니다. 1,000만 관객이 드는 영화작가, 한 시대의 선생님으로 모셔지는 문학작가를 개인의 목소리로 바꾸기 어렵다고 느낄 수 있어요. 하지만 바꿀 수 있어요. 아무리 거대한 산업 안에 있는 창작자도 한 명의 인간일 뿐입니다. 특별히 에고가 강한 인간이죠. 에고가 강한 사람들은 귀가 얇아요. 자기의 평판에 신경쓰죠. 그래서 문화소비자의 목소리는 힘을 갖습니다.

〈아수라〉(2016) 같은 영화는 모든 면에서 흥행이 보장되어 있었습니다. 연출, 캐스팅, 이야기 등 모든 면에서 지금까지 한국 조폭영화의 정점을 보여주는 작품이었어요. 그런데 이 영화의 예상된 흥행은 저지되었습니다. 저는 불편을 호소하는 목소리가 원인이었다고 생각합니다. "언제까지 너희만 즐기는 영화를 만들래?"라는 목소리. 그건 사실 영화 자체가 아니라 산업을 향해 낸 목소

리에 가까웠습니다. 한국영화가 충분한 다양성을 확보하고 있었다
면, 좀더 관대하게 받아들일 수 있는 문제였을지도 몰라요. 문화소
비자의 보이지 않는 역할입니다. 〈아수라〉는 한국영화계의 어떤
관성의 정점이자 종언을 고한 현상입니다. 영화제작자와 창작자
들은 그 경험을 잊지 않을 거예요. 여러분들이 이미 영향을 미치고
있는 겁니다.

> "주인공 어머니도 여성이고 부인과 여동생도 여성이다. 아줌마
> 는 제3의 성인가?"
>
> _류승완

10여 년 전, "감독님 영화에는 왜 여성이 없나요?"라는 질문
에 류승완 감독은 이렇게 대답했죠. 물론 지금도 이렇게 생각하거
나 당당하게 이런 대답을 하진 않을 겁니다. 저 대답이 아니라 질
문 자체가 도발로 여겨지던 시절이었다는 걸 잊지 마시고요. 10년
이 지나자, 류승완 감독과는 비교할 수조차 없이 남성중심적인 성
향을 가진 김훈 작가가 인터뷰에서 이렇게 말을 하게 됐어요.

> "내 소설에는 여성이 거의 안 나오거나 중요한 역할을 하지 않아
> 요. 여자가 나오면 쓸 수 없어요. 너무 어려워요."
>
> _김훈

여러분께는 불충분하게 들렸을지 모르지만, 제가 아는 한 김훈 작가의 입에서 이런 말이 나온 건 엄청난 일입니다. 무릎을 꿇는 언어예요. 더이상 변신의 필요조차 없는 노년의 작가조차 한 세계의 구조변화에 따른 압력을 느낀다는 뜻이죠.

> "우리 세계가 그 모양이어서 그대로 베꼈다."
>
> _손아람

2010년, "소설에 여성 캐릭터가 왜 다 그 모양이에요?"라는 한 여성평론가의 가시 돋힌 질문에 저는 이렇게 대답했지요. 저는 페미니즘 붐이 강하게 일었던 2000년대 초반에 대학생활을 했고 여러 담론들을 접했습니다. 하지만 창작의 세계로 들어왔을 때는 그런 저조차 저를 검열할 필요가 없었습니다. 어떤 압력도 받지 않았거든요. '이건 허구일 뿐이고, 내가 아니라 이 세계의 어떤 모습이다'라고 스스로를 정당화하는 데 어떤 장애도 없었습니다. 그랬던 저는 2016년 〈한국일보〉에서 "한국문학의 여성혐오"라는 특집 기사가 나왔을 때, 이렇게 선언했습니다.

> "여성을 대상화하는 것보다 주변화하는 것이야말로 한국문학의 치명적인 장애인데, 이게 얼마나 극복하기 어려운지 질환자로서 누구보다 잘 알고 있으니 마루타 중 하나로 내 작품들을 기꺼이 제공하고 싶다."

저는 사실 별로 달라지지 않았습니다. 머리로는 예나 지금이나 뭐가 문제인지 알고 있었어요. 제가 경험한 건 '관대한 환경에서 인간이 얼마나 느슨해질 수 있는지'였습니다. 다른 창작자들도 제가 느끼는 압력을 느낍니다. 여러분들은 구제불능으로 보이는 창작자들을 바꿀 수 있습니다. 저를 바꿨듯이.

**질
의
응답**

Q. 사회적 약자 당사자들이 운동의 주체가 되어야 하는데, 권력을 더 가진 사람으로서 약자들의 운동에 동참할 때 경험하게 되는 한계나, 경계해야 하는 태도 중에서 실제로 생각해본 것이 있는지요?

A. 저는 저 자신을 '페미니스트'라고 안 부릅니다. 그 단어를 쓸 때 뭔가 껄끄러운 느낌이 있어요. 스스로를 너무 쉽게 완성시키는 느낌, 월권의 느낌이 있어요. 저는 남성으로서 안전하게 모든 것을 다 누리고 있고, 저에게 페미니즘은 부조리와 불합리를 목격한 뒤 머리로 받아들이는 것이죠. 당사자에게 완벽하게 빙의할 수 있다면 거짓말입니다. 저는 '페미니즘은 이런 것이다, 내가 가르쳐주마' 류의 이야기는 하고 싶지 않아요. 자격이 있는지도 모르겠고요. 저에게는 그걸 모르는 듯한 남성 페미니스트들의 자신감이 더욱 의구심을 불러일으키거든요. 다만, 저는 말이 되는 소리를 좋아해요. 이 세상은 늘 말이 되는 편을 따라 바뀌어왔다고 생각하고, 저는 말이 되는 편에 서서 이야기하고 싶습니다. 두 개의 목소리를 두고 봤을 때, 말이 되는 건 페미니즘입니다. '남성이 역차별을 받

고 있다' 그런 이야기에 제 소중한 시간을 낭비하고 싶지 않아요.

Q. "말이 되는 소리의 편에 서고 싶다"고 하셨는데, 아주 인상적이었습니다. 좀더 자세히 말씀해주실 수 있나요?

A. 간단히 말하자면, 윤리적인 것은 대개 말이 됩니다. 말이 되니까 윤리가 된 거예요. 우리의 본능과 상식, 합리성과 일치하기 때문에. 저는 남자작가로서 기득권에 가까운 자원을 많이 가지고 있는 사람입니다. 남성에게 유리한 세계가 저에게도 유리한 세계일지 몰라요. 어쩌면 저는 불평등에서 이득을 취할 수 있는 위치에 있는 사람인 거죠. 하지만 말이 되지 않는 세계는 저에게 매력적이지가 않습니다. 저에게 '말이 되는' 세계란……. 뭐랄까, '우아한' 세계와 비슷한 느낌입니다. 저는 그런 세계의 일원이고 싶어요. 우아한 구조로 짜인 세계, 나를 감탄시키고 감동시키는 세계요.

Q. 작가님은 "성평등이 남성에게도 이득이 된다"는 말을 자주 하셨는데, 여성에게는 생존의 문제인 것을 남성에게 '너에게도 이득'이라고까지 설득해야 하는 건가요?

A. 너무 많이 받은 질문이라서, 답변이 완벽하게 준비되어 있습니다(웃음). 작가인 저는 일종의 수사학을 무기로 대화하는 사람입니다. 저는 가장 효과적인 언어를 선택해서 사람들을 설득하는 걸 좋아합니다. 인권을 효용으로 치환한 언어가 당사자인 여성들에게는 불편하게 들릴 수 있어요. 그건 여성이 사용할 수 있는 화

법은 아닐 겁니다. 제가 남성이기에 효과를 갖는 화법이죠. 그 화법으로 저는 성차별적인 인식을 가진 남성의 눈에 비친 세계에 난입할 수 있게 됩니다. 저는 그들의 사고방식에서 출발해서 어디서 오류가 발생했는지를 차근차근 이야기하고 싶어요.

물론 페미니즘 자체를 효용으로 평가할 수는 없죠. 이건 제 성향과도 관련이 있는데, 저는 당위에 가까운 주제를 효용으로 접근해서도 설명할 수 있는지에 관심이 많아요. 경제학에 맞설 때 경제학 내부의 담론을 사용할 수 있는지, 생물학에 맞설 때 생물학 내부의 담론을 사용할 수 있는지. 이를테면 남성들이 "남자는 원래 그렇게 진화했다"라고 이야기할 때 제가 가장 먼저 찾는 것은 그렇지 않음을 보여주는 진화이론들입니다. 제 방식이 유일한 정답이라고는 생각하지 않습니다. 위성 전략이죠. 남자의 방에 쳐들어가는 대신 노크하는 방식이고, 제가 남자이기 때문에 가능한 거죠.

Q. 남성페미니스트로서 다른 남성들을 어떻게 설득하면 좋을까요?

A. 성장기에 남성인 저에게 인상적이었던 건 여성주의 텍스트보다, 내 앞길을 걸었던 남자선배들의 모습이었습니다. 추상적인 텍스트를 시각화해서 어떤 가능성을 저에게 보여준 사람들. 남성이 페미니즘을 수용하고도 멀쩡하고 매력적인 존재로 살아갈 수 있다는 게 좋았어요. 흔한 남성규범 말고도 다양한 남성규범이 사회의 인정받을 수 있다는 것. '저렇게 사는 것도 괜찮은데?' 저에게

는 그게 매우 직관적인 설득력을 발휘했습니다. 저는 제 활동 반경 안에서 마주치는 후배 남성들에게 제가 그런 선배처럼 보이기를 늘 바랐습니다. 페미니즘을 말로 가르치는 사람이 아니라, 따라 해 볼 만한 유혹을 느끼는 사람이 될 수 있기를.

'나중에' 정치
:종교화된 정치,
정치화된 종교

한채윤

안녕하세요, 한채윤입니다. 이번 강의부터 본격적으로 정치에 관해 이야기를 하게 됩니다. 특히 저는 정치에 종교까지 엮어서 이야기해야 하는지라 강의를 준비하면서 심리적으로 부담이 컸습니다. 문재인 정부 이야기를 안 할 수도 없고 기독교에 대한 비판을 안 할 수 없는데, 이 영역이 둘 다 성역이기도 하니까요. 더군다나 그걸 동성애자가 이야기하는 거니까 얼마나 더 위험할까 하고 말이죠(웃음). 이런 특강 형태의 강의에서는 많은 내용을 전달하는 것보다 강사가 던지고자 하는 메시지가 분명한 것이 더 중요하다고 생각합니다. 여러분도 그렇게 생각하시는 것 같네요. 오늘 강의는 하나의 결론을 향해 달려갈 거예요. 그럼 이제 시작해보겠습니다.

아시다시피 한국사회에서 최근 가장 뜨거웠던 단어가 '혐오'입니다. '동성애자는 유황불 심판을 받으라'는 식의 혐오를 계속 대하다보니 혐오에 대해 생각을 많이 할 수밖에 없었죠. 이런 혐오 저런 혐오의 뒤를 따라가보니 의외로 '정치혐오'라는 단어를 만나게 되었습니다. 정치혐오는 사람들이 정치에 환멸감을 느껴서 점점 더 정치에 무관심하게 만듭니다. 국민들이 정치에 무관심해질수록 정치인들은 자기 마음대로 정치를 할 수 있어요. 그래서 일부러 정치혐오를 만들어내기도 합니다. '국회 난장판' 같은 것처럼요. 내가 혐오에 맞서려면 일단 내 안의 혐오와도 맞서야지 싶어서 먼저 제 안의 '정치혐오'부터 마주하기로 했습니다. 정치혐오에서 벗어나자 싶었는데, 그런데 이게 또 "벗어나자!" 이렇게 한다고 딱 벗어날 수 있는 게 아니잖아요(웃음). 정치란 말 자체가 어렵고 좀 무거워요. 그래서 저는 일단 좀더 사소한 것, 평범한 삶에 정치가 어떻게 영향을 미치는지를 살펴보기로 했습니다.

어버이날 이전에 어머니의 날이 있었다

들어보신 적이 있나 모르겠는데, 우리나라에 어머니의 날이 있었습니다. 1956년에 처음 제정되었죠. 그런데, 어? 지금은 어머니의 날이 없지요? 1973년도에 어머니의 날을 어버이날로 바꾸었기 때문입니다. 그렇다면 우리는 여기서 세 가지 궁금증이 생깁니다. 첫째, 이승만 정부는 왜 어머니의 날을 제정했을까요? 둘째, 잘 진행하던 어머니의 날을 박정희 정권은 왜 굳이 어버이날로 바꾸었을까요? 셋째, 왜 하필이면 바꾸기로 한 해가 1973년도였을까요? 한번 답을 생각해보실래요?

제가 그냥 '답은 이거예요'라고 하면 믿기 어려우실 수도 있으니 이해하실 수 있게 자료를 좀 챙겨왔습니다. 옛날 신문에 실린 기사들입니다.

자, 1950년 5월 14일자 〈동아일보〉 기사를 볼까요? 외국에서는 5월의 두번째 일요일을 어머니의 날로 기념한다는 소개를 하는 걸 보니 1956년도 이전에도 우리나라는 어머니의 날에 대해서 알고는 있었네요. 실제로 1930년대와 1940년대 신문에서도 어머니의 날에 대한 기사를 볼 수 있습니다. 즉 알고는 있었지만 굳이 국가가 공식기념일로 제정할 생각은 없었던 거죠. 이 〈동아일보〉 기사의 앞부분은 평범하게 어머니의 날을 소개하는 내용이지만 기사 뒷부분의 내용은 매우 흥미롭습니다. 제가 읽어드릴게요.

> "이 날을 맞아 우리는 위대한 어머니의 은혜를 추모하며 어린아이의 거울인 어머니는 더욱더 자녀 훈육에 좋은 어머니가 되어야할 것이다. 열사 공신을 만드는 것도 어머니의 힘이요, 성인군자를 만드는 것도 어머니의 교훈이니, 어머니는 어머니의 길을 더욱 지켜 좋은 어머니가 다 같이 되기를 맹서하자."

일제강점기의 어머니의 날 기사들을 보면 '어머니의 은혜를 기리자' 이런 정도였습니다. 그런데 해방이 된 후부터 유난히 어머니의 역할을 강조하는 톤으로 바뀝니다. 그러다가 1950년에 한국전쟁이 터지죠. 전쟁이 끝난 후 많은 남성들이 죽거나 다쳤습니다. 전쟁터가 되었던 전 국토가 황폐해졌죠. 전후 복구를 해야 하는데 헌신적으로 일할 사람이 필요합니다. 그 일을 여성들에게 맡겨야겠다고 생각했겠죠. 그래서 1955년에 국무회의를 통과해 1956년부터 정부가 주도해서 '어머니의 날'이란 이름의 행사를 엽니다.

자, 어머니의 날에는 누가 상을 받았을까요? 어떤 어머니들이 상을 받았을까요? 주로 아들을 군대에 많이 보낸 어머니들이 칭송을 받았습니다. 딸을 많이 낳거나 잘 기르는 건 별로 소용없고, 아들을 낳아서 그 아들을 군대에 보내면 장한 어머니가 되는 거죠. 아들 셋을 보낸 어머니가 상을 받고, 만약에 넷을 보낸 어머니가 있으면 그 어머니에게 상을 주고 이런 식입니다. 그래서 실제로 왜 나는 저 사람보다 아들 더 많이 군대 보냈는데 나에게 상을 주지 않느냐고 시상식에 나타나 항의하는 경우도 있었다고 합니다.

다음은 1956년 5월 9일자 〈경향신문〉 칼럼입니다. 어머니의 날에 대해 이렇게 말합니다.

"어머니는 생명의 근원이다. 그렇기 때문에 어머니는 또한 중대한 사명을 띤 사랑의 화신이라고 하겠다. 자녀들이 그 어머니를 한번 회상하고 감사하는 것도 기회가 이 어머니날이라면 어머니는 또한 어머니다운 어머니였던가를 반성하는 것도 이 어머니날의 좋은 기회이기도 하다. 그것은 즉 어머니들이 어머니의 본분을 혼란된 사회풍조에 따라 망각하고 신성한 어머니의 의무와 사명을 저버리는 어머니들이 많기 때문이다."

다음은 1959년 5월 8일자 〈동아일보〉 기사입니다. 제목을 보실래요? "어머니의 날에 어떻게 임해야 하나?"입니다. 두 명의 여성이 다른 어머니들에게 어떤 어머니가 되어야 하는지 조언해주는 내용입니다. "어머니는 엄할 때와 사랑할 때를 혼동치 않아야 하고, 아무리 바빠도 공부를 해서 아이의 질문에 답할 수 있어야 한다"고 말합니다. 좋은 말이긴 하지만 어딘가 좀 의심스럽습니다. 어머니의 날을 맞이하는데 왜 이렇게 그에 걸맞은 자격을 갖추라고 하는 걸까요? 이런 태도가 더 노골적으로 드러나는 것은 1966년

5월 4일자 〈경향신문〉 기사의 제목입니다. 제목이 "나는 어떤 어머니일까? 혼자서 풀어보는 어머니 자격시험"입니다. 어머니의 날을 앞두고 어머니들이 충분한 육아기술과 육아지식을 가지고 있는지 점검해보라는 것이죠.

웃음이 나오죠? 지금 이 느낌 잘 간직하고 계세요. 조금 후에 어버이날 기사와 비교해보셔야 하니까요. 이제 1972년 5월 8일자 〈매일경제〉 기사를 보겠습니다. 어머니의 날이 어버이날로 바뀌기 직전의 기사인 셈이죠. 제17회 어머니의 날을 맞아 훌륭한 어머니 열아홉 명이 상을 받았다는 기사입니다. 그럼 이때쯤엔 어떤 어머니들이 받으셨는지 볼까요? 한국전쟁 때 남편이 납치를 당했는데, 강인한 모성애로 2남 2녀를 기르면서 인근주민도 도운 어머니, 10년 전에 남편을 여의고 홀몸으로 6남매를 기르면서 동네 집 없는 사람에게 집도 장만해주고 지역개발에 힘써달라고 20만 원을 기부하신 어머니. 우와, 대단하시죠. 그다음엔 3남매를 키우면서 고아 네 명을 훌륭한 사회인으로 양육하고 지역학교 학생 100명과 손잡고 푸른 동산 가꾸기를 하는 등 지역개발에 이바지하신 어머니 등이 상을 받으셨습니다. 이 정도면 장한 어머니 정도가 아니라 장한 시민상을 받으셔야 할 분들이지 않나요? 정부가 해야 할 사회복지사업들을 하신 분들입니다. 그런데 이런 헌신과 선행을 어머니이기 때문에 한 일로 포장해버립니다. 국가가 해야 할 일을 그저 어머니들의 본능의 발로인 양 칭송하는 거죠. 원래 그런 것처럼. 즉 이런 노력과 성과는 사회적 의미로 만들어지지 않습니다.

진정한 어머니라면 이렇게 해야 한다는 식으로 말이죠. 어머니들 끼리 경쟁을 시킬 뿐입니다.

그런데, 이승만 정권에 이어 어머니의 날을 계승하던 박정희 정권이 갑자기 1973년에 어머니의 날을 어버이날로 바꿉니다. 전 세계적으로 유례가 없는 일이죠. 다른 나라는 어머니의 날도 있고 아버지의 날도 있습니다. 이걸 합쳐서 어버이날로 한 건 한국이 유일하다고 1973년 기사에 실려 있습니다. 그렇다면 왜 바꾸게 되었는지 정말 궁금해지지 않으세요?

당시에도 이런 목소리는 있었습니다. "왜 어머니의 날만 있느냐, 아버지의 날은 없느냐"는 볼멘소리요. 그래서 이런 목소리까지 감안하여 정부가 결정 내린 것처럼 보이지요. 하지만 저도 '어버이날'을 검색어로 넣고 깜짝 놀랐습니다. 기존의 어머니의 날과 형평성을 맞추기 위해서 아버지의 날까지 겸해서 어버이날이 만들어진 것이 아닙니다. 어버이날이 되면 이날을 기념하는 관점 자체가 달라집니다. 즉 다른 목적이 있는 거죠.

1973년 5월 8일자 〈동아일보〉 기사의 제목을 보세요. "부모와 어른에게 감사와 존경을 되새기는 오늘 첫 어버이날"이라고 나옵니다. 앞서의 어머니의 날과 완전히 달라진 것을 느끼시겠지요? 어머니의 날에는 정부가 어머니들에게 상을 주었다면 어버이날이 되면 효자, 효부들에게 상을 줍니다. 어머니의 날에 했던 것처럼 아버지다움과 자식들에게 본보기가 되는 어버이다움을 강조하지 않죠? 어버이를 사회의 모든 연장자, 윗사람으로 확장해서 인간의 기본도리로서 '공경심'을 강조하는 것입니다. 어버이날의 주인공은 어머니와 아버지가 아니라 윗사람의 말을 잘 들어야 하는 전국민이 됩니다.

왜 1973년에 변경되었는지 이제 감이 오시죠? 1973년은 바로 박정희 대통령이 유신헌법을 제정한 바로 다음해입니다. 자신이 죽을 때까지 대통령을 할 수 있도록 무리하게 헌법을 바꾼 것이죠. 박정희는 아마도 국민들이 자신에게 충성하기를 원했을 겁니다. '충'을 강조하기 위한 우회전략은 바로 '효'를 강조하는 것입니다. 가정을 국가 단위로 확장하면 대통령은 국가의 아버지가 됩니다. 부모님에게 효도하는 것이 충으로 확장되는 거죠. 국민들에게 효를 강조하고 자연스럽게 그것이 충으로 연결되게 하는 것은 조선시대 왕들도 쓰던 수법입니다. 조선시대는 특히 여성의 정조를 강조해서, 열녀를 이용해 충을 강조하기도 했죠.

1976년 〈경향신문〉에 실린 "어버이날의 참뜻"이란 사설을 볼까요? 위장이민, 외화도피, 탈세행위나 반사회적 부정행위 같은 것들이 모두 가족이기주의에서 비롯된다며 "어버이날의 참뜻은 어디까지나 나라와 민족을 위하는 바탕에서 자기의 이기적인 자기 중심주의를 지양하고 대의를 앞세우는 데에서 실현된다고 확신하는 바이다"라고 합니다.

어떠하신가요? 어머니의 날과 어버이날이 너무 다르죠? 지금도 박정희의 추종자들이 박정희, 육영수의 생일과 제사 등을 챙기는 것도 이해가 되시죠? 어머니의 날을 통해서는 집요하게 어머니들에게 감히 존경을 받을 자격이 있는지 스스로 돌아보라고 강요합니다. 사회의 모든 구성원들에게 사랑과 헌신을 다하는 훌륭한 시민이 아니라 어머니라는 역할, 결국 성역할을 강조하는 방식이었습니다. 그러다가 어버이날이 되면 싹 바뀌는 것이죠. 모두가 어른을 공경해야 한다며 결국 대통령을 우러러보게 만듭니다. 공경해야 하니까 절대 저항하거나 잘못을 지적하면 안 되죠. 어버이의 자격은 묻지 않고 자식된 도리만을 강조합니다.

이런 것이 정치라면, 정치가 권력을 유지하기 위해 이런 교묘한 짓을 한다면 우리는 정치에 무관심할 수 없습니다. 대한민국의 국민인지 이 공동체의 동등한 구성원인지를 느끼기 이전에 여자로서, 어머니로서 무슨 의무를 지녔는지 그것을 다하지 못했을 때 자책하게 만드는 구조 속에서 살 수는 없습니다. 지금 페미니즘이 한국사회에 문제를 제기하는 것은 바로 이 지점입니다.

어머니의 날에 어머니들이 얼마나 대단하고 중요한 일을 하는지 알았다면, 그 깨달음과 칭송은 당연히 '여성이 남성보다 열등하지도 않으며, 여성과 남성의 능력의 차이는 없구나'로 넘어가야 하지 않나요? 그런데 왜 어머니들의 희생은 늘 어머니들에게 과연 어머니다운지 돌아보라는 요구로 이어질까요? 이것은 왜 여성다움의 기준이 되어서 어머니가 되고 결혼을 하지 않거나 아이를 낳지 않는 여성들에 대한 비하와 공격으로 돌아오는 걸까요?

여기까지가 본론으로 들어가기 전 단계의 이야기였습니다. 여성의 삶을 '어머니'로만 묶어두는 것은 그래서 여성비하입니다. 어머니의 날과 어버이날이라는 이런 단순해 보이는 일에도 성차별적 구도가 작동합니다. 정치는 이걸 계산해서 정책을 짭니다. 그리고 언론이 그걸 유포하고 종교들은 그것을 신의 뜻으로, 하늘의 뜻으로 합리화합니다. 그렇다면 지금 우리 한국사회에서 대표적으로 드러난 갈등과 논쟁인 동성애자, 양성애자, 트랜스젠더 등 성적소수자에 대한 혐오에도 이런 것들이 깔려 있지 않을까요? 왜 이런 혐오를 강화하는 일에 다른 곳이 아닌 종교가 가장 앞장서고 있을까요? 어떤 뒷이야기가 있을까요?

왜 선거철만 되면 평소와 말이 달라질까?

우리는 지난 촛불을 통해 굉장히 큰 변화를 만들어냈습니다. 수백만 명의 사람이 수십 번을 반복해 거리로 나와서 함께 촛불을 들었습니다. 우리는 나라를 위해, 민주주의를 위해, 우리 모두를 위해 지금 여기에 서 있다고 했습니다. 그런데 여기서 과연 '모두'는 정말 '모두'일까요? 우리가 매끈하게 하나로 보이기 위해서 오히려 삭제되고 배제되는 부분은 없었을까요?

저는 지난 2017년 5월 대선 과정을 보며 궁금했습니다. 왜 갑자기 입장을 바꾸지? 왜 선거만 앞두면 사람들이 말을 바꾸지? 정치인들이 동성애에 대한 입장을 바꾼다고 표현하지만 제 생각에는 오히려 개신교에 대한 입장을 바꾼다고 하는 것이 맞지 않을까 싶습니다. 교회를, 성직자들을 표로 의식할 때와 아닐 때 달라지는 거죠.

2017년 초까지만 해도 가장 유력한 대선 후보 중 한 명은 반기문 전 UN 사무총장이었습니다. 반기문씨는 UN 사무총장 시절에 동성애자를 비롯한 성적소수자 인권옹호 발언을 많이 했습니다. 역대 UN 사무총장 중에 성적소수자 인권 향상에 가장 힘썼다고 평가받았고 그래서 미국의 동성애자 인권단체로부터 공로상을 받기도 했습니다. 그래서 저는 반기문씨가 다른 건 몰라도 동성애에 대한 입장을 뒤집기는 쉽지 않을 거라고 생각했습니다. 너무 강력한 발언을 전 세계적으로 여러 번 했기에 '그런 말 한 적 없다'고 이제 와서 오리발을 내밀기는 너무 부끄러울 테니까요. 그런데 놀랍게도 뒤집더라고요. 그는 유력한 대선 후보로 떠오르자마자 이렇게 말했습니다. "동성애자의 인권을 지지한다는 것이 아니라 인권을 차별하면 안 된다는 생각일 뿐이다."

어떻게 생각하시나요? 언뜻 보면 크게 틀린 말은 아닙니다. 인권을 지지하는 것보다 차별에 반대한다는 것이 훨씬 더 적극적인 행동이니까요. 문제는 차별하면 안 된다는 원칙을 말하면서 그 원칙을 지키지 않는다는 점에 있죠. 차별에 반대한다면 차별금지법 제정을 반대할 수가 없습니다. 그것이 차별 반대의 첫번째 걸음이니까요. 동성애자의 인권을 지지하지 않는다는 말을 하는 건 사실 이런 뜻이죠. "나는 저쪽 아이들이랑 안 친해요." 즉 반에서 왕따당하는 급우가 있는데 친하다고 하면 같이 왕따당할까봐 두려워서 별로 안 좋아한다고 허겁지겁 손사래를 치는 형국이죠. 한 나라의 대통령이 되겠다는 사람으로서 너무 유치합니다. UN 사무총장

102

일 때는 다른 나라에게 막 호통도 치고 그랬거든요. 성적소수자 인권을 옹호해야 한다고. 하지만 대한민국의 대통령이 되려면 일단 과거에 자신의 신념도 버리고 일단은 "동성애자랑 안 친해요. 인권에 관심 없어요"라고 해야만 한다는 현실을 어떻게 생각하십니까?

5월 대선은 일단 성적소수자 인권에 손사래 치는 사람들 중 한 사람이 대통령으로 당선되는 결과를 남겼습니다. 2012년 대선 후보일 때만 해도 차별금지법 제정을 주요 공약으로 내세웠던 분이 이제는 그 법이 필요 없다고 합니다. 이렇게 '나중에 정치'가 탄생했습니다.

'나중에 정치'의 등장 과정

많은 분들이 알고는 있지만 정확하게는 모르시는 일이라 한번 시간 순서대로 다시 짚어보겠습니다. 2017년 2월 13일에 문재인 후보는 더불어민주당 대선 예비후보 등록을 오전에 하고 '한국기독교총연합회(한기총)', '한국교회연합(한교연)', '한국기독교교회협의회(KNCC)'를 차례로 방문합니다. 원래는 오고간 대화의 자세한 내용은 비공개로 했으나 '한교연'은 보도자료를 발표해버리죠. 그래서 〈뉴스앤조이〉, 〈크리스천투데이〉, 〈국민일보〉, 〈한겨레〉 등 언론을 통해 문재인 후보가 "나는 동성애를 지지하는 사람이 아니다. 차별금지법이나 동성혼 합법화 등 성적소수자의 인권을 위한 추가 입법은 하지 않을 것이니 염려하지 말라"고 한 내용이 알려졌죠. 논란이 되자 문재인 캠프 쪽에서도 추가 보도자료를 냈는데 내용은 거의 같았습니다.

성소수자 인권운동가들은 깜짝 놀랐습니다. 문재인 후보가 그런 말을 했다니 믿기 어려웠죠. 그래서 후보에게 직접 물어봐야 했습니다. 하지만 대통령 후보를 만나기는 쉽지 않으므로 있는 곳으로 찾아갈 수밖에 없겠죠. 마침 2월 16일에 행사가 있다고 하네요. 문재인 후보가 성평등정책에 대해 발표하고 페미니스트 대통령이 되겠다고 선언하는 자리였으니 더욱 적절합니다. 활동가들이 찾아 갔습니다. 문재인 후보가 기조연설을 하는 도중에 활동가 한 분이 큰 소리로 질문을 던졌죠. "저는 여성이고 동성애자인데 제 인권을 반으로 자를 수 있습니까? 제 평등권을 반반으로 자를 수 있느냐는 말입니다. 유력 대선 후보시면 대답을 해주시란 말입니다. 왜 이 성평등정책 안에 동성애자에 대한 성평등을 포함하지 못하시는 겁니까?" 문재인 후보가 질문에 답을 하는 대신 "나중에 말씀드릴 기회를 드릴게요"라고 말하자, 그 말을 받아 청중들이 그 활동가를 향해 "나중에"를 연호하기 시작했지요. 맥락상 "나중에"라는 연호는 문재인 후보의 기조연설을 계속하게 내버려두고 문제제기는 나중에 다시 발언 기회를 얻어서 하라는 의미입니다. 질서를 지키자는 차원에선 틀린 말이 아닙니다. 행사장에 난입한 것 자체가 잘못이라고 할 수도 있습니다. 그런데 말입니다. 더 근본적인 문제는 이미 부정당한 존재들입니다. 대통령 후보가 반대하는 존재가 되어버린 사람들입니다. 난입하지 않고서야 발언을 할 기회가, 대통령 후보에게 목소리를 직접 들려줄 기회 자체가 없습니다. 촛불집회에 반대하는 사람들은 촛불집회도 무질서하다고 했습니다. 교통에 방해되고 법을 어긴다고 했지요. 그러니까 '순서를 지킨다'는 중요한 게 아니에요. 그 '촛불' 이후에 세상은 바뀌었는데, 다시 모든 것들이 '순서'와 '질서'로 귀결되고, 결국 '나중에'는 너희 차례가 아니니까 뒤에서 기다리라는 이야기를 하는 거죠. 결국 그 장면은 절박한 소수자의 목소리가 제지당하고 밀리고 묻히는 현실을 드러내는 상징적 장면이 되어버립니다.

그다음 또하나의 사건이 생깁니다. 2017년 4월 25일, 대선 4차 토론회였습니다. 이때 홍준표 후보가 문재인 후보에게 군대 내 동성애를 언급하면서 "동성애를 반대하느냐"고 여러 차례 반복해서 묻죠. 문재인 후보는 질문을 받을 때마다 조금씩 표현을 달리하며 "반대한다", "(개인적으로) 좋아하지 않는다", "동성애 합법화에 찬성하지 않는다" 등의 대답을 했습니다. 자세히 들어보면 약간 동문서답하는 듯합니다. 답답한 두 사람의 토론을 본 심상정 후보가 결국 '1분 찬스'를 써서 "동성애는 찬성이나 반대를 할 수 있는 얘기가 아니며, 저는 이성애자지만 성소수자들의 인권과 또 자유가 존중돼야 한다고 생각합니다. 그것이 민주주의국가입니다"라고 발언을 하지요. 이 발언 후에 심상정 후보의 지지율과 후원금이 올라갑니다.

그전과 달리 생생하게 육성으로 반대한다는 말을 들으니 엄청난 배신감을 느꼈죠. 문재인 후보는 인권변호사 출신입니다. 그다음날 국회본청 앞 계단에서 열린 '천군만마 국방안보 1,000인 지지 선언' 기자회견에 참석하는 문재인 후보에게 항의의 뜻을 전달하기 위해 성적소수자 인권활동가들이 찾아갑니다. 일부 사람들이 테러 위험이 있었다고 한 그 장면을 보시죠. 인권변호사이기도 한 성적소수자 인권활동가가 무지개깃발을 들고 천천히 다가가고 있습니다. 문재인 후보의 표정도 '응? 무슨 일?'이라는 표정이죠. 위협감을 느끼는 표정이 아닙니다. 그러나 어찌됐든 행사장 난입으로 이날 현장에 있던 활동가들은 전원 경찰서로 연행되었습니다. 이후 문재인 지지자들이 성소수자 인권운동 방식에 문제가 있다고 비난을 쏟아냈습니다.

이런 유사한 일만 생기면 주로 더불어민주당 지지자들은 말합니다. "왜 홍준표한테는 따지지 않냐"고 말입니다. 그런데 홍준표에게는 가서 따질 일이 없습니다. 애당초 성적소수자의 인권에 대해 지지한다거나 존중한다는 말을 단 한 번도 한 적이 없는 후보에게 가서 "왜 입장을 바꾸셨냐"고 따질 수는 없으니까요. 처음부터 유권자로서의 표를 줄 생각이 전혀 없었던 후보니까요. 그러므로 더불어민주당 지지자들이 왜 새누리당 후보는 안 찾아가느냐고 하는 건 이상한 지적입니다. 표를 주려고 관심과 지지를 가졌던 건 문재인 후보였기에 문재인 후보에게 찾아가서 항의라도 하는 것입니다.

이런 사이에 일은 어떻게 흘러갔나요? "기독자유당−범기독계는 홍준표 후보를 지지합니다"라는 선언이 발표되었죠. 그리고 홍준표 후보의 선거운동원은 "동성애 반대하는 확실한 후보, 홍준

표"라는 피켓을 들고 나옵니다. 그런데 뭐가 확실하다는 것일까요? 동성애를 확실히 반대한다는 것인지, 동성애를 반대하니 보수가 확실하다는 것인지, 문재인보다 더 확실히 반대하는 후보라는 것인지 알 수는 없습니다. 선거운동본부에서 피켓의 문구는 매우 신중한 토론을 거쳐서 정합니다. 그런데 이렇게 모호한 문구를 썼다는 것 자체가 급하게 만들어졌다는 것, 또 핵심 메시지가 없다는 것을 보여줍니다. 중요한 건 '동성애'와 '반대'라는 문구 뒤에 '확실'을 넣어서 뭔가 강력한 이미지를 만들려는 것이죠. 그래서 결국 어떻게 되었나요. 저는 태어나서 처음으로 동성애를 반대한다는 것을 자신이 당선되어야만 하는 이유로 내세우는 대통령 후보를 만나게 되었고, 길거리에서 선거운동원들이 그 피켓을 흔들며 시민들의 호감을 사려고 하는 풍경을 보게 되었습니다. 나는 이 나라의 국민인데 대통령 후보는 나라는 존재 자체를 반대하며 웃는 장면을 보게 되었습니다.

물론, 여론이 악화되자 문재인 후보는 '통합정부, 무엇을 할 것인가' 토론회 후 기자들을 만나 "성소수자에게 아픔을 드린 것 같아 여러 가지로 송구스럽다는 말씀을 드린다"며 "성적인 지향 때문에 차별받지 않고 당당하게 생활할 수 있는 그런 세상을 바라고 있다. 그러나 그분들이 주장하는 가치와 저는 정치인으로서 현실적인 판단을 해야 하기 때문에 좀 차이가 있을 수 있다 생각한다"고 밝혔습니다. 토론회에서 반대한다고 말한 것은 군대 내의 동성애를 말한 것이며 동성혼은 아직 우리 사회에서는 시기상조이므로 반대한다는 자세한 설명을 덧붙였습니다. 그러자 4월 28일에 홍준 표 후보는 '한교연'과 '한기총'을 방문해 지지를 호소했지요. 홍준 표 후보는 "나머지 기간 기독교에서 저희들을 좀 도와주시면 저희 가 역전하는 계기가 되지 않을까 싶다"고 말합니다.

왜 현충원 다음에 '한기총'인가?

우리는 이 상황을 '문재인이 나쁘다'라거나 '개신교가 너무 힘 이 세다' 이런 말로 평가할 수 없습니다. 이것은 현재 우리가 놓인 상황을 파악하는 데도, 문제의 해결점을 찾는 데도 전혀 도움이 되 지 않기 때문입니다. 문재인의 진심이 무엇이었는지, 이것이 전략 적인 일시 후퇴인지 여부는 중요하지 않습니다. 정치인으로서 현 실적인 판단이라고 말하잖아요. 그럼 우리는 그 현실이 뭔지 알아 봐야겠죠. 다시 '나중에'라는 말을 문재인 대통령이 제일 처음 할 수밖에 없었던 그 문제의 시작점으로 돌아가 한번 살펴봅시다.

2017년 2월 13일의 그 장면을 살펴볼까요? 문재인 후보가 '한 기총'을 방문했습니다. 당시 '한기총' 대표였던 이영훈 여의도순복 음교회 목사와 악수를 하고 있지요? 보통 만나면 서로 덕담을 나 눕니다. "대한민국이 이렇게까지 발전하는 데는 기독교의 영향이 컸습니다"라며 의미를 부여하면 "선거에 나가시게 되셨으니 대한 민국을 잘 이끌어주시기 바랍니다"라고 축복을 보내죠. 그런데 이 렇게 말하고 나면 서로 더이상 할 이야기가 없죠? 자연히 말은 서 로 각자에게 바라는 것을 이야기하게 됩니다. 거래를 하는 거죠.

"기독교의 숙원사업은 이러이러합니다. 이것은 한국의 발전과 매우 중요합니다"라고 말하면 "잘 새겨듣겠습니다. 그러니 저를 밀어주십시오"라는 말을 우아하게 말을 돌려서 나누는 것입니다. 그리고 '한교연'에 갑니다. 그다음에는 'KNCC'에 갑니다. 그다음엔 조계사를 찾아가고 천주교의 추기경도 만나러 갑니다. 한국의 3대 종교의 주요 단체, 교단, 성직자 들을 만나러 가는 것이죠. 이렇게 어느 한쪽의 종교에도 편향되지 않는 균형 있는 태도를 보여주는 것 같지만 사실 편향적입니다. 한국에는 더 많은 종교가 있습니다. 그런데 왜 세 개 종교만 찾아가는 것일까요? 3대 종교가 다수이기 때문에? 아니, 그보다 더 근본적인 질문이 필요합니다. 다수이고 소수이고를 떠나 왜 선거 전에 종교단체에 가냐는 것이죠. 2017년 2월 14일만 해도 그날은 문재인 후보가 더불어민주당 당내경선에 나가기 위해 예비후보로 등록을 한 날입니다. 바로 그날 찾아간 곳이 '한기총', '한교연'입니다. 무엇을 의미할까요? 이명박 대통령도 한나라당 대선 후보가 되던 날, 현충원을 방문한 후 제일 처음으로 간 곳이 바로 '한기총'이었습니다. '한기총'은 서울시장선거부터 대통령선거 등을 앞두고 유력한 후보들이 찾아가는 곳입니다. 그뿐 아닙니다.

20대 국회의원 선거를 앞둔 2016년 3월 '나라와 교회를 바로 세우기 위한 3당 대표 초청 국회기도회'에 참석한 더불어민주당 박영선 비대위원과 김무성 새누리당 대표는 차별금지법을 만들지 않겠다고 다짐을 합니다. 특히 박영선 비대위원은 "동성애법은 자연의 섭리와 하느님의 섭리를 어긋나게 하는 법이며, 더불어민주당은 '한기총'의 모든 목사님과 기독교 성도들과 뜻을 같이하니 믿어달라"고까지 말합니다. 이에 대해 종교자유정책연구원은 "정교분리 원칙을 외면하고 종교권력에 굴복한 김무성·박영선 의원은 사죄하라"는 성명을 발표하기도 했습니다.

국교가 없는 나라에서, 더군다나 국민의 50퍼센트 이상이 종교가 없다고 말하는 나라에서 특정 종교에서 주최한 행사에 국회의원들이 참석해 국가정책에 대해 '당신들의 뜻대로 하겠다'는 약속을 하는 것은 헌법 제20조에 명시되어 있는 정교분리의 원칙을 어기는 것입니다. 선거를 앞두고 당신들이 원하는 것을 다 들어줄 테니 우리에게 표를 달라는 것이니 이는 이해관계에 따른 '부당 거래'입니다. 정치적 논리에서 당대표가 마음에 없는 말이지만 자신의 정당에 도움이 되는 발언을 하는 것은 필요합니다. 박영선 의원의 저 발언은 그렇게 해석해야 한다는 동료의원의 이야길 들은 적이 있습니다. 이해합니다. 이해하기 때문에 문제라고 지적합니다. 박영선 의원이 진심이었는지, 사실은 그렇게 생각하지 않는지는 저에게도 중요하지 않습니다. 당에 도움이 된다고 판단한 그 지점이 더 중요합니다.

'한기총'은 1989년에 만들어진 단체입니다. 노태우 대통령이 자신의 정권에 도움이 되기 위해 보수개신교를 규합한 연합체를 만들도록 한 거죠. '한교연'은 2012년에 '한기총' 내부에서 분열이 일어나서 갈라져 나온 연합체입니다. 'KNCC'는 1924년에 만들어진 단체이고 진보개신교를 대표하는 연합체입니다. 상황이 이렇다 보니 후보들은 이 세 개 단체를 다 방문해야 합니다. 눈치가 보이니까요. 앞으로 보수개신교 연합체가 더 많이 갈라지면 어떻게 할지 궁금합니다.

해방 이후 종교와 정치의 유착의 역사

우리는 헌법 제20조에 명시된 '정교분리'의 원칙을 이제 정말 진지하게 생각해보아야 합니다. 종교가 유력한 정치세력이 되고 싶어한다는 것은 무얼 의미할까요? 정치가 종교를 자신의 조력자로 대하고 또 눈치를 본다는 건 무얼 의미할까요?

이 질문에 대한 답을 찾기 위해 한국의 근대사를 빠르게 한번 훑어보겠습니다. 아시다시피 1945년에 해방이 되고 남한에는 미군정이 들어섭니다. 미군정에서 최고위직으로 일했던 한국인의 70퍼센트가 개신교인이었다는 통계가 있습니다. 미군정 입장에서는 영어가 가능하면서 자신들과 비슷한 종교를 가진 사람을 선호했겠지요. 1949년에 크리스마스가 국가지정 공휴일이 됩니다. 우리는 이미 익숙해져서 크리스마스를 당연히 '빨간 날'로 인식하지만 기독교가 국교가 아닌 나라에서 크리스마스가 공휴일인 경우는 매우 드뭅니다. 옆 나라 일본만 해도 크리스마스는 공휴일이 아닙니다. 이뿐만이 아닙니다. 독실한 개신교도였던 이승만 대통령은 개신교 지원정책을 말 그대로 퍼붓습니다. 한국 최초의 민간방송은 1954년에 설립된 기독교방송, 지금의 CBS입니다. 두번째 민간방송은 극동방송입니다. 1956년입니다. 또 군대 내에 목사를 둘 수 있는 군목제도가 오로지 개신교로만 허용된 것인 1951년입니다. 한국전쟁을 하던 와중에 제도를 만든 것이죠.

한경직 목사는 1960년 4월 24일에 "조국을 위하여"라는 설교를 하는데 이런 구절이 있습니다.

> "1950년에 대구에서 총회가 모였을 때에 목사와 장로들이 크게 싸움을 하면서 그후에 교회가 분열되더니 그해로 6·25 참변이 생겨서 우리 민족에 큰 화를 끼쳤습니다. 작년에도 대전서 모여서 여러 가지로 쓸데없는 문제를 가지고 싸우며 분쟁을 하더니 결국은 도처에서 교회를 분열시키며, 이런 일이 있더니 이상스럽게 금년에 들어서 서울역의 큰 변을 비롯하여 오늘날 이런 참변이 우리 민족에게 미쳤습니다."

이 설교문의 시각은 개신교가 사회를 대하는 시각을 단적으로 보여줍니다. 설교에서 "서울역의 큰 참변"이란 1960년 1월에 있었던 서울역 광장에서 서른한 명이 압사를 당하는 사고를 말하고, 그 뒤의 "오늘날 이런 참변"은 4·19혁명을 의미합니다. 국민들이 목숨을 걸고 독재정권에 저항하는 시위를 "참변"이라고 표현합니다. 교회의 분열이 전쟁과 여러 사회적 참사를 일으켰다는 뉘앙스를 풍깁니다. 이상하지 않으신가요? 오히려 반대가 되어야 합니다. 나라에 곧 전쟁이 터질 것도 모르고 교회가 서로의 이권을 두고 다

투고 분열하다니 부끄럽다고 해야 합니다. 교회가 분열이 되면 국가에 환란이 닥치기 때문에 교회가 분열하면 안 되는 것이 아니라, 교회는 스스로 지은 잘못을 반성하면 됩니다. 1950년의 교회 분열이란 것도 사실은 신사참배를 했던 친일행적과 신학대 운영을 둘러싼 갈등이었습니다. 또, 4·19혁명을 "참변"이라고 표현한 것을 젊은이들의 목숨이 거리에서 스러진 것에 대한 애도였다고 최대한 선의를 가지고 해석하려 해도 먼저 이승만 독재정권에 협력했던 과거부터 반성해야 할 것입니다. 교회와 국가를 동일시한 결과는 오히려 교회의 과오를 덮어버립니다. 그리고 권력자의 과오도 덮어버립니다. 2014년에 유명한 목사님이 "세월호는 청와대나 해경이나 해수부의 탓이 아니고 하느님이 대한민국에 기회를 주려고 세월호를 침몰시킨 것"이라는 설교를 해서 논란이 되었던 것과 비슷합니다.

　말이 섞이면 헷갈리실 테니 다시 박정희 때로 돌아가겠습니다. 4·19혁명을 했지만 쿠데타로 다시 군사독재정권이 들어섭니다. 박정희는 불교와 기독교를 적절하게 활용합니다. 불교재산관리법을 만들어서 전국의 사찰을 정부의 관리하에 두게 됩니다. 한편 불교계의 불만을 달래기 위해서 1968년에 군승제도를 허락하고, 1975년에는 석가탄신일을 국가공휴일로 지정해줍니다. 이승만은 이미 1949년에 크리스마스를 공휴일로 지정했고, 1951년에 군목제도를 승인했습니다. 20년 넘게 차이가 나지요. 불교 인구가 개신교 인구보다 훨씬 많았던 시절인데도 말입니다.

이 시기에 개신교는 국회의원들이 한 달에 한 번 모여 기도회를 갖는 '국회조찬기도회'를 만듭니다. 그 이듬해 1966년엔 '대통령조찬기도회'를 만듭니다. 1968년에 박정희 대통령이 참석하면서 1회로 순서가 매겨지기 시작했죠. 미국의 국가조찬기도회를 따라한 것으로 아시아에서 최초입니다. 대통령조찬기도회는 1976년에 '국가조찬기도회'로 이름이 바뀌어 지금까지 이어지고 있습니다. 대통령조찬기도회에서 김준곤 목사는 "군사혁명이 성공한 것은 하나님이 혁명을 성공시킨 것"이라고 설교합니다. 이후 1979년에 12·12쿠데타가 일어나고 1980년 5·18광주민주화항쟁이 있고 난 후인 8월 6일에는 '전두환 국보위 상임위원장을 위한 조찬기도회'가 열립니다. 조용기 목사, 김준곤 목사, 한경직 목사 등이 모두 모여 나라와 민족을 위해 하나님께서 전두환 장군을 보내주셔서 감사하다고 기도를 합니다.

그 국가조찬기도회는 어느 지경까지 갔나요. 기억하실 겁니다. 2011년도에도 국가조찬기도회에서 목사님이 무릎 꿇고 통성기도를 드리자고 하니까 이명박 대통령이 무릎을 꿇어요. 대통령이 상징적으로 무릎을 꿇는 건 하느님이지만, 대통령에게 꿇으라고 하는 건 목사가 할 수 있는 거죠. 2016년엔 이런 일도 있었습니다. 소강석 목사가 외국의 유명 여성정치인들과 박근혜 대통령은 차별화된다며 "그들도 다 나름대로 성공한 정치인이지만, 그러나 대부분은 육중한 몸매를 자랑하고 튼튼한 거구를 자랑하는 분들이지 않습니까. 그러나 우리 대통령님께서는 여성으로서의 미와 그리고 모성애적인 따뜻한 미소까지 갖고 계십니다"라고 설교합니다. 대통령에게 "여성으로서의 미"를 바라는 것은 대체 뭡니까? 우리가 남자대통령에게 다른 나라 대통령보다 잘생기거나 근육질의 몸매를 갖기 바라나요? 대통령은 직업입니다. 공적 신분이기도 합니다. 이런 발언을 비판하자 소강석 목사는 "제사장으로서 국가지도자를 격려할 수도 있다"고 말합니다. 목회자가 곧 제사장은 아닙니다. 대체 한국에서의 정교분리는 어떻게 되는 건가요? 국가조찬기도회는 결국 목사님들이 모여서 대통령에게 찬사를 바치는 행사입니다. 그리고 "무슨 법을 만들어라, 만들지 마라"라고 요구하는 자리이기도 합니다. 이렇게 영향력을 행사하는 것이지요.

1987년 민주화항쟁은 대통령직선제를 가져옵니다. 그리고 이

1987년 이후 주요 선거제도 변화	
연도	선거제도
1987년	대통령직선제 실시(이후 대통령선거 5년마다 열림)
1991년	지방선거 부활(이후 지방의회선거 4년마다 열림)
1995년	지방자치단체장선거 실시
2002~2004년	정당명부제도, 비례대표 선출이 각각 적용되기 시작 2002년 지방의회선거, 2004년 국회의원선거
2004년	주민투표법 도입(2011년 서울시 무상급식 주민투표가 대표적 사례)
2007년	교육감직선제 실시
2012년	재외국민선거제 실시

후 지방자치제가 부활을 하면서 선거를 하는 횟수 자체가 늘어납니다. 이것은 국민들의 뜻이 반영되는 기회가 많아진 것이기도 하지만, 한편 정권을 잡는 것에만 혈안이 될 경우에는 국민의 뜻 대신 표만 많이 모으면 당선이 된다는 원리만 생각하게 되는 거죠. 그럼 표를 왕창 움직일 방법만 궁리하게 됩니다. 이것이 바로 정치와 종교의 관계를 역전시켜 놓습니다.

이 부분은 한신대학교의 강인철 교수가 연구를 많이 해놓으셨습니다. 저는 소개만 하자면, 노태우 당시 대통령 후보는 불교계의 마음을 사로잡으려고 불교계 공약이란 걸 처음 내놓습니다. 이걸 시작으로 14대 대통령선거 때는 개신교가 김영삼 장로를 이승만에 이어 두번째 장로 대통령으로 만들겠다고 적극 나서게 되죠. 결국 대통령으로 만듭니다. 김영삼 대통령은 충현교회 장로였습니다. 하지만 IMF 외환위기를 남기고 정권을 넘기게 되죠. 보수개신교는 김대중, 노무현 대통령 집권시기에는 철저한 반정부운동을 벌였습니다. 그리고 다시 이명박 소망교회 장로 대통령 만들기에 전력을 다 쏟죠. 한국은 대형교회가 유난히 많습니다. 그래서 국회의원선거에서 교회의 입김이 훨씬 더 강합니다. 상황이 이러하니 지역구에 출마하는 국회의원이 동네에 있는 대형교회에 다니지 않기 힘들죠. 그래서 목사들도 자신들이 힘이 있다는 것을 압니다.

지난 몇 년간 충남·대전·대구·안산·인천·아산·당진·부여 등 전국에서 '성평등', '인권', '노동', '학생', '청소년' 같은 단어들이 들어가는 조례들의 제정과 개정이 계속 무산되고 있습니다. 지역

기반의 교회가 중심이 되어 여론을 반대로 몰아가기 때문이죠. 서울시민인권헌장이 2014년에 무산된 것도 같은 경우입니다. 보수 개신교는 이슬람에 대한 혐오도 조장합니다. 2015년 1월 19일에 실린 〈동아일보〉와 〈중앙일보〉 전면광고를 보면, 이자스민 의원이 제출한 이주민 아동들이 겪는 차별을 없애려는 법안이 이슬람을 한국에 받아들이려는 음모라며 반대합니다. 이런 주장을 펼치는 분들이 세월호 유가족 앞에서 규탄 기자회견을 하고, 태극기집회를 열고, 반동성애집회를 엽니다.

기독교뿐만 아닙니다. 〈불교신문〉에 실린 노무현, 이명박, 박근혜 세 대통령이 불교계에 약속한 것 중 지킨 것과 안 지킨 것을 비교한 기사가 있습니다. 누가 가장 많이 불교계와 한 공약을 지켰을까요? 의외로 이명박 대통령입니다. 임기 내내 개신교에 편향된 행보를 보여서 논란이 많았던 대통령인데 말입니다. 불교계의 불만을 잠재우려면 불교계에도 결국은 뭔가를 많이 해줘야 하기 때문입니다. 그러니 이게 문제입니다. 왜 저쪽만 더 잘해주느냐는 끝없는 눈치싸움이 정치와 종교 사이에 벌어집니다. 많은 세금이 그렇게 '밀당'을 하는 와중에 쓰입니다.

개신교의 입김에 흔들리는 정치

기독교계는 2012년도에 자신들이 원하는 정책을 발표합니다. '기독교 공공정책'이라고 이름을 붙였습니다. 이걸 받아들이는 후보는 지지하고 받아들이지 않으면 낙선운동을 벌이겠다고도 하지요. 그 대단한 정책을 볼까요? 크게 열 가지로 나뉩니다.

1번은 "대한민국의 헌법정신에 투철한 국가를 만들어야 한다" 입니다. 옳은 말이죠? 그런데 세부적으로는 무슨 뜻이냐면 기독교 가 독립운동, 근대화, 민족운동 등으로 지금의 대한민국을 만드는 데 기여한 공로를 인정하라는 내용입니다. 2번은 "사회의 기초인 가정은 보호되어야 한다"는 것입니다. 이건 낙태, 포르노, 도박 금 지, 동성애옹호법 제정 금지, 노래와 영화 윤리검열 강화 등을 말 합니다. 3번은 "정교분리는 준수되어야 한다"고 말합니다. 너무 지 당한 지적입니다. 기독교부터 이걸 지키면 되겠네요. 하지만 여기 서 제안하는 정책은 민간 무속신앙을 지원하지 말고, 이슬람에 특 별한 혜택을 주는 수쿠크법을 만들지 말라는 것입니다. 4번은 "종 교와 선교의 자유는 보장되어야 한다"입니다. 세부정책은 "공무 원, 군인의 종교 활동 보장하라", "개신교에서 만든 민영교도소 직 원채용 자율성 보장하라", "재개발 과정에서 종교시설에 부당한 대우를 해선 안 된다" 등입니다.

5번의 "교과서 집필과 교육에서 각 종교를 공정하게 다루어 야 한다"는 결국 과학교과서에 창조론을 넣어달라는 것이고 6번 의 "학생들의 학교선택권 보장, 종교교육 보장하라"는 사립학교 학생선발권을 달라는 것이고 국가고시 등 시험을 일요일에 실시 하지 말라는 것입니다. 7번 "근대문화의 보존 및 활용 보장" 조항 은 기독교 역사박물관 건립에 지원비를 내라, 기독교 문화유적을 문화재로 등록하고 국비로 보존하라는 것입니다. 8번 "대한민국

은 해외선교의 가치를 인정하고, 선교사를 보호해야 한다"는 해외
선교는 매우 자랑스러운 것이니 국가는 적극 지원하라는 것이고,
9번 "남북교류 및 통일을 위해 종교계와 협력해야 한다"는 말 그대
로입니다. 탈북자를 위해 종교단체와 협력을 강화하라는 것이고
10번 "복지와 출산에 있어서 각 종교의 역할과 활동을 연계하고 협
력해야 한다"도 마찬가지입니다. 출산장려, 유아양육, 노인복지,
자살예방 등도 모두 종교단체와 연계해서 정책을 추진하라는 것입
니다.

아이고, 숨차라. 어떠하신가요? 이것이 '공공'정책이 맞을까
요? 개신교를 위해 국가가 제도를 바꾸고 돈을 지원하라는 것으로
요약될 수 있는데요? 실제로 개신교의 압력으로 현재 국가자격시
험 중 일부는 토요일로 변경 실시되고 있습니다.

2017년 대선을 앞두고 '기독교공공정책협의회'에서 '제19대
대통령선거 기독교 공공정책 발표회'를 가졌습니다. 2017년판 10
대 공공정책은 〈국민일보〉에 아주 간략하게 잘 정리된 표가 있습
니다. 참고해서 볼까요?

2017년 '10대 기독교 공공정책'(〈국민일보〉 2017년 4월 21일자)

1. 근현대 기독교 문화유산 보호와 지원(문화체육관광부)
2. 정부 종교예산의 편향성 근절(문화체육관광부)
3. 동성애 동성결혼 법제화 결사반대(법무부)
4. 종교단체의 재산권에 대한 별도규정 구축(국세청)

---

6. 선교사역에 대한 정부인식 구축과 지원(외교통상부)
7. 종교문제 관련 언론의 공정성 확보와 제도적 장치 구축(정부 전체)
8. 종립학교, 즉 미션스쿨들의 종교자유 보장(행정안전부)
9. 공직자의 종교자유 보장(행정안전부)
10. 국가정부와 공공단체의 주일(일요일) 시험 금지(행정안전부)

이날 여기에 더불어민주당, 자유한국당, 국민의당, 바른정당에서 대표자들이 참석해서 모두 기독교계가 제안한 정책을 적극 받아들이겠다고 약속을 합니다. 특히 큰 목소리로 하나가 되어 다짐한 것이 동성애, 동성혼은 적극 반대하겠다는 것이었죠. 왜 목사님들 앞에서 국회의원들이 자신을 믿어달라고 다짐을 하고 약속을 하고 선언을 하는 것일까요?

2012년 기독당의 선거팸플릿을 보면 핵심 공약 중 하나가 "교회는 사회학적으로 국민의 교육기관으로 분류되어야 하므로 은행대출이자를 2퍼센트로 내려야 한다"예요. 그리고 함께 외치는 구호가 "종북 척결, 반복음적 법 척결"입니다. 여기서 "반복음적 법"이란 차별금지법을 말합니다.

교회의 은행대출이자가 왜 이렇게도 중요할까요? 한국교회들이 은행대출을 너무 많이 받았기 때문이겠죠. 왜 받았을까요? 교회를 무리하게 증축하려고 하니 헌금만으로 할 수가 없기에 대출을 받는 것이죠. 왜 무리한 증축을 할까요? 교회가 클수록 하나님의 은총을 많이 받은 곳, 성공한 곳이라는 선전을 할 수 있기 때문

120

입니다. 교인이 늘어나서 교회가 커지는 것이 아니라 교회를 키워서 교인을 늘리는 방식이기도 하지요. 하지만 전체 교인의 수는 감소합니다. 개신교인이긴 하지만 교회에 나가지 않는 이른바 '가나안 성도'도 많아지지요. 무리하게 대출을 받은 교회들이 이자를 내기 힘들어하니 '교회 대출이자 2퍼센트'라는 기괴한 공약을 끼워넣어야 하는데, 이걸 교회의 이익을, 목사님을 위한 것으로 할 수는 없으니 국가와 민족과 우리 사회에 도움이 되는 중대한 일을 하는 것처럼 보이게 만들려는 것이죠. 바로 그 용도로 쓰이는 것이 '동성애 반대'입니다. '동성애는 우리 아이들과 사회를 병들게 한다, 이걸 반대하는 중요한 임무가 교회에 있다'는 구도를 만드는 거죠. '이런 중요한 일을 교회가 잘 하도록 대출이자를 낮추어주자'로 연결됩니다.

지금 저는 기독교가 나쁘다고 말하는 게 아닙니다. 종교에 대한 근본적인 비판이 아닙니다. 부디 신앙을 가지신 분들이 오해하지 않으시길 바라고, 또 마음 상하지 않길 바랍니다. 핵심은 종교와 정치의 유착입니다. 이것은 다른 문제입니다. 종교인이 정치인과 세속의 권력을 나누고, 정치인은 사리사욕을 채우기 위해 종교와 거래를 하는 것을 말합니다. 우리는 정교유착에 너무 관대합니다. 이걸 당연한 문화의 한 흐름 정도로 생각합니다.

현재 국회의원들끼리 종교모임이 다 만들어져 있습니다. 군대나 경찰, 검찰 등 정부조직들에 종교별로 신우회가 만들어져 있습니다. 심지어 청와대 내에도 개신교, 불교, 천주교별로 신자모

임이 만들어져 있습니다. 각자 자신의 종교를 믿고 교회든 성당이
든 사찰이든 다니는 것은 아무 상관 없습니다. 하지만 청와대 내에
근무하는 직원들끼리 다시 자신이 믿는 종교별로 모임을 만든다는
것은 이상하지 않나요? 이건 대학교 내 동아리와 다릅니다. 같은
학생들끼리 모여서 활동을 하는 동아리가 아니라 엄격한 직위체계
가 있는 조직에서, 중대한 많은 정보와 사업과 예산이 오가는 곳에
서 모임이 있는 거예요. 종교는 개인정보이기도 합니다. 그런데 신
우회가 조직 내에 있다는 것은 개인정보가 공개된다는 것이고 학
연과 지연을 넘어서서 같은 종교를 믿는 사람들끼리의 커넥션이
생기는 것이 가능해집니다. 정말 그러한지 볼까요? 통계로 드러납
니다.

우리나라 총인구 중 개신교인 비율은 1995년부터 2015년까
지 조사에서 대략 18~19퍼센트 정도입니다. 그런데 역대 국회의
원 중에서 개신교인 비율은 30~40퍼센트를 오갑니다. 2015년 인
구총조사에서 무교라고 밝힌 국민은 56.1퍼센트입니다. 국회의원
에서 불교, 천주교, 개신교를 제외한 기타 종교 혹은 무교라고 밝
힌 이는 대략 20퍼센트 전후입니다. 국회가 국민을 대표하는 것이
맞을까요?

『기독교대연감』에 따르면 한국의 개신교 인구가 1945년에 38
만 2,000명에서 1955년에는 132만 4,000명으로 늘어납니다. 통
계청이 공식적으로 종교 인구를 조사하기 시작한 것은 1985년부
터인데 1985년에 648만 9,000명, 1995년에 876만 명, 2005년에

는 861만 6,000명이었고, 2015년에는 967만 5,000명으로 집계되었습니다. 전체 인구의 19퍼센트 정도입니다. 이렇게 빠른 속도로 개신교인이 늘어나는 것은 세계적으로도 유례가 없다고 할 정도입니다. 종교가 없는 사람들이 늘어나고, 불교와 천주교 신도도 모두 줄었으며, 개신교의 사회적 신뢰도도 점점 떨어지고 있는데 도리어 개신교 신도 수가 늘어났습니다. 이상한 일이죠? 개신교 신도 수가 늘어난 것은 조사방식이 2015년에 달라졌기 때문이라고도 하지만 아직 정확히 그 이유를 아무도 파악하고 있지 못합니다. 그런데, 우리가 더 눈여겨봐야 할 지점은 통계청의 인구조사 결과와는 달리 개신교에서 체감하는 현실은 교회에 출석하는 교인의 수가 계속 줄어들고 있다는 점입니다. 교인의 수가 줄어들면 헌금도 그만큼 줄어듭니다. 헌금이 줄어들면 교회는 존립의 위기를 맞이하게 됩니다. 실제로 중소형 교회들의 파산이 현재 줄을 잇고 있습니다. 대형 교회들은 버티고 있지만 이런 위기감은 교단 전체에 퍼져 있습니다. 그 위기감은 결국 개신교 내부를 더욱 결속시켜서 이탈자를 막는 방법을 찾게 합니다. 지난 10년 사이에 개신교가, 특히 주류를 차지하는 보수개신교가 가장 열심히 한 일 중의 하나는 동성애혐오, 이슬람혐오를 사회에 퍼트리는 것이었습니다. 이명박·박근혜 정부를 적극 지지하는 일이었습니다. 외부에 다 같이 혐오해야 할 공동의 적을 만드는 전략은 항상 내부를 단속해야 할 때 등장합니다.

　여기서 잠깐 더 생각할 것이 있습니다. 실제로 우리나라 개신교인들은 종교를 기반으로 투표를 하지 않는다는 점입니다. 2004년 부터 기독교 정당이 등장을 하는데 22만 표에서 44만 표 사이를 득표합니다. 가장 많이 받은 표가 2016년에 득표한 75만 표입니다. 그럼 전체 개신교인의 7.8퍼센트 정도입니다. 실제 지상파 3사 출구조사 결과로도 개신교인이 가장 많이 투표한 사람은 문재인 후보입니다. 오히려 불교 신자라고 밝힌 분 가운데 홍준표 지지가 더 높았습니다. 스스로를 진보라고 생각하는 사람도 세 개 종교 중에서 개신교인이 가장 많았습니다.

다시 말해, 개신교가 그 자체로 반동성애적이거나 보수적인 것이 아닙니다. 개신교의 주요 리더들이 정치를 그렇게 하고 있는 것입니다. 정치인들이 대형 교회와 일부 성직자들의 눈치를 보는 것입니다. 정치인들이 자신들의 종교를 기반으로 짬짜미를 하는 것입니다.

싸워야 할 대상은 뚜렷하다
헷갈리지 말자

문재인 대통령 지지자들에게 드리고 싶은 이야기는 있어요. 지금 지지자들의 슬로건은 "우리 이니 하고 싶은 거 다 해"입니다. 저는 국민들이 대통령을 아이돌처럼 좋아하고, 지지하는 건 나쁘지 않은 일이라고 생각합니다. 저도 한 가수의 오랜 팬으로 살아온 사람이라 누군가의 팬으로 산다는 것이 행복하다는 것을 잘 알지요. 내가 존경하고 사랑하고 아끼고 지지하는 사람이 잘되길 바라는 마음이고 그가 행복하길 바라는 마음에서 "하고 싶은 거 다 해"라고 말할 수 있습니다. 다만 이런 현상이 좀 드문 일이라 신기하고 낯설게 느껴지는 것도 맞지요. 문재인 지지자들이 이렇게 맹목적이라고 할 만큼의 지지를 보내는 건 노무현 대통령 때의 실수를 반복하지 않겠다는 것도 작용하는 듯합니다. 저도 인터넷에서 검색을 해봤거든요. 노무현 대통령 때 합리적, 민주적 시민이라며 대통령을 비판적 지지하겠다고 하다가 그만 언론의 말을 확인도 안 하고 같이 노무현 대통령을 공격했던 일에 대한 후회가 밀려드니까요. 그래서 문재인 대통령은 '지키겠다'는 마음이 강한 듯합니다. 그래서 말씀드립니다. 지키려면 어떻게 해야 할까요? 노무현 대통령을 누가 흔들었는지를 봐야 하지 않을까요?

노무현 대통령이 힘들었던 이유가 무엇이었죠? 상고 출신이었다는 겁니다. 우리나라 엘리트들이 그게 싫었던 거예요. '대학도 안 나온 상고 출신이 우리 앞에서 거들먹거려?' 이러면서 대놓고 얕보고 대통령으로 제대로 존중도 하지 않았습니다. 그렇다면 지금 우리가 바꿔나가야 할 사회문제는 뭐죠? 학력차별이에요. 학벌주의죠. 그런데 왜 차별금지법을 반대하죠? 문재인 대통령을 노무현처럼 잃지 않겠다고 하는 사람들이라면 무엇이 그 당시 문제였는지 다시 잘 생각해봐야 하지 않을까요? 2002년 12월에 노무현 대통령이 당선되었는데 2003년 1월부터 바로 반정부시위를 해요. 누가? 개신교가요. 보수개신교가 태극기와 성조기를 들고 호국기도회를 하며 압박을 가합니다. 노무현 정부가 주요하게 내세웠던

4대 개혁입법도 반대했지요. 국가보안법, 과거사진상규명법, 언론 관계법, 사립학교법 개혁이었죠. 사립학교법 개혁은 목사님들이 삭발투쟁까지 하면서, 국회의원들에게 낙선운동을 하겠다고 압력을 가하면서 반대했습니다. 보수개신교가 어떻게 움직이는지를 보면 지금 노무현 대통령 지지자, 문재인 대통령 지지자들이 대통령을 위해서 이전과는 다른 정치환경을 만들기 위해 무엇을 해야 할지 답이 나옵니다. 극렬하게 반동성애운동을 하시는 분들은 어차피 문재인 대통령을 지지하지 않습니다.

문재인 대통령 지지자들에게 부탁드리고 싶은 것은 "하고 싶은 거 다 해"라고 말하기 전에 "이니가 정말 하고 싶은 게 뭐니?"를 물어보는 과정이 필요하다는 것입니다. 당장은 표를 의식하고, 반발을 조금이라도 잠재우기 위해서 그들이 가장 앞에 내세우는 성적소수자 인권이나 차별금지법, 동성혼 등에 반대한다고 거래를 해야 할 것 같겠지만 결국은 자유한국당과 같아질 뿐입니다. 동성애자도, 트랜스젠더도 모두 국민입니다. 사람입니다. 대통령이 국민의 인권을 가지고 거래를 하면 안 됩니다. 그런 거래를 하지 않을 때 정말 더 좋은 정치를 펼칠 수 있습니다. 정치와 종교의 유착고리를 끊어서 더 자유롭게 정치를 할 수 있습니다.

혹 오해하실까봐 말씀드리는데, 꼭 반드시 동성애를 지지해야만 하는 것은 아닙니다. 이것은 각자가 선택할 일입니다. 동성애를 싫어하거나 이해가 되지 않거나 인권 옹호를 도저히 할 수는 없다고 개인적으로 생각하는 것은 자유가 맞습니다. 하지만 자신의 생

126

각을 드러내고 그 생각이 타인에게 영향을 미치는 것도 자유라고 넘어갈 수는 없습니다. 나는 마을 주민인데 마을 주민센터의 공무원이 나를 동성애자라고 민원처리를 잘 해주지 않는다면요? 나는 학교를 다니는 학생인데 교사가 "동성애자는 싫어"라는 말을 수업 시간에 공공연하게 한다면요? 정부가 동성애자에게 세금은 거둬가면서 정작 함께 살아가는 존재가 아닌 양 대한다면요? 다시 말해, 개인이 어떤 자유가 있든 그가 공무원으로서, 교사로서, 국회의원으로서, 기업의 대표로서 등 공적인 위치 내에서는 자신의 생각과 달라도 원칙에 따라야 합니다. 그것이 민주주의입니다.

원칙, 모든 인간은 평등하다는 원칙, 모든 인간은 존중받을 가치가 있다는 원칙요. 자신이 잘못한 것에 책임을 지지만 자신의 존재만으로 억압과 차별을 당해서는 안 된다는 원칙요.

지금 유력한 정치인들은 차별에 반대한다면서 정작 차별을 막는 일을 하지 않습니다. 차별금지법을 만들지 않겠다고 하니까요. 국가인권위원회법이 있기 때문에 차별금지법까지 필요 없다고 합니다. 아닙니다. 국가인권위원회법이 있기에 차별금지법은 더 필요한 상태입니다. 국가인권위원회법은 김대중 정부 때 만들어졌습니다. 정부기관이나 기업 등이 국민들을 대상으로 차별을 할 때 이를 시정하는 기구입니다. 그런데 국가인권위원회법은 차별금지에 초점이 맞추어진 법이 아니라 국가인권위원회라는 기관을 설립하는 데 근거가 되는 법입니다. 국가인권위원회가 더 일을 잘하기 위해서는 실제 차별을 줄이기 위해 교육하고, 조사하고, 시정하는 절차와 권한과 예산을 부여하는 기본법이 필요합니다. 그래서 김대중 정부를 계승한 노무현 정부에서 차별금지법을 제정하려고 했던 것입니다. 노무현 정부가 만들려고 한 법입니다. 그래서 차별금지법은 2012년 대선 때 문재인 후보의 주요 공약 중의 하나였습니다. 2017년 대선에서 그 공약이 빠진 것은 명백한 후퇴입니다. 그렇다면 왜 입장을 바꾸었는지 질문하지 않을 수 없지요. 역시 이유는 하나뿐입니다.

정말 궁금합니다. 문재인 대통령이 차별금지법을 만들겠다고 했으면 대통령이 되지 못했을까요? 선거에서 떨어졌을까요? 아뇨. 아마 그래도 당선되었을 겁니다. 역대 대선에서 최다 득표 차였습니다.

저의 이야기의 결론은 이러합니다. 동성애에만 집중하는 것이 오히려 저쪽 프레임에 말려드는 것입니다. 동성애에 대해서는 어떻게 봐야 할지 선뜻 빠르게 판단하기 힘들 수 있어요. 우리는 오랜 시간 동안 이성 간의 사랑과 섹스만이 옳다고, 정상이라고 믿었습니다. 그런 교육을 받았고 동성애는 '비정상'이고 '변태'라는 말도 많이 들었고요. 바로 그런 이유로 지금 한국사회에서 보수진영의 정치가, 극우개신교가 동성애를 자신들의 방패로 삼는 것입니다. 그러니 상대의 함정에 빠지지 않으려면 애당초 이 논의가 왜 전개되었는가로 시각을 더 넓혀야 합니다. 뚜렷하게 싸움의 대상을 직시해야 합니다. 저는 그것이 지금 정교유착이라는 것을 말씀드렸습니다.

　천주교는 임신중절을 반대할 수 있습니다. 교리상 낙태를 인정할 수 없다고 주장할 수도 있습니다. 하지만 천주교의 교리에 어긋난다고 해서 정부가 낙태를 계속 불법으로 만들고 여성들만 억울하게 처벌받는 법을 유지할 수는 없습니다. 종교가 자신들이 지키고자 하는 가치를 실현하는 방법은 정부에 자신들의 주장을 관철하는 것이 아닙니다.

　군사독재정권 시절에 종교인들은 맞서 싸웠습니다. 정권을 비판하는 발언을 하고, 집회에 참여하고, 지명수배자들을 숨겨주기도 했습니다. 이것도 정치활동이지 않느냐 말하는 이들도 있습니다. 이때는 종교의 힘을 정부에 발휘하고자 했던 것이 아니라 정부가 억압하고 괴롭히는 이들을 보호하기 위한 것이었습니다. 가난하고 힘없는 이들의 옆에 서서 그들을 핍박하는 이들에게 함께 대항하는 것은 정교분리의 원칙을 어기는 것이 아닙니다. 정교유착의 문제는 힘있는 자들끼리 기득권을 계속 나누어 먹으려고 한다는 것에 있습니다. 이런 면에서 관심을 갖자는 것입니다.

　강의를 들으러 오신 분들이라면 아마 민주시민으로 산다는 것에 대한 관심과 고민이 있으신 분들일 거라 생각합니다. 그래서 말씀드립니다. 지금 한국사회에서 유감스럽게도 종교는 가장 오래되고 강력한 적폐입니다. 정치가 종교화되면 정치인은 정치를 하는 사람이 아니라 '시대의 구원자'로 신봉됩니다. 종교가 정치화되면 종교인은 약자를 돌보는 것이 아니라 권력의 배후를 자처합니다.

정치와 종교가 서로 호환되기 쉽다는 것은 그 사회가 위험에 빠져 있다는 의미이기도 합니다. 기득권을 유지하고 확대하는 데 관심이 있는 정치인과 종교인들이 합작으로 만들어내는 혐오정치가 횡행합니다. 이때 동성애에 집중해서, 동성애가 정말 옳은지 그른지에 집중하면 '저쪽' 프레임에 말려드는 겁니다. 바로 그런 효과를 노려서 동성애를 먹잇감으로 가져오는 거거든요. 전염병이 도는데 전염병 예방에 집중하지 않고 여성들을 마녀로 만드는 것에 집중하는 것처럼요. 민주시민으로서 민주주의의 실현을 고민할 때, 뚜렷하게 싸움의 대상을 찾아야 하지 않을까 합니다. 저는 그 싸움의 대상이 한국 근대사에서 뿌리깊어진 정교유착이라고 생각합니다. 정치와 종교가 주고받는 거래에 주목해야 합니다. 이것이 제가 오늘 준비한 강의의 메시지였습니다. 감사합니다.

●

**질
의
응답**

●

Q. 우리 사회에서는 성서비평과 성서해석이 활발하지 못한 것 같습니다. 이런 상황에서 평신도는 성서에 거부하기 어렵기 때문에 동성애가 죄로 받아들여집니다. 성경의 해석이 좁고 다양하지 못한 것이 더 심각한 문제인 것 같은데, 어떻게 생각해야 할까요?

A. 해석이 곧 권력이죠. '이건 이렇게 해석하라'고 정하는 것이 바로 권력을 발휘하는 거죠. 성경의 해석을 독점하는 것이 권력의 독점입니다. 성직자의 말과 해석은 사람의 것인데도 너무 쉽게 신의 권위를 입습니다. 평신도가 성경의 해석을 거부하기 힘들다고 하지만 성경의 해석을 독점한 이들을 거부하기 힘들어하는 건 아닐까요?

한국에 개신교가 교세를 확장하는 데 여성들이 상당 부분을 담당했어요. 남성보다 여성이 먼저 개신교를 받아들였죠. 십일조 문화가 낯설어 사람들이 십일조를 안 내니까 어떤 여성분이 자기 머리카락을 팔아서 십일조를 내겠다고 해서 분위기를 바꾼 일도 있습니다. 조선 말기의 여성들은 개신교를 왜 그렇게 적극적으로 믿었을까요? "신 앞에 모두는 평등하다"는 말에 마음이 움직였기 때문이었겠죠. "신이 모든 인간을 귀하게 만들었다"는 말이 심금을 울렸을 거예요. 그렇게 시작했던 개신교가 왜 이리 문제가 있는건가요?

전체 교인 중에 여성이 70퍼센트에 달하는데도 성폭력을 저지른 목사를 처벌하기는커녕 더 감싸주고, "기저귀 차고 어디 강단에 올라가냐"며 여성에겐 목사 안수도 허용하지 않는, 이토록 성차별적인 종교를 이끄는 분들이 이제는 헌법이나 국가정책 안에 '성평등'이라는 단어는 절대 들어가면 안 된다며 반대하십니다. 이분들이 '양성평등'을 주장하십니다. 이분들의 양성평등은 남녀의 동등함이 아니라 남자다움과 여자다움, 남자의 역할과 여자의 역할을 각자 잘 지키는 것을 뜻합니다.

평신도들은 성경에 있는 말씀을 믿기 때문에 동성애에 대한 편견이 강해질 수밖에 없다고 합니다만, 저는 그것이 원인이라고 생각하지 않습니다. 성경에는 가재와 돼지고기를 먹지 말라는 말도 있지만 그 말씀을 동성애에 대한 금지처럼 지키는 분들은 거의 없습니다. 편견에 저항하지 않는 것이 문제이고, 단 하나의 해석만이 절대적으로 확대 유통되는 것이 문제입니다. 이 구조랑 싸워야 합니다. 편견을 가진 사람이랑 싸우는 게 아니라 편견을 확대 재생산하는 구조랑 싸워야 해요. 사람 하나하나와 싸우는 것이 아니니 좀처럼 생각을 바꾸지 못하는 기독교인들에게 답답해하지 말고, 우리는 더 냉정하게 구조를 바라봐야죠.

Q. 동성애를 반대하는 사람과 싸운다기보다 토양과 제도, 구조와 싸우라는 이야기는 처음 들어보았습니다. 그래서 강의를 듣고 나서 지금 혼란스럽습니다. 어떻게 싸우면 좋을까요? 그리고 당장 주말에 '이니' 팬인 친구들과 만나야 하는데 어떻게 해야 할지요?

A. 일단 저는 일상생활의 대화에서부터 '이니' 팬들을 쉽게 비난하지 않았으면 좋겠어요. 원래 '팬문화'는 그 스타를 같이 좋아하는 사람이 아니면 이해가 안 됩니다. 대통령과 국민의 관계가 스타와 팬의 관계가 되는 것이 어색한 일이며, 권력을 감시하고 견제하는 것이 불가능하므로 안 된다는 지적도 있습니다만, 그렇다고 한들 팬을 자처하는 이들이 이미 있는 것을 어떻게 할 수도 없습니다.

구조와 싸우자는 것은 내 눈앞의 사람에게, 내 옆의 사람에게 감정을 쓰지 말자는 의미입니다. 작은 팁을 드린다면 친구들과의 대화에서 옳고 그름을 바로 잡기 위해서 너무 감정을 쓰지 마세요. 가까운 주변 사람들과 감정을 섞어서 말하면 서로 상처만 남을 뿐이거든요. 대화나 토론이 안 되죠. 그래서 감정을 소비하지 않겠다고 마음을 미리 다잡는 게 필요합니다. 그리고 중요한 건 이겁니다. 감정을 섞지 않고 끝까지 나의 입장을 명확하게 밝히는 것이죠. 2017년 대통령선거에서 심상정 후보가 5위를 했습니다. 하지만 심상정 후보는 매우 강력한 인상을 남겼습니다. 토론회에서 심상정 후보가 쓴 1분이 감동을 준 것은 동성애를 찬반으로 다룰 수 없다고 명확히 자신의 입장을 밝히는 데 썼기 때문입니다.

의견과 생각이 다른 사람들과 이야기를 할 때 두 가지 길이 있습니다. 의가 상할 때까지 싸우고 자리를 박차고 나오거나, 의가 상할까봐 내가 입을 다물고 아무 말도 하지 않거나 둘 중의 하나죠. 둘 다 어려운 일입니다. 그래서 제가 권해드리는 것은 의가 상하지 않기 위해 침묵은 하더라도 마지막 한마디는 하자는 거죠. "나는 너의 의견에 동의하지 않는다"는 말.

동성애가 죄악이라고 말하는 교회 다니는 친구의 말, 동성애자들이 대통령에게 해를 끼친다고 말하는 친구의 말, 동성애자의 인권을 너무 챙기는 건 좋지 않다고 말하는 친구의 말에 논쟁을 하다가 감정이 서로 상할 것 같으면 그만두어도 좋습니다. 하지만 너의 말에 동의하지 않는다고만 명확하게 말하세요. 내가 내 마음과 의지를 챙기고, 상처받지 않고, 무기력해지지 않는 것이 가장 중요합니다.

논쟁을 하다보면 우리는 이기고 싶어집니다. 그래서 상대가 "너의 말에 내가 설득되었어"라는 말을 듣고 싶어지죠. 하지만 기대하지 마세요. 우리 모두는 엄청난 달변가가 될 수는 없습니다. 늘 많은 정보와 지식을 머리에 넣어두었다가 상대가 무슨 말을 할 때마다 "그건 이런 거고, 저건 그런 거고" 이렇게 따박따박 반박할 수도 없고요. 상대방은 나의 말솜씨에 넘어오는 것이 아닙니다. 자신과 다른 입장도 있을 수 있다는 것을 깨닫는 순간에 스스로를 의심하면서 변화가 생깁니다.

그리고 '이니' 팬들에게 이 이야길 좀 전해주세요. 지금 가장 대통령을 적대시하는 자들이 누구인지 보시라고. 지난 시기, 노무현 대통령을 힘들게 하고 공격했던 이들이 누구였는지, 그들이 왜 그렇게 움직였는지 말입니다. 동성애가 아니라 관심을 가져야 할 주제는 '정교유착'입니다. 이 고리를 끊어내는 것이 얼마나 중요한지 여기에 대해 '이니' 팬들과 이야기를 나눌 수 있길 기대합니다.

페미니즘 없이 민주주의 없다

: 광장에서 사라진 목소리에 대해

권김현영

진영논리, 편을 나누는 힘

안녕하세요. 오늘 강의를 맡은 권김현영입니다. 정치와 관련된 강의를 할 때는 저를 페미니스트 '정치덕후'라고 소개하곤 합니다. 많은 페미니스트들이 소위 '현실'정치의 남성중심성 때문에 정치에 관심을 끄거든요. 정치에 관심이 있으면 '권력지향적'이라는 뒷담화의 대상이 되는 일도 자주 있습니다. 그래서 저는 정치에 관심이 많다는 걸 좀 소박하게 드러내는 방식으로 저를 '정덕'이라고 했더니, 다들 왜인지 모르지만 좋아하시더라고요(웃음). 오늘 제가 할 이야기는 지난 10년간 한국의 정치에서 여성들이 어떻게 등장했다가 사라지기를 반복해왔는가에 대한 이야기입니다. 다른 말로는 한국의 민주주의가 좌우 진영 관계없이 남성들의 독과점체제를 어떻게 유지해왔는가에 대한 비판이 오늘 강의의 요지입니다. 여성의 삭제와 남성의 독과점을 가능하게 한 힘이었던 진영논리의 문제부터 이야기를 시작하겠습니다.

'적폐청산의 시대'라고들 합니다. 세계에서 가장 오래된 적폐라고 하면, 누가 뭐래도 성차별이겠지요. 한국정치의 가장 오래된 적폐 역시 성차별문제를 빼놓고 얘기할 수는 없습니다. 단순히 여성정치인 몇 명이 진출했느냐, 여성대통령이 탄생했는가, 이런 차원의 이야기가 아닙니다. 대표적인 여성정치인 중에 적폐세력에 가담하신 분들도 꽤 많으니까요. 그렇다고 적폐가 아닌 사람으로 골라 뽑자는 얘기를 하려는 것도 아닙니다. 어떤 입장이든 관계없이 과소대표되고 있는 여성정치인의 '숫자' 자체를 늘리는 건 중요하니까요. 아니, 그러면 "진보나 보수보다 페미니즘이 우선이냐"고 볼멘 질문을 하시는 분도 있습니다. 맞아요. 이 질문이 핵심입니다. 진보나 보수가 '우선'이라고 생각하는 거요. 그게 유일한 판단기준이 되는 것이요. 이게 이제부터 제가 얘기하고자 하는 핵심입니다. 진보와 보수를 나누는 판단기준을 독점하는 힘이 바로 진영논리입니다. 저는 지금의 한국정치가 근본적으로 변하지 않고 있는 이유가 바로 이 진영논리라고 생각합니다.

진영논리가 무엇일까요. '진영'이라는 말은 영어로는 '캠프 camp'로 번역됩니다. 대립하는 세력의 각 편을 뜻하는 말입니다. 진영논리가 힘을 발휘한다는 말은 곧 '편 가르기 정치'를 하고 있다는 말입니다. 그렇다면 '편 가르기가 다 나쁜 일일까?'라는 의문을 가져볼 수 있습니다. 저는 편 가르기 자체가 다 나쁜 일이라고 생각하지는 않습니다. 어떨 때는 선명한 입장을 추구하기 위해, 혹은 정의를 위해 편을 분명히 드는 것이 필요합니다. 이런 경우에는 편이 나뉘어 싸우면 싸울수록 서로 이기기 위한 더 나은 논리와 방법이 제안되기 때문에, 어떻게 보면 싸움 자체가 모두를 위해 이로운일이 됩니다. 제대로 편을 안 가르는 게 더 문제가 되겠죠. 상황을 이해하는 내용상의 이견이 분명한데도 적당히 같이 있다가 수면 아래에서 세력 다툼을 이어가다보면 무엇을 위해서 편이 갈라졌는지도 알 수 없게 되죠. 이때 편 가르기의 목적은 오직 권력에 있게 됩니다. 박근혜 대통령은 후보 시절, 토론에서 말이 막힐 때마다 이렇게 말한 바 있죠. "그러니까 제가 대통령을 하려는 것 아닙니까?" 권력에의 의지가 토론을 멈추게 한다는 것을 이보다 더 분명하게 보여주는 장면은 없었습니다.

편 가르기의 목적이 상대방의 절멸에 있을 때 정치는 그냥 싸움판이 됩니다. 몇몇 정치인들 사이의 원한관계로 이미 편이 갈려 있는 상태에서 이기기 위한 싸움이 아니라 상대방을 지도록 하는 데 훨씬 더 많은 노력을 기울이는 장면을 종종 볼 수 있죠. 일단 대립이 격화되고 편이 확 나뉘면 각 편이 추구하는 정치의 내용이 무엇인지는 그다지 중요해지지 않습니다. 이렇게 되면 구체적인 실행기획과 청사진은 다 사라져버리고, 뼈대만 앙상하게 남게 됩니다. 조지 레이코프의 말을 빌리자면, '프레임화cognitive frame'에 갇힌 정치언어가 힘을 발휘하게 되는 순간이죠. '종북'이나 '빨갱이' 같은 말, 최근에는 '메갈' 같은 말이 그렇습니다. 진영이라는 것 자체가 논리의 전부가 되는 것, 이것을 저는 진영논리라고 부릅니다.

진영논리가 득세할 때

그렇다면 진영논리가 득세하는 순간은 언제일까요. 인류학자 클리퍼드 기어츠는 전쟁이나 재해 등으로 인해 사회 자체가 붕괴되었을 때, 구성원들이 함께 살아간다는 느낌, 앞으로 어떻게 살아야 한다는 방향감각 등을 상실했을 때 이러한 진영논리가 정치의 장에서 힘을 가진다고 분석합니다. 진영논리를 구사하는 자들은 문제해결 능력이 없거나 혹은 문제해결에는 관심이 없기 때문에, 이들이 구사하는 이데올로기는 매우 이미지적인 것이 됩니다.

다른 말로 하자면, 이데올로기가 무대화舞臺化, theatrize된다고 할 수 있을 겁니다. 사회구성원들이 공유할 수 있는 의미와 사상이 부재할 때 이데올로기는 의미와 사상에 대한 추구가 아니라('나는 자유와 평등을 추구한다') 자격과 정체성의 선언('나는 진보/보수주의자이다')이 되는 것이죠. 이런 식의 진영논리가 공론장의 규칙이 되기 시작했을 때 생기는 가장 큰 문제 중 하나는 공론장의 의제가 독점된다는 겁니다. 진영과 관련된 것, 진영에 도움이 되는 것만 중요해지죠. 다양한 사회집단의 요구는 현실정치라는 이름으로 거절당하기 일쑤입니다. 우리 사회에서 인권, 환경, 여성 같은 의제들이 어떤 취급을 받아왔는지를 보세요. 언제나 나중으로 미루어졌습니다.

선거는 언제나 진영논리가 도드라지는 순간입니다. 그중에서도 특히 뜨거웠던 순간을 복기해보겠습니다. 최초의 남한 단독선거를 치렀던 1948년, 선거를 할 건지 말 건지부터가 논란의 중심이었습니다. 신생 독립국가라는 조건에서 한반도를 둘러싼 국제정치 지형이 더해지고, 식민지 시절의 권력을 제대로 정리하지 못한 상태에서 독립운동의 여러 분파들이 서로 자신들이 역사의 정통이라고 주장하는 때였으니, 혼란은 당연한 일이었습니다. 이 상황에서 선거를 치러내고 행정부를 구성하여 초대 엘리트관료를 구성해야 하는데, 이 사람이 뽑을 만한 사람인지 아닌지를 알기가 쉽지 않죠. "독립운동을 했다고 하는데 만주에서 뭘 했는지 알 게 뭐야"라는 식의 말을 상대편에서 하면 꼼짝없이 당하기 쉬운 조건이었던 셈입니다. 선거 후보자를 검증하려면 안정된 사회가 있어야 하는데, 식민지 조선에서 사회라는 것은 허약하기 짝이 없었습니다. 이럴 때 후보자들은 '나를 선택하라'라는 이야기를 하기 위해 진영논리를 사용하게 됩니다. "저 사람이 바로 그 빨갱이요", 이런 식으로요.

이명박 정부의 탄생

하지만 종북몰이, 빨갱이 낙인찍기는 더이상 힘을 쓰지 못하게 되었습니다. 적어도 2002년 월드컵 때 붉은 악마가 거리에 나온 이후 빨간색은 더이상 빨갱이들의 색이 아니게 되었죠. 구태의연한 진영논리는 점점 힘을 잃어가는 것처럼 보였습니다. 그런데 말입니다. 진영논리가 가장 힘을 쓰지 못하는 것처럼 보일 때 탄생한 정권이 이명박 정부입니다. 저는 이명박 대통령이 탄생하게 된 주요한 정치적 환경의 변화 속에 지금도 우리가 큰 영향을 받고 있다고 생각합니다. 이명박씨는 압도적인 표 차이로 당선됩니다. 1987년 이후, 가장 인기 없는 선거였고, 가장 인기 있는 대선 후보였습니다. 아이러니한 일이었습니다. 이명박씨가 대통령에 당선된 이후 비판자들은 이명박 정부를 파시즘이라고 이야기하고 싶어 했습니다. 한참 광우병 촛불시위가 열릴 당시, 광화문 근처에 있던 저는 넥타이를 맨 30~40대 남성들이 시위대를 진압하던 경찰에 맞서 손을 번쩍 들고 "독재정권 타도하라, 파쇼정부 물러나라"라는 구호를 외치는 광경을 목격한 적이 있습니다. 물음표가 100만

개쯤 떠올랐습니다. 당시 광우병 촛불시위에서 울려퍼지던 구호는 "대한민국은 민주공화국이다", "식량주권 확보하라. 대운하 폐기하라" 이런 것들이었습니다. 저 구호는 당시 광장에서 공유하던 인식 중 일부였겠지만 분명히 소수의견이었습니다.

소위 '386시대를 살았던 운동권'들은 종종 이명박 정부를 파시즘이라고 말하곤 했습니다. 말도 안 되는 소리였다고 생각합니다. 일단 파시즘을 하려면 미학적인 게 너무 중요하잖아요. 그런데 이명박 정부처럼 미학적이지 않은 정부가 없어요. 이명박 정부는 정말 탈미학이라는, 천민성이라는 것을 있는 그대로를 보여주는, 인간의 속물성을 그대로 보여주는 방식을 썼어요. 엘리트주의나 선민의식으로 대중을 지도하고 전체주의적인 청사진을 보여준 파시스트들과는 다른 모습이었죠. 오히려 모든 위선을 반대하고, 극도로 실용주의적이며, 각자도생이 유일한 살 길이라고 말한 것이 이명박 정부가 보여준 정신이었습니다. 여러 가지로 너무…… 미학적이지 않죠(웃음). 그러니까 그가 대중을 매혹시키는 능력을 가지고 있었다기보다는 어떤 시대정신의 결과로 이명박이라는 인물이 탄생했다고 보는 게 맞을 겁니다. 결국 누가 찍어줬는가의 문제겠죠.

이명박은 "모두를 부자로 만들어주겠다"고 했습니다. 그를 지지했던 이들은 '우리는 이념갈등에 지쳐 있어. 더이상 진영논리에 휘말리지 않고 실용적인 정책결정을 하는 정치지도자가 필요하다'고 생각했습니다. 정치가 아니라 경제를 원해서였다고 분석하는 기사들이 나왔습니다. 사람들은 금세 실망했죠. 우리는 실용적인 일꾼을 원했는데, 불통의 권위주의를 발휘하다니. 실용적인 정책을 펼칠 것이라고 생각했는데, 실용적이지도 않고 타당성 검토도 제대로 하지 않는데다가, 어딘가 의심스러운 이유로 정책이 결정되는 것을 보면서 지지율은 아주 빨리 냉각됩니다. 이게 이명박 대통령을 둘러싼 정치환경이었죠. 대중들의 마음은 아주 금방 식어버립니다. 그러니까 저는 이명박은 정치세력으로서 지지받았던 것이 아니라, 중도실용주의라는 시대정신으로 지지받았었다고 생각합니다. 그리고 이런 시대정신을 잘 구현할 수 있는 정치인을 지금도 대중은 찾고 있습니다. 문국현부터 안철수에 이르기까지 대중에게 '불려나온' 정치인들을 보면 알 수 있는 사실이죠.

광장의 민주주의에서 정치 무관심으로

다시 과거로 좀 돌아가면, 이명박 대통령 이전에는 노무현 대통령이 있었습니다. 이보다 더 뜨거울 수 없는 정치인으로서의 노무현에서 어째서 가장 탈정치적인 이명박으로 이동했을까요. 이런 비약은 어떻게 가능해졌을까요. 광장을 중심으로 생각을 이어가보죠. 우리가 2016년부터 2017년에 걸쳐 1년 동안 광장의 민주주의를 통해 세계시민상도 받았지요. 누가 뭐래도 굉장한 일입니다. 무혈혁명으로 정권을 바꾸는 데 성공한 나라가 많지 않으니까요. 대단히 자부심을 느낄 만한 일이었죠. 광장에서 시민들이 모여 있어도 특별한 유혈사태가 일어나지 않았습니다. 지금도 집회를 금지하는 독재국가에서는 상상하기 어려운 일이죠. 우리도 모이기만 하면 해산당했었지요. 그런 일 없이 광장에 모일 수 있게 된 건 2002년부터였습니다. 2002년, 사람들이 붉은 옷을 입고 축구를 응원한다고 광장에 모였을 때 드디어 한국사회에는 '빨갱이 콤플렉스'가 없어집니다. 새누리당이 당 색깔을 빨간색으로 할 수 있게 된 셈이랄까요. 그리고 이렇게 사람들이 모여도 혁명이 일어나거나 세상이 뒤집어지지 않을 것이란 기대가 형성됩니다.

직접민주주의가 가능한 광장의 장이 열렸던 것이 2002년 월드컵부터였습니다. 월드컵 이후 한국사람들에게 광장이란 참여의 장이자 축제의 장으로 굉장히 익숙한 공간이 됩니다. 그전까지 광장이 특정한 이념적 행동을 표출하는 공간으로 상정됐다면 2002년 이후부턴 조금 더 일상적 공간으로 이동하게 되었죠. 그리고 월드컵 응원 열기 속에 잊힌 비극적인 사건, 두 여중생의 참혹한 죽음이 대중들에게 알려지면서, 소위 미국에 대항하는 시위가 특정 진영의 이데올로기를 넘어 대중시위로 열리게 되는 일도 가능해집니다. 그렇게 열린 광장의 힘이 노무현이라고 하는 의외의 인물을 당선시키게 만드는 힘을 발휘하게 됩니다. 그러니까 참여민주주의는 "깨어 있는 시민의 조직된 힘"을 통해 가능하다는 생각을 하게 된 것도 이 당시의 주요 정치적 담론이기도 했습니다. 이후 광장은 한국의 주요한 정치적 사건에서 결정적 힘을 발휘합니다. 2004년 3월 12일, 한나라당 국회의원 193명이 대통령 탄핵발의를 가결합니다. 광장은 다시 움직였습니다. 같은 해 4월 15일에 열린 17대 국회의원선거에서 열린우리당은 152석, 과반의 의석을 얻습니다.

같은 해 5월 14일 헌법재판소는 탄핵소추안을 기각하는 결정을 내립니다. 여당이 다수당이 되고 여당이 배출한 후보가 대통령이 되는, 권력구도라는 것으로 봤을 땐 부족함이 없는 상황이 만들어졌습니다. 저는 이때부터 한국의 민주주의 지형도라는 것이 조금 달라질 수밖에 없었다는 생각을 합니다.

기본적으로 한국의 대의민주주의는 3권 분립을 통해 3권이 각각을 견제하는 방식으로 존재하고 있었는데, 사람들이 노무현 대통령의 탄핵을 보고 난 이후, 3권이 분립되었을 때 내가 뽑은 행정부의 수반이 탄핵당할 수 있다는 위기를 가만두지 않겠다는 이유로 권력을 몰아줬습니다. 그러니까 민주주의와 관련해 대중들이 흥미로운 대중적 움직임을 보인 것입니다. 대의민주주의에서 할 수 있는 모든 행동을 한 이후, 당연히 대중들은 정치가 변하고 세상이 나아질 것이라고 생각했습니다. 하지만 다양한 형태의 방해와 공작, 마타도어에 시달리고, 정권의 정책방향이 좌표를 잃어버린 것처럼 보이면서 노무현 대통령의 지지율은 급격하게 떨어집니다. 언론의 조작과 그에 놀아난 대중이라는 구도만으로는 충분하지 않았다고 생각합니다. 정치 자체에 대한 흥미가 떨어져버렸다는 게 문제였습니다. 권력을 몰아줬는데도 변화가 생기지 않는다니, '정치 별거 아니구나'라는 생각이 퍼진 거죠. 저는 "권력은 시장에 넘어갔다"라는 말이 좀 결정적이었다고 생각합니다. 노무현 대통령이 기업인들에게 던진 신년 덕담 수준의 말이 와전되어 퍼졌습니다만, 이 말의 힘이 강력했던 이유는 그게 사실이었기 때문일 겁니다. "권력이 시장에 넘어갔다"는 말은 눈에 보이지 않거나 정치적 환경에서 드러나지 않은 방식으로 실제로 의사결정을 움직이는 힘이 있다는 것을 짐작하게 해줍니다. 2005년에 등장한 이 말과 함께 이명박 대세론이 시작된 것도 의미심장한 일입니다. 2007년 이명박 대세론은 굳건해집니다.

이명박은 배고픕니다

이명박 대통령이 후보 시절에 썼던 이미지나 팸플릿 등을 보면 반복적으로 '먹는 장면'이 등장합니다. 맛있게 먹는 게 아니라, 게걸스럽게 먹죠. "이명박은 배고픕니다"라는 문구가 선거팸플릿에 등장합니다. 당시 이 선전물을 보고 굉장히 황당했던 기억이 지금도 생생합니다. '네가 배고파서 밥을 먹는데 난 왜 보고 있어야 하는가'라는 심정이었달까요(웃음). 전 지금도 참 '먹방'을 싫어하는데, 우리는 왜 남이 먹고 있는 모습을 그렇게 넋을 놓고 보게 될까요. 혹자는 일본 경제침체기 때 유사한 현상이 등장했다고 말하기도 하고, '음식 포르노그래피'라는 말도 나옵니다. 미식을 하는 시간이 아니라, 음식을 먹는 것 자체를 보는 건 이전에는 매우 예의 없는 일이었잖아요. 그런데 이명박은 후보 시절 그렇게 먹고 다니고, 그걸 자꾸 대중에게 노출합니다. 먹고사는 것이 가장 중요한 가치가 되고, 정치는 경제의 뒤에 숨었습니다. "쌈박질 그만하고 경제 꼭 살려라", "성공하세요" 이런 식의 말이 나옵니다. "성공하세요"가 정치공약으로 나왔다는 게 너무 놀랍죠. '될지어다'인가요

(웃음). 이때부터 정치는 기복신앙과 유사하게 됩니다. '성공하세요', '행복하세요'. 마치 대통령이 국민 개개인의 소원을 들어주는 신이 되는 것 같지 않나요. '돈 많이 벌고 행복하게 해주세요' 하는 식의 구체적인 개인의 행복과 관련된 구체적인 욕구가 정치의 공약으로 굉장히 중요하게 들어오게 된 순간. 이것이 이명박 정부의 시대정신이었습니다.

가장 그를 열렬하게 지지한 사람들은 누구였을까요? 선거 결과를 보면, 분명한 경향성이 드러납니다. 40대 서울 남자. 이명박 대세론을 만들어 낸 것은 40대 남자들이었습니다. 특히 서울에 있는 40대 남자들은 매우 압도적인 지지를 보냅니다. 이명박 대통령이 후보가 되기 1년 전 2006년 12월 〈한겨레21〉에서 설문조사를 하는데요. 이때 서울 지역에 사는 40대 남녀 78퍼센트가 산업화세력에게 정권을 주겠다고 대답했습니다. 이 '산업화 vs 민주화'라는 프레임은 2010년 이후 '일베'에서 아주 본격화되었죠. '일베' 유저들은 게시글의 추천 아이콘을 '일베로(=좋아요=산업화)', '민주화(=싫어요)'로 사용합니다. 정치적 지향으로 말하자면 실용주의적 신자유주의 노선을 산업화세대라고 이야기합니다. 40대 서울 남성들은 스스로 민주화를 위해 싸웠으나 이제는 경제적 안정을 간절히 원하고 노무현에게 커다란 실망을 가지고 이명박에 표를 줍니다.

40대 남자들이 항상 좀 문제입니다. 이들이 사회의 가장 주류 세력이거든요. 2017년 11월에 화제가 된 단어 중 하나는 '영포티'입니다. 자신이 아직은 젊다고 생각하는 40대 남자에 초점을 맞춘 말이죠. 드라마 〈도깨비〉(2016~2017)에서는 김고은과 공유가 사귀고, 오늘은 아이유와 이선균이 연인으로 캐스팅되었다는 불행한 소식을 들었습니다. 한국의 20대 여자들이 무슨 죄를 지어서 이런 일을 겪고 있는지 모르겠지만(웃음), 40대 남성들의 자기중심주의라고 하는 것은 지독할 정도로 한국의 사회·정치적 환경을 지배하고 있습니다. 하여간, 2008년 당시 40대 서울 남자들은 '이명박 대세론'에 빠졌습니다. 이들이 가장 중요하게 여겼던 것이 경제였어요. 한때는 한국사회 민주화를 이끌었던 그 세대가, 전 세대를 통틀어 가장 진보적인 그 세대가 왜 이명박을 뽑고, 왜 신자유주의 경제논리에 그토록 매혹당했을까요.

이명박 시대의 주역

2008년에 40세가 된 1968년 88학번 A씨, 대표적인 386세대입니다. 편의에 따라 다음과 같이 386세대를 분류해보겠습니다. 이들은 대략 1964~1971년생까지로, 1987년 민주화투쟁을 대학 시절에 경험했습니다. 화염병을 동반한 시위가 일상적이었던 1991년 분신정국을 겪었던 이들까지를 386세대라고 부르기도 합니다. 정치적으로 스스로 진보적이라 믿고 있으나 경제적으론 보수적입니다. '전대협(전국대학생대표자협의회)동우회'의 '동지들'과 인터뷰를 한 최상명은 전대협 출신들의 사회의식 조사 결과, 이들은 정치적으론 진보적이나 경제적으로는 보수적이라고 설명합니다. 이 세대는 정치와 경제를 분리합니다. 경제적으로는 이해관계를 충실하게 추구하고 정치적으로는 민주화운동 당시의 기억을 바탕으로 자신들을 진보적이라고 생각합니다.

그럼 이 386세대들이 한국사회에서 어떤 삶을 살았을까요. 가장 운이 좋았던 시기를 살았다고 해도 과언이 아닙니다. 1968년생 A씨는 대학입학이 가장 쉬웠던 시대에 태어났고, 취업이 가장 쉬울 때 졸업합니다. 영어시험을 요구하는 곳도 적었고, 학점이 3.0을 넘지 않아도 대기업을 들어가는 데 별문제가 되지 않았던 시대입니다. 물론 남자일 경우에 말이죠. 제가 학교를 다닐 때도, 87학번부터 90학번까지의 선배들은 매일 과방에서 놀거나 술을 마셔댔고, 학점도 엉망이었습니다만 상당수가 대기업에 들어갔습니다. 과마다 졸업생 취업추천서가 몇 장씩 비치되었는데, 여자들에게는 한 번도 그 추천서가 돌아온 적이 없었습니다. "어차피 여자들은 가져가도 쓰지 못하잖아"라면서 여자선배가 추천서 얘기를 꺼내자마자 말을 자르던 남자선배의 얼굴이 지금도 눈에 선합니다. 하지만 운동권이었던 선배들은 취업에 어려움을 겪기도 했었죠. 그중 많은 수가 학원강사로 사교육시장에 진출했습니다. 꽤 돈을 많이 벌었다는 소문도 이곳저곳에서 들려오곤 했습니다. 또한 이들이 부모가 되면서 가장 열성적인 사교육의 소비자가 되기도 하죠 (물론 이 와중에 몸과 마음을 다쳐 영원히 취업을 할 수 없게 된 선배도 있고, 소식이 끊긴 분들, 여전히 선한 마음으로 공공적인 일을 하는 분들은 도처에 있습니다. 여기에서 말하는 분들은 2008년에 이명박을 찍었던 분들에 대한 이야기라고 생각해주세요).

페미니스트 경제학자들이 계속해온 얘기지만, 1997년 경제위기는 여성의 위기였습니다. 하지만 이는 남성의 위기로 재현됩니다. 당시 텔레비전 프로그램과 언론은 너도나도 '고개 숙인 아버지', 그중에서도 미취학 아동을 키우는 40대 아버지의 막막함을 중심으로 경제위기의 어려움을 그려냈습니다. 후에 통계를 보니, 바로 당시 40대 남성들이 구제금융의 타격을 가장 적게 받은 세대였습니다. 41~49세 남성들이 가장 영향을 덜 받았고, 그다음은 31~39세 남성들의 순서였습니다. 가장 큰 타격을 받은 집단은 보험 및 금융산업에 종사하던 30~49세 여성들과 자영업의 붕괴로 아르바이트를 할 곳이 없어진 10대 여성들이었습니다. 386세대 남성들의 행운은 이에 그치지 않습니다. 이들은 2000년대 초반 부동산시장 폭등을 이끈 주체이자 가장 큰 수혜자였습니다. 이들이 집을 살 수 있는 시기, 이제 취업해서 자리를 좀 잡아가니 내 집 마련을 해볼까 하는 시기에 구제금융 여파로 폭락한 부동산이 눈앞에 왔던 거죠. 내 옆에 있는 친구는 얼마를 벌었고, 직급과 소득세 수준은 상관없더라는 이야기가 일상적으로 등장하던 때였습니다. 거기에 패배의식과 피해의식을 느낄지언정 수많은 기회를 눈앞에서 볼 수 있었던 세대이기도 합니다. 아마 자기 손으로, 자수성가로 내 집 마련이 가능했던 마지막 세대일 겁니다. 그리고 그 세대가 주도해서 집값을 계속 상승시키죠. 이들의 인구가 전국에서 가장 많습니다. 인구 집계 이후 가장 많이 태어난 1971년생, 이들이 110만 명입니다. 그리고 그 앞뒤로 인구가 가장 많습니다. 인구가 많은 집단은 정치적으로 유의미한 집단이 됩니다. 40대 서울 남성의 힘으로 이명박을 지지하겠다는 분위기가 만들어졌을 때, 돌이킬 수 없는 대세가 만들어질 수 있다는 말이죠. 이들의 선택은 사회적 운의 독점과 깊은 관련이 있습니다. 이들은 개별적으로 경험한 경제적 이해관계를 통해, 혹은 주변의 경험을 통해 구제금융 이후의 신자유주의체제가 자기에게 결코 불리하지 않다는 것을 여러 가지로 경험합니다. 그리고 그 경험의 결과가 이런 선택으로 이어진 셈이죠. 이들은 향후 40년 정도 인구비율 우위를 점하는 집단이 되어 있고, 늘 주인공 의식에 가득합니다.

정리해볼까요. 이들은 1955~1974년의 베이비붐세대에 태어났고, 1981~1988년에 시행된 졸업정원제를 통해 대학생 인구가 폭발하던 시기에 대학입학시험을 봅니다. 1988년에는 '3D업종'이란 단어가 언론에 등장할 정도로 취업을 '골라' 할 수 있었습니다. 1997년 경제위기 때 가장 타격을 덜 받은 집단이었고, 아파트값 폭락 이후 부동산 경기부양책의 혜택을 받으면서 내 집 마련에 성공하고 부유해지기 시작합니다. 2002년에 아파트값이 전국 평균 22.8퍼센트가 올랐습니다. 이때 강남은 3~6배가 오르죠. 2005년 종합부동산세(종부세)를 신설하여 강남 아파트값을 잡으려 한 노무현 정부의 인기는 급락하게 됩니다. 2007년은 '종부세 폭탄'이라는 말이 어디에서나 들리던 해였죠. 2008년 역대 최고 지지율로 이명박 대통령이 당선됩니다. 약속대로 종부세는 폐지되었고, 당시 강남 룸살롱 일대에는 몇백만 원씩 세금을 돌려받은 이들의 파티가 연일 이어졌다는 소문이 들려오곤 했습니다.

놀라운 것은, 이명박 대통령을 선택했던 유권자들 중 상당수가 자신을 진보라고 생각한다는 점입니다. 압도적인 표차를 통해 이명박이 당선된 이후 사회적 저항의 목소리라고 하는 것은 줄어들 수밖에 없었을 겁니다. 사람들이 더이상 진보가 구체적인 기획과 기획을 실행에 옮길 능력을 가지고 있다고 믿지 않았던 시기입니다. 그런데 2008년 이후 이명박이 당선되자마자 예상치 못한 곳에서 사회적 저항이 시작됩니다. 바로 광우병 촛불시위였습니다.

촛불소녀, 배운 여자, 유모차부대의 등장

광우병 촛불시위의 시작은 2008년 4월이었습니다. 학교자율화의 결과 0교시 수업이 부활하게 되자 고등학생 100여 명이 광화문에 모였습니다. 권위주의에 민감한 10대가, 여성들이 전면에 나왔습니다. '촛불소녀'가 등장했고, 고등학생이 집회를 하러 나왔습니다. 학생들이 나왔을 때 "배후가 누구냐, '전교조'냐"라고 자꾸 물어서, '전교조(전국교직원노동조합)' 선생님들이 "우리가 그럴 만한 영향이 있으면 좋겠다"라고 답하기도 했다고 합니다(웃음). 새로운 세대들이, 새로운 집단들이 이명박 정부의 권위주의를 참을 수 없다며 거리에 나옵니다.

내가 먹는 급식에 나오는 소고기가 정말 안전한지 궁금했던 학생들이, 왜 영국에는 수입되지 않는 일제 립스틱이 한국에는 아무 문제 없이 수입되는지가 궁금했던 여성들이 이 단순하고도 직관적인 질문에 답해주지 않는 정부의 불투명성을 의심하며 거리로 나옵니다. 그리고 학생들의 목소리에 응답하여 거리에 '유모차부대'가 나옵니다. 식품안전과 소비생활이라는 차원에도 얼마나 촘촘하게 정치가 작동되고 있는지를 스스로 깨달은 집단들이 광장에 등장했던 거죠. 가장 소비지향적이라고 그동안 욕을 먹어왔던 젊은 여성들이 서로 해외공동구매 정보를 교환해왔던 온라인 여성 커뮤니티를 통해서 정보를 모았고 그 과정에서 합리적 의심이 제기되었습니다. 여기에서 '배운 여자'라는 말은 대학교육을 받았다는 말이 아니라, 평소에 자신만의 생활정보를 기꺼이 나누던 사람에게 붙던 호칭이었습니다. 광우병 촛불시위 당시에는 세계에 흩어진 정보를 함께 모으고 사태의 전말을 종합적으로 판단해보았던 당시의 집단지성을 의미하는 말이기도 했습니다. 이건 이전과는 완전히 다른 차원의 정치였습니다. 모두가 당황했죠. 시민사회운동의 주류세력들도 '촛불시위는 우리가 통제할 수 없고 주제와 목표도 알아서 설정할 수도 없다'며 당황했습니다. 결국 대운하는 폐기되고, 대통령이 사과하는 것으로 이 시위는 마무리되지만, 당시 시위를 둘러싼 논란도 극심했습니다. 2008년 8월에 광우병 촛불시위는 잦아들었고, 바로 다음달 2008년 9월에 미국발 세계금융위기가 터지게 됩니다. 이 이야기는 조금 뒤에 하기로 하지요.

광장으로 다시 돌아가보면, 그다음 2009년 노무현 대통령의 죽음으로 광장이 다시 열리게 됩니다. 이전에는 등장하지 않았던 생활안전 관련 주제들의 등장, 10대와 여성이라는 정치적 주체의 부상, 금융자본주의의 도덕적 해이와 파행, 세계화의 어두운 그늘과 보수화의 물결 등 새로운 사회변혁의 목소리를 만들어내야 하는 상황이었습니다. 보수정부와 보수언론에서는 광우병 촛불시위를 거짓선동에 휩쓸린 어리석은 군중들의 소요로 몰아갔고, 시민사회단체를 '전문시위꾼'으로 폄훼했습니다. 이 와중에서도 이명박 정부 당시 사회연대의 희망에 불을 지폈던 것은 도드라지게 여성들이었습니다. 대학 청소노동자들의 파업, '한진중공업' 희망버스, 강정평화마을지킴이, 홍대 '두리반'과 명동 '마리' 등에는 언제나 젊은 20대 여성들과 예술가들이, 대학생들이, 탈학교 청소년들이 함께했습니다. 작지만 의미 있는 움직임이었고, 때로는 '희망버스'처럼 커다란 사회적 반향으로 이어지기도 했습니다. 하지만 이런 움직임들과 별도로, 늘 이 판의 주인공이 되고 싶어하셨던 분들은 작고 다른 목소리를 지우고 다시 진영논리를 중심으로 한 판을 짜기 시작합니다.

『진보집권플랜』과 〈나는 꼼수다〉

조국·오연호의 대담집 『진보집권플랜』, 지승호·김어준의 인터뷰집 『닥치고 정치』, 〈딴지일보〉의 팟캐스트 〈나는 꼼수다〉(2011~2012, 이하 〈나꼼수〉) 등이 그런 기획의 일부였습니다. 이미 강준만이 『강남좌파』에서 분석한 바대로, 정치성향은 진보적이나 강남 생활권자의 경제감각을 가지고 있는 이들은 더이상 약자의 정치로서의 진보정치를 지향하지 않습니다. 『진보집권플랜』은 다른 말로 하면 여성, 10대 등 다른 목소리를 광장에서 지우는 기획이기도 했습니다. 진보 남성들이 주인공의 자리로 갈 수 있는 기회들이 새로 마련됩니다. 2012년의 대선, 문재인 당시 후보의 유세차에선 "퇴근하는 남편을 기다리며 된장찌개를 끓여보지 않고 보통 여성의 삶을 이해할 수 있습니까!"라는 기이한 문장이 나옵니다. 문재인 후보는 집에서 살림하는 여성의 삶을 이해할 수 있었을까요. 문재인 후보의 강점으로 자상하고 믿음직한 아버지의 모습을 앞세웁니다. 이상적인 가족의 모습을 보여주기 위해 부인이 다리미질을 하는 모습 같은 것이 공보물에 들어갔습니다. 특전사 출신의 용맹스러움, 자상하고 평범한 아버지, 사람들과 눈을 맞추는 따뜻한 모습들. 얼마나 보기가 좋습니까. 문재인 대통령은 정말 좋은 후보였습니다. 일단 사람이 경박하지 않고 품위가 있고, 상대를 존중할 줄 아는 모습을 보이니까요.

결과적으로 2012년의 선거운동은 집니다. 선거운동 결과에 여러 영향이 미쳤다는 것이 알려지고 있지만, 일단 박빙이었던 것은 사실입니다. 단란한 정상가족 안에 있는, 격무에 시달린 후에도 재생산노동의 혜택을 받는 행복한 남성의 모습과 달리 박근혜는 비장해 보입니다. 당시 저는 박근혜 후보의 당선을 막아보려고, 전국을 돌아다니며 박근혜가 최초의 여성대통령이 되면 여성정치는 후퇴한다는 내용의 강연을 한 적이 있습니다. 당시 페미니스트 동료들과 관련된 영상을 만들어서 배포하기도 했고요. 그러던 중에 당시 강연장에서 박근혜를 지지하는 50~80대 여성들을 만나게 되었습니다. 이분들에게 왜 박근혜를 지지하냐고 여쭈었더니, 박근혜가 남자들을 호령하고 통치하는 모습을 보는 것이 꿈이라고 말씀하시는 거예요(웃음). 특히 대구, 경북 출신의 노년층 여성들에게 그런 말을 자주 들었습니다. 그러니까 좌파의 성차별주의가 가장 큰 약점이 되었던 셈이죠. 하지만 이런 점은 끝내 극복되지 못합니다.

그리고 예상보다 큰 비극이 시작됐습니다. 박근혜는 이명박의 안티테제이기도 했습니다. 이명박 정부 당시, 비판자들은 그에게 "아무것도 하지 마라"고 말했습니다. 그러므로 박근혜가 너무 열심히 일하지 않는 게 별문제가 되지 않을 것이라 생각했습니다. 그때는 아무것도 하지 않는 게 어떤 비극을 만들 수 있는지 미처 몰랐습니다. 책임자의 위치에 있는 사람이 그에 합당한 일을 하지 않을 때, 예상보다 큰 비극이 찾아오고 사회가 감당해야 할 부분이 크다는 것을 나중에야 깨닫게 되었죠.

이명박·박근혜 시대와의 단절

'이명박근혜' 시대를 만든 건 어떤 시대정신이고, 우린 그 시대와 어떻게 단절해야 할까요? 저는 이것이 여전히 중요한 질문이어야 한다고 생각합니다. 어떤 식의 적폐를 청산할 것인가가 아니라, 이들을 당선되게 만들었던 한국사회의 정치적 환경 속의 유권자 한 명 한 명의 마음은 어떤 식으로 움직였을까, 왜 경제가 중요했을까, 왜 경제와 정치는 분리된다고 생각했을까, 경제를 살린다는 것을 넘어 성공시켜주겠다는 것이 어째서 공약으로 나왔을까,

정치적 언어가 없어진 이 환경이 어떻게 가능했을까, 왜 이때 상대 후보였던 정동영은 "가족이 행복한 나라"를 외쳤던 것일까. 이런 질문을 해보았습니다.

영국의 경제학자 장하준 교수는 정치와 경제가 분리된다고 믿는 것 자체가 신자유주의의 정치적 기획이라고 합니다. 이 둘이 떨어질 수 있다고 믿고 시장경제가 진공상태에서 자유롭게 실행된다는 생각 자체가 세속적인 신앙에 가까운 일입니다. 실제로 합리적인 것이 아니라 합리적이라 믿게 만드는 기술인 셈입니다. 주요 1세대 선진국들이 자신이 사다리를 올라가고 난 다음 밑에다 "똑같은 공정한 룰을 통해 나처럼 하면 너도 성공할 수 있어"라고 말하지만 막상 올라가려고 하면 사다리를 걷어차고 규칙을 바꾸고, 올라올 수 없는 조건과 규칙을 새로이 만들어 "공정한 경쟁"이라 말하는 식인 것이지요. 이게 신자유주의의 판타지입니다. 공정한 기회가 주어지고, 경쟁을 하면 역량이 발휘되어 우리 모두가 진보할 것이라는, 누구에게나 좋을 것 같은 체제처럼 '보이게 만드는 것'. 부패와 특권으로 유지되는 체제지만 사람들은 그것의 규칙을 만드는 정치에 관심을 두지 않고 문제는 경제라 생각하게 만드는 기술, 이것이 신자유주의체제의 통치기술입니다. 계속 정부를 작게 만들고 규제를 없애게 만들고 규제를 만들어내는 수많은 정치 요구의 목소리들을 불필요한 것으로 만들면서 정치혐오의 문화를 만들어냅니다.

사람들은 신자유주의 시대를 거치며 "실제로 권력을 누가 가졌지?"라는 질문을 시작합니다. 신자유주의체제에서는 다국적기업, 금융엘리트 등으로 이뤄진 새로운 지배계급이 탄생했습니다. 금융위기로 모두 집을 날리고, 투자자들이 자살하는 와중에도 보너스 파티를 했던 월가의 부도덕한 태도에 사람들이 화가 나기 시작했었죠. 과반수의 입법부를 구성한 강력한 여당이 뒤에 있고, 행정부의 수장이지만 '삼성경제연구소'의 보고서 하나를 이길 수 없고, 다국적기업의 목소리 하나를 제어할 수 없다는 사실이 이미 만천하에 드러났습니다. 자유무역협정이라지만 이 결정과 관련된 규칙은 이미 불공정했습니다. 저쪽이 진보 쪽이건 보수 쪽이건 상관없어요. 다국적기업, 금융엘리트 등으로 이뤄진 새로운 지배계급들은 자신들에게 유리한 규칙들을 계속 만들어내고, 규제를 철폐해달라고 이야기합니다. 규제철폐는 사람들을 자유롭게 하겠다는 말이 아닙니다. 규제를 내가 만들겠다는 뜻이죠. 그리고 그렇게 내가 만든 규제에 대해 규제받지 않겠다는 겁니다. 권력은 점점 더 내부적인 것이 됩니다. 위계질서 안에서 새로운 지배계급의 이해관계에 아주 철저하게 부합하는 규칙들을 만들게 됩니다. 그리고 이것에 질문할 수 없게끔 정치환경이 만들어졌습니다. 지금 시대가, 정말 이러한 문제들과 제대로 직면하고 있는지 우리는 계속 묻지 않을 수 없습니다.

정치와 경제가 분리될 수 있다고 믿을 때

정치와 경제가 분리될 수 있다고 믿게 되면, 어떤 일이 생겨나게 될까요. 경제문제에서 시민들의 발언권은 극도로 제한됩니다. 2008년 당시 용산구청장이었던 박장규는 "구청에 와서 생떼거리를 쓰는 사람은 민주시민 대우를 받지 못하오니 제발 자제하여 주시기 바랍니다"라는 플래카드를 걸어두었습니다. 이 플래카드는 2009년 1월 일어난 용산참사 이후에 떼어집니다. 재개발문제로 매일의 생계가 미래를 알 수 없어진 상황에서 시민의 항의는 생떼거리가 됩니다. 그뿐 아니라 복지는 구휼사업이 됩니다. 복지혜택을 받는 시민들은 얼마나 가난한지, 그리고 앞으로도 얼마나 가망이 없는지를 증명해야 합니다. 1만 원을 더 벌면 30만 원을 받을 수 없는 상황에서, 미래를 포기하게 됩니다. 가난한 사람들은 일상적인 모욕을 견뎌내야만 복지혜택에 접근할 수 있습니다. 부패와 탐욕이 수치스러운 것이 되지 않고, 가난과 무기력이 가장 큰 죄악이 됩니다. 민주주의는 제한된 정부와 규제받지 않는 자본주의경제로 대체됩니다. 정부는 작아지고 규제받지 않는 자본주의경제는 커집니다. 정치라는 것 자체가 설 자리가 없어지는 것이 신자유주의체제의 특징입니다. 이명박 정부 이후부터 '선거가 실시되니까 민주주의다. 선거가 실시되기 때문에 민주주의는 괜찮다. 우리가 비정규직에 시달리고, 양극화에, 이해할 수 없는 갑질이 사회 곳곳에 있지만 이는 정치가 아니라 경제의 문제다. 정치체제는 돌아가고 있다'는 착각이 생깁니다. 신자유주의는 이렇게 정치를 망가트렸습니다. 정치는 선거가 되었고, 선거는 경기처럼 이기고 지는 문제가 됩니다. 승자독식의 현재 선거제도에서는 더욱 그렇죠. 잘 통제된 스펙터클로서의 선거만이 우리 앞에 유일한 정치로 도래하는 순간입니다.

사람들은 선거가 시행되고 선거 결과에 승복하는 것을 통해 민주주의가 문제없이 작동하고 있다고 생각하지만 사실 정치 자체는 점점 더 사라졌습니다. 쇼비즈니스 정치와 진짜 정치는 분리되어 있습니다. 신자유주의체제가 본격화되면서 생겨난 선거의 특징 중 하나는 이상할 정도로 정책들이 비슷하다는 겁니다. 정책선거라는 것이 실종되었다고들 하는데, 사실 19대 대선에서 더불어민주당과 자유한국당은 국방정책을 제외하고는 다른 정책상의 차이가 그렇게 크게 나지 않았습니다. 적어도 겉보기에는요. 지방선거는 이보다 더해서 서로 정책집을 보고 베끼다시피 하는 일도 종종 있었습니다. 정의당, 민주노동당과 같은 소수정당들은 기껏 정책을 만들어놓으면 다수당에서 가져가서 쓰는 일이 비일비재했다고 불만을 표시하곤 했죠. 이런 일이 가능하다는 것 자체가 '정책선거로 가야 한다'는 말이 매우 공허하다는 말이기도 합니다. 즉, 몇몇 '프레임화된 영역'을 제외하고는 이상할 정도로 정책은 유사해져 갔습니다. 점점 더요. 미국도 마찬가지였습니다. 공화당과 민주당의 슬로건과 정책은 점점 비슷해져갔습니다. 이것을 선거의 쇼비즈니스화라고 볼 수 있습니다. '선거는 쇼비즈니스가 되었다'는 것은, 실제로 의사를 결정하는 사람들은 따로 있었다는 말입니다. 때로는 사람이 아니라 시장, 혹은 특정 기업, 혹은 종교가 그런 물밑의 의사결정에 영향을 미쳤습니다.

그러니까 이런 일이 일어납니다. 대통령이 선거에서 공약을 해도 현실적 어려움 때문에 추진이 어렵다고 말하는 일 같은 거요. 현실적 어려움에도 불구하고 어떻게 사회적 합의를 이끌어낼 것인지가 선출직 공무원에게 기대하는 바 아닌가요? 결국, 선거와 공약은 모두 쇼비즈니스, 좋게 보면 후보의 진심을 말해주는 것에 불과한 일이 됩니다. 정치적 책임을 아무도 안 지게 된 거죠. 신고리원전, 사드. 이 모두가 사실은 문재인 정부의 공약이었습니다. 하지만 공약 이행에 대한 정치적 책임은 다시 대중의 몫으로 돌아갑니다. 의사결정은 자꾸 분리됩니다. 그리고 그 의사결정을 움직이는 힘은 점점 더 보이지 않게 되고요. 실제로 이면합의와 같은 드러나지 않은 정책결정이 존재했다는 것을 우리는 이미 알고 있습니다. 이 정책결정 구조에는 금융엘리트와 다국적기업의 카르텔, 혹은 통수권자의 개별적 의지 등이 보이지 않게 숨어 있습니다. 결국 누가 뽑혀도 진짜 권력은 누구에게 있는지 사람들은 여전히 모릅니다. '선거는 뭐지?'라는 근본적 질문을 지금 던져볼 시기가 온 것인지도 모릅니다.

무임승차를 외치는 당신들에게

비슷한 정책들 사이에서 세속적 신앙으로서의 신자유주의정치 시대가 열리고 이 와중에서 주류정당들은 슬로건마저 서로 바꿔 씁니다. 이 정당의 슬로건이 저 정당의 슬로건으로 가죠. 박근혜 대통령의 "준비된 여자대통령"은 김대중 대통령의 "준비된 대통령"에서 이미 나온 구호이기도 했죠. 이제 우리는 어떻게 경제로부터 분리된 정치를 되살려내고, 정치를 다시 정치적인 것으로 만들어낼 수 있을까요. 랑시에르는 치안으로의 정치와 규칙을 만드는 정치를 구별해서 사용하자고 제안합니다. 정치적인 것the political과 치안police 간의 차이에 대한 이야기입니다(저는 치안이라는 말보다는 한국에서는 정책이라는 말이 더 어울린다고 생각하기도 합니다). 치안으로서의 정치는 몫을 가지고 있는 사람들끼리 배분을 해주고, 각자의 몫을 지키게 만드는 기능을 합니다. 이해관계를 가진 개인 및 집단 간의 정당한 분배에 초점을 맞추는 것을 치안으로서의 정치라고 할 수 있습니다. 이것은 정치의 최소화이자, 정치가 거세된 형태의 신자유주의 시대의 정치의 모습입니다. 반면, 정치적인 것의 의미를 살리는 정치는 몫이 없는 자들이 셈법을 다시 하자는 말을 가장 중요한 정치적 장면으로 생각합니다. 정치적인 것으로서의 정치는 셈법 자체에 대한 질문을 하면서 차별을 받았던 사람들이 새로운 분배의 질서를 요구하게 되고, 분배 질서에 필요한 정의에의 요구를 시작하는 것입니다. 전 문재인 정부의 지지자들이 몫을 새롭게 요구하는 목소리가 등장할 때마다 '너희들은 무임승차다'라는 식으로, 몫을 요구할 권리가 없다는 방식으로 정치환경을 만들어낸다는 점이 가장 절망스럽습니다. 이게 바로 이명박·박근혜 시대를 만들었던 시대정신과 동일하거든요.

열심히 노력해 원하는 대학에 가고, 공부해서 학점 땄던 학생들은 세상이 시키는 대로 열심히 살았을 뿐인데, 정당한 몫을 받지 못했습니다. KTX 여승무원들의 투쟁도 정당한 몫을 요구하는 것이었습니다. 갑자기 회사가 규칙을 마음대로 바꾼 거니까요. 이제 한국사회에는 정당한 몫을 요구할 수 있는 사람이 거의 없습니다. 비정규직과 정규직을 둘러싼 차별, 예전에는 이렇게 심하지 않았습니다. 그렇지만 정당한 몫을 가질 티켓을 손에 쥐면 안전하다고 착각하는 사람들은 적극적으로 차별에 동조합니다. 지금의 청춘들은 노력하지 않아도 정규직이 될 수 있는 가능성을 아예 상상할 수 없습니다. 20년 전만 해도 정규직의 여부 자체는 문제가 되지도 않았습니다. 몫이 없는 자들이 많아진 사회에서 정당한 몫을 주장하는 목소리만이 말할 자격을 가졌다는 말이 등장합니다. 문재인 정부의 지지자들 입에서도 "넌 무임승차를 했다"라는 목소리가 나오고 있죠. "왜 너희들이 문재인 정부의 주역처럼 굴어. 우리가 주역이고 이건 우리 몫이야" 이런 식의 목소리가 가득합니다. 사람들이 이렇게 구는 이유는 그동안 같이 살아간다는 감각 자체가 사라졌기 때문일 겁니다. 즉, "이게 나라냐"는 외침 이전에, '사회'라는 것이 없어져버린 거죠.

　　모두가 차별에 찬성하는 사회에서 유일하게 믿을 수 있는 자원은 사회가 될 수 없습니다. 학교 친구도 아닙니다. 국가도 아닙니다. 유일하게 믿을 수 있는 자원은 가족이 됩니다. 부모가 자기에게 충분한 투자를 하지 않는다거나 지원을 하지 않는다고 항의하는 중학생의 목소리를 들어본 적이 있습니다. 차별과 특권으로 가득찬 이 사회에서 그나마 조금이라도 안정적으로 살 수 있는 길은 부모의 재력과 지원입니다. 최근 화제가 된 모 기업의 성폭력 사건에서 가해자 세 명 중 두 명은 해고되었지만, 나머지 한 명은 해고되지 않았습니다. 해고되지 않은 직원의 직계가족이 사법기관에서 높은 자리에 있다는 소문이 파다합니다. 이런 식의 소문은 공정함에 대한 기대가 사라진 사회에서 자주 등장합니다. 사실이건 아니건, 가족이 유일하게 믿을 수 있는 자원이 되는 사회가 되고 있는 것이죠.

'가족행복론'이 정치에 등장할 때

가족 이야기가 선거판을 뒤흔들 때가 있습니다. 1988년 미국 대통령선거 때의 일입니다. 민주당의 듀카키스 대 공화당의 부시 사이에 오간 전설의 텔레비전 토론이 유명하지요. 당시 사회자는 듀카키스에게 "당신의 아내가 강간당하고 살해당해도 사형제에 반대하시겠습니까"라고 묻습니다. 듀카키스는 "사형제로 범죄의 발생이 감소한다는 증거는 없다. 그런 경우에도 사형제를 반대한다"고 대답합니다. 여기에 대고 부시는 듀카키스에게 "가족애도 없는 냉혹한 사람"이라고 공격합니다. 진지한 토론을 할 수 없는 사람처럼 보였죠. 하지만 바보처럼 보여도 사람들은 부시를 '귀엽다'고 생각합니다. 여기에 비교할 수 있는 한국의 상황은 노무현 대통령의 대선 후보 인천 경선 연설이었습니다. 장인의 부역을 둘러싸고 '빨갱이' 논란이 한참일 때 그 유명한 말이 나옵니다. "그러면 제 아내를 버리란 말입니까." 놀라운 응수였죠. 듀카키스에 비해 얼마나 정치적으로 영민하며, 모든 질문을 불가능하게 만든 말입니까. 질문한 사람을 반대로 냉혹한 사람으로 만들었고, 이런 질문을 상대편 진영에서 할 수 없게 만든 절묘한 대답이었습니다. 가족은 이렇게 후보 개인의 인성을 드러내는 시험도구로 사용되었습니다.

선거슬로건으로 가족이 전면에 내세워질 때도 있습니다. 섹스 스캔들로 얼룩졌던 빌 클린턴에 이어 출마한 앨 고어는 "미국 가정의 번영"이라는 슬로건을 가지고 나옵니다. 한국 대선에서 가족이 전면적으로 등장한 건 2008년이었습니다. 당시 정동영 후보가 "가족이 행복한 나라"를 들고나오죠. 앨 고어와 아주 비슷했습니다. 소속 정당의 지지율이 낮고, 상대 후보가 강력할 때 별다른 희망이 없는 후보는 주로 가족에 대한 이야기를 내세우곤 합니다.

그런데 2008년 이후 한국의 선거에서는 가족이 정당과 관계 없이 인기 있는 주제가 됩니다. "국민행복론", "가족이 행복한 나라", "여자와 아이가 안전한 나라" 등은 어느 곳에서나 볼 수 있는 문구였습니다. 혹자는 진영논리가 사라진 자리에 생활정치가 등장하게 되었다고 이를 반가워하기도 합니다만, 제 생각은 다릅니다. 이는 정치가 점점 더 탈정치화되고 있다는 증거에 가깝습니다.

2012년 새누리당 총선 공통공약은 "가족 행복이 국민 행복"이었습니다. 가족과 국민을 일치시키죠. 보편적 시민으로서의 정치적 권리, 공통된 공유감각이 무엇인지에 대한 방향이 사라진 시대에 가족은 국민을 대체하는 용어로 등장합니다. 가족을 내세운 이미지 정치를 통해 정치인들은 유권자와 눈높이를 맞춥니다. 그러다가 좀 이상한 광경이 나오게 되죠. 박근혜가 살림을 책임지는 여성의 섬세함과 강인함으로 국가재정을 바로 세운다고 말하는 것처럼요. 우리는 감자 냄새를 맡는 박근혜가 살림이라곤 해보지 않은 걸 알고 있습니다. 그래도 굴하지 않고 박근혜 대통령은 가족정치를 전면에 내세워 자신의 이미지를 만들어갑니다. "어릴 때 살았던 곳"으로 청와대를 기억하고, 돌아가신 어머니와 똑같은 헤어스타일을 하며, 아버지에 대한 큰딸의 변치 않는 존경심을 표현하는 식이죠. 박근혜의 후보 시절 슬로건은 "내 꿈이 이루어지는 나라"였습니다. 모두 실소를 금치 못했습니다. 박근혜의 꿈과 내 꿈은 아주 다를 것 같은데, 내 꿈을 이루게 표를 달라니 얼마나 이상해요. 가족과 행복을 내세우는 건 비단 박근혜 대통령만은 아니었습니다. 문재인 정부도 이 같은 수사를 사용합니다. "여성이 행복한 나라", "가족행복론" 같은 말이 선거에 등장했죠. 진보와 보수를 막론하고 가족, 행복, 여성이 세트로 선거에 나타나게 된 거죠.

행복과 가족, 꿈. 개인적 소원성취로 정치의 언어가 바뀌기 시작한 것 자체가 하나의 경향을 보여줍니다. 조지 오웰은 감각적으로 느끼고 상상할 수 있는 구체적인 삶의 상태인 행복을 정치의 목표로 삼으면 정치가 예언이 된다고 말합니다. 행복하다는 기분은 나만의 것입니다. 내가 이 순간에 행복감을 느끼는 나만의 방식을 찾아가는 것, 내가 나로 살아가는 방법을 찾아갈 수 있도록 정치는 '조건'을 만들어주는 것이지 '행복'을 가져다주는 게 아닙니다. 행복을 누군가 가져다준다는 것 자체가 때로는 억압이 되기도 하죠. 그래서일까요. 조지 오웰은 행복을 약속하는 정치인들을 사기꾼이라고 소리 높여 비판합니다. 우리가 정치에 원하는 것은 보통의 시민으로 살 때, 최소한의 상식을 지켜주는 규제장치와 규칙이 마련되는 것입니다. 그런데 정치가 행복을 책임져주겠다고 하면 기복신앙과 별다르지 않은 일이 벌어집니다. 가족과 행복, 여성이 한 묶음으로 등장해서 여성이 행복하면 가족이 행복하고, 그러면 모든 것이 다 해결된다고 말하는 식이죠.

젠더전쟁의 시대, 망가진 여성의 삶

개인의 성공과 가족의 행복을 정치가 책임져주겠다고 약속하는 이유는 보통 스캔들을 덮거나 성별관계를 둘러싼 주요한 변화에 직면할 능력이 없기 때문입니다. 다시 처음에 얘기한 진영논리로 돌아가볼까요. 앞서 말했듯이 진영논리는 사회구성원들이 소속된 세계에서 공적 권리와 의무에 관한 이해가 불가능하게 되고, 사회-심리적 긴장과 이 긴장을 이해할 만한 문화적 자원이 결여되었을 때 등장합니다. 1990년대는 공적 권리와 의무에 대한 공유된 이해가 불가능한 시대였고, 그래서 높은 긴장이 만들어졌습니다. 병역의무를 둘러싼 논쟁이 대표적이었죠. 사람들 사이에 공적 권리와 의무에 대한 이해가 첨예하게 달라지기 시작합니다. 헌법재판소는 의무에는 권리가 없다고 말했고, 20대 남성들이 분노에 찼습니다. 20대 여성들은 여성이 병역의무에서 면제된 것은 특권이 아니라 배제의 결과였다고 주장합니다. 병역의 의무에 대한 공동체 시민을 존중하는 문제와, 병역의무를 중심으로 성원권을 차등해서 배분하는 문제는 완전히 다른데도, 이런 상식적 기준에 대한 논의가 불가능해집니다. 1997년 구제금융위기 이후 구조조정을 겪으며 아무도 안정적으로 취업을 통해 평생의 경제적 기반을 마련할 수 있다고 자신할 수 없어졌습니다. 모두가 각자도생의 시대에서 불안정하게 살아가게 되었으므로, 공적 권리에 대한 이해와 의무에 대한 기본적 전제가 다 깨져나간 것은 필연적인 일이었습니다. 우리 사회는 그때 크게 달라졌고, 새로운 사회적 규범을 만들어냈어야 했습니다. 저는 자유와 평등에 대한 새로운 기획이 필요한 시점에 페미니즘을 주장하는 사람들과 페미니즘을 거부하는 사람들 간의 갈등이 생긴 것은 당연했다고 생각합니다. 성차별이 없어진 새로운 사회를 상상하고 만들자며 성주류화와 성평등사회로의 길을 제안했던 페미니즘과 남성의 위기를 위로하며 각자도생 사회의 우울을 여성혐오 콘텐츠를 통해 견뎌보자는 문화판의 리버럴 간에 보이지 않는 전선이 그어진 것도 그즈음이었습니다. 우리에게는 이 문제를 해결하고 직면할 수 있는 충분한 문화적·담론적 자원이 없었습니다. 북미와 유럽에서는 차이의 정치학을 통해 새로이 몫을 주장하는 사람들이 늘어나고, 복잡한 셈법을 통해 새로운 지식으로 사회를 다시 구상해갔습니다. 가족을 둘러싼 정책상의 차이는 가장 중요한 정치적 차이로 간주되었습니다. 단지 종교의 문제를 넘어선 임신중단의 권리와 재생산권, 교육에서의 성평등, 다양한 가족구성권의 보장, 사회보험 영역과 상속 관련 제도의 재편 등은 가장 뜨거운 정치적 이슈입니다.

하지만 한국에서는 가장 차이를 발견하기 어려운 곳이 바로 '여성'정책 분야였습니다. 성차별문제는 너무나 심각했지만 이 문제가 정치의 최전선에 놓인 적은 없었습니다. 여성은 성감별 낙태로 태어나기 전에 죽고, 경제위기로 가장 고통받았던 집단입니다. 배은경의 논문에 따르면, 2007년 이후 20대 여성의 자살률은 동세대 남자를 초과합니다. 지난 20년 동안의 젠더전쟁 속에서 젊은 여성들의 삶이 어마어마하게 망가집니다. 30대 여성들은 육아 부담으로 경력이 단절되고, 40대 여성들은 시간제 일자리를 찾아 최저임금 노동시장의 주요 공급자가 됩니다. 60대 이상의 여성들은 세계 최고수준의 고령 여성 빈곤율의 문제에 직면해 있습니다. 정치환경에서 이런 문제들은 전혀 언급되지 않습니다. 1997년 경제위기에서 가장 타격을 많이 받은 세대는 15~19세 여성입니다. 20~29세 여성은 신규취업이 어려워집니다. 그런데 이들이 결혼을 하지도 않습니다. 구직을 포기한 채 어딘가로 사라지게 된 인구집단이 있습니다. 아마도 날로 커지는 어마어마한 규모의 성산업이 이러한 통계와 직결될 겁니다. 2008년 경제위기 이후 저임금·장시간 일자리가 여성 일자리의 기본값이 됩니다. 경제위기의 여파는 언제나 여성이 더 참혹하게 겪었습니다. 저출산은 당연한 귀결이었습니다. 하지만, 저출산의 책임은 다시 여성에게 돌려졌습니다. 국책연구원에서는 여성들이 지나치게 스펙을 쌓는 것이 문제라 하고, 행정자치부에서는 게임처럼 자치구별 '가임여성 출산 지도'를 만들어 경쟁시키고자 했습니다. 공무원사회에는 아직도 짝짓기 미팅을 부처 자원에서 지원하고 있습니다. '가족행복론', '여성행복론' 같은 것은 이 어마어마한 문제들을 '사소화'시키는 역할을 할 뿐이었습니다.

가족을 민주화하기

다른 나라의 가족모델의 변화를 따져볼까요. 북미식 핵가족 가족모델은 점점 쇠락하고, EU 전반에 걸쳐 전통적 가족형태는 이제 소수가 됩니다. 특정한 가족형태가 보편적이어야 한다는 규범이 점점 변화하면서, 정책의 단위로서 가족은 적합하지 않게 됩니다. '가족'이란 비물질적인 행복을 좌우하는 척도로서의 가치이자 인간 행복의 원천이긴 하나 정책의 대상이라는 생각은 점점 줄어들게 된 거죠. 정책은 개인을 중심으로 작동해야 배제되는 사람이 없게 되니까요. 선택의 자유와 평등한 조건 같은 기본적 가치관을 가지고 정책을 설정하게 됩니다. 출산율 반등이 목표가 될 필요가 있나 하는 생각입니다만, 실제로 EU과 북미에서는 정책 단위를 가족에서 개인으로 바꾸고 난 후에 출산율이 높아졌습니다.

그러나 지난 20년간 한국정부의 저출산정책은 가족의 해체를 늦추고, 가능한 결혼을 많이 시키고 이혼을 줄이는 방식으로 나아갑니다. 노무현 정부는 저출산정책을 만들 때, 여성리더십의 인정을 바탕으로 결혼과 출산을 개인의 선택과 여성인권의 문제로 이

해했습니다. 저출산정책의 목표는 출산율 반등이 아니라 여성과 아이가 행복하게 살아갈 수 있는 나라를 만드는 데 있습니다. 그런데 현재 문재인 정부의 여성정책의 방향은, 어디로 갈지는 아직 예단할 수 없습니다만, 지금까지는 걱정스러운 부분이 좀 있습니다.

후보 시절 문재인 선거캠프에서 실행한 여성정책의 홍보 방식은 김대중, 노무현 정부 때보다 오히려 이명박·박근혜 정부 때와 비슷합니다. 기본적으로 여성은 가족 안에서 행복을 누리는 존재이며 가족 안에서 여성의 짐을 덜어주는 것만으로도 문제가 해결될 수 있다는 사고방식이 선거브로슈어, 유세차, 텔레비전 토론, 각종 정책간담회부터 선거운동 방식에 이르기까지 깊이 배어 있었습니다. 일례로, 여성국회의원들은 한국사회의 성평등을 이끄는 전문가이자 리더이자 책임 있는 파트너가 아니라 노인을 대상으로 한 선거운동원이 됩니다. 여성국회의원들이 5060유세단을 만들어 7080노인세대를 만나러 전국 방방곡곡의 양로원을 갔습니다. 김정숙 여사와 함께요. 그리고 돌봄정책, 노인정책, 여성정책을 발표합니다. 결국은 남성노인 앞에서 상대적으로 젊은 여성국회의원들이 살림이나 돌봄과 같은 여성적 가치를 어필하는 것이 여성정책의 발표 방식이었습니다. 이건 정말 좀 문제가 있었죠. 2012년 선거에서는 더 심했습니다. 유세차에서 다음과 같은 연설이 흘러나왔죠. "보통 여성의 삶을 알고 있습니까? 남편의 퇴근시간을 기다리며 된장찌개를 끓여본 아내와 함께 사는 후보입니까? 아니면 평생 남이 해주는 밥을 얻어먹은 후보입니까?" 성평등의식의 부재는 꾸준히 비판되었던 부분이었습니다.

젠더감수성이 없는 정도를 넘어 여성을 인간으로 대할 줄 아는지 의심스러운 수준의 책을 잇달아 발표해 물의를 빚은 사람을 행정관으로 계속 기용하고 있는 것도 실망스러운 일입니다. 문재인 정부의 초대 여성가족부는 대통령의 페미니스트 선언이 무색하게 여전히 초미니 부서로 그 영향력이 미비합니다. 2018년 기준 전체 예산 428조 8,339억 원 중에서 여성가족부의 예산은 단 0.18퍼센트에 불과합니다. 이것마저 대부분 보육 및 복지예산으로 소요되고 있습니다. 여성가족부의 핵심 과제는 성차별 개선인데도 불구하고 말이죠. 심지어는 국정과제였던 '성평등문화 확산'을 일부 보수기독교 세력으로부터 '성평등'이라는 용어를 쓰지 말라는 공격을 받자마자 '양성평등문화 확산'으로 바꾸는 등 국정과제 실현 의지마저 의심스러운 일이 벌써부터 발생하고 있습니다. 참고로 '양성평등'이 들어간 이후부터 '여성주간'은 '양성평등주간'으로 바뀌고 행사의 성격도 변질되어왔습니다. 맞벌이 부부의 어머니들은 새벽에 한 시간 더 일찍 일어나 아이와 놀아주라는 발언으로 여성들의 분노를 샀던 혜민 스님 같은 분이 와서 양성평등주간에 강의를 하는 일이 생기는 거죠. 청와대 청원에 20만 명 이상이 서명한 낙태죄 폐지 문제에도 미온적입니다. 지난 정부의 적폐청산과제에 주요 여성인권 침해문제를 본격적으로 다룰 필요가 있다고 생각하는데요, 고故 장자연씨가 폭로했던 성접대 사건 같은 문제에도 행정부의 의지가 표명된 바는 없습니다. 국가보훈처장을 피우진 중령으로 임명하는 것 같은 일은 아주 신선하고 즐거운 소식이었지만, 여성정책 전반을 이벤트성으로 접근하면 곤란합니다.

후보 시절 자료와 국정과제를 살펴보면 "국가적 위기인 저출산문제 극복을 위해 출산 및 양육에 대한 국가책임을 강화할 것"이며 "고용, 주거안정, 성평등" 등 근본적인 변화를 만들겠다고 합니다. 이 방향 모두 좋은데요. 일단 배치가 문제입니다. 그러니까 "출산 및 양육에 대한 국가책임 강화를 비롯하여 고용 및 주거안정 등 생활 전반에서 성평등정책을 시행하여 성차별 없는 사회를 만들겠다"고 해야죠. 문제를 저출산이 아니라 성차별에 두어야, 저출산문제도 해결될 수 있습니다. 이런 식의 '한 끗 차이'는 생각보다 더 중요합니다. 하지만 당장 '성평등'이라는 용어 하나도 밀고나가지는 못하고 있는 상황이네요.

지금 우리 사회는 가족을 둘러싼 급진적 태도 변화 없이는 아무것도 달라지지 않을 거예요. 혼인이 출산의 전제조건으로 작동하는 나라에서 비혼인구의 증가는 출산율 감소로 직결됩니다. 그래서 결혼을 많이 시키고 이혼을 안 시키는 것이 지난 이명박·박근혜 정부의 저출산정책이었습니다. 다 아시지만 실패했어요. 혼인을 출산의 전제조건으로 생각하는 문화를 바꾸고, 현재의 성차별문제를 제도적으로 해결하고 여성혐오문화를 없애기 위한 기획을 가동해야 합니다. 이래야 우리 사회의 미래가 있을 겁니다. 지금과 같은 전근대적인 가족제도와 가족문화가 지속되는 한, 여성들뿐만 아니라 남성들도 이러한 가족제도 안에 들어가지 않으려고 할 겁니다. 다른 영역이 민주화될수록, 지금의 비합리적인 가족문화에 부적응을 호소하는 이들은 더욱 늘어날 겁니다. 그런 점에서 가족을 민주화하는 것이 저는 새 정부의 주요 과제여야 한다고 생각합니다. 청와대가 버려야 할 것은 가부장적 낭만 가족에 대한 환상과 '룸살롱'으로 대표되는 남성연대일 텐데, 어째 일이 반대로 가는 것 같습니다. 곶감을 말리는 영부인, 출근하는 남편을 배웅하는 영부인, 손님상을 정성스럽게 차리는 영부인⋯⋯. 이 모습을 너무나 흐뭇하게 바라보는 사람은 누구일까요? 물론 저조차 이 정겨운 풍경이 아름답게 보입니다. 특히 최순실—박근혜—김기춘—이재용 등으로 이어진 비혈연관계들의 '더러운' 청탁의 사슬을 보면 더욱 그렇습니다. 그러나, 박근혜 시대의 안티테제로서 가부장적 낭만 가족이 등장하는 것은 분명한 사회적 퇴행입니다. 게다가 그 광경을 기획한 이가 세 권 이상의 책을 통해 한국의 여성혐오문화의 정수를 보여준 2급 행정관 탁현민이라면 더욱 기막힐 노릇이지요.

룸살롱 남성연대를 넘어

2017년 상반기에 탁현민의 책을 비판하는 기명칼럼은 적게 잡아도 80여 개 가까이 됐습니다. 하지만 청와대는 그를 지킵니다. 그리고 처음에는 그의 발언에 당황하며 당연히 하차할 거라고 생각했던 여론도 생각을 바꾸기 시작합니다. 그가 두 달이 지나도 그만두지 않자, "행정관은 대통령 인사권의 영역인데 왜 그만두라 마라야?"라는 말이 알 만한 사람들의 SNS 계정에 올라오기도 하더군요. 그때 제게 떠오른 건 다음의 글이었습니다.

> "총학생회장과 단과대회장들, 학교 간부들이 교직원들과 함께
> 룸살롱에서 등록금 인상 합의를 이룬 걸 우리가 공론화시켰다.
> 우리의 폭로 대자보는 '학우'들에 의해 모두 찢겨나갔다. 내 앞에
> 서 대자보를 찢던 어떤 남자학우의 말을 아직도 기억한다. '씨발,
> 안 가는 놈이 어디 있다고 이런 걸로 사퇴를 하라 마라야? 미친년
> 들이.'"
>
> _이유진, 문화기획 '달' 대표

386세대 여성운동권 경험연구를 위해 만났던 여성의 인터뷰
도 기억이 났습니다.

> "정보를 얻기 위해서라며 남자선배들은 가끔 정보과 형사를 만
> 나 술을 마셨는데, 한두 명이 가면 프락치로 서로 의심할 수 있다
> 고 꼭 떼로 갔어. 그리고 그날은 안 들어오는데, 여학생들은 대충
> 다 짐작을 했지. 아 오늘 또 룸살롱에 갔겠구나."
>
> _조기자, '386세대' 운동권 여학생

이들에게 룸살롱은 너무 사소한 일이고, 너무 일상적인 일이
었습니다.

"여성학 세미나를 같이 하던 남자후배가 와서는, 선배가 선거 도운 후배들 데리고 당선된 다음 경찰 만나서 서로 상견례를 하고 룸살롱에 데려가주는 문화가 있다고 하더라고. 그러면서 총여에는 꼭 비밀로 하라고 했다고."

_최희영, 전 '전여대협' 활동가

20년 전의 기억에 대한 인터뷰가 지금 현재와 너무 비슷하게 겹쳐지는 건 우리 사회가 확실하게 퇴행했다는 증거일 겁니다. 1980년대 남자운동권들과 1990년대 문화운동판에 있던 남자들이 만나, 40대 서울 남성들은 자신들을 주인공으로 하는 새로운 역사를 쓰고 있습니다. 문제는 이 목소리 뒤에 지금까지 쌓아올린 한국사회의 다른 목소리가 급속도로 지워지고 있다는 점입니다. 2008년에 시작된 광장의 새로운 여성단체의 가능성은 역사화되지 않았고, 2015년부터 2년간 한국을 떠들썩하게 만들었던 여성혐오 이슈는 정치의 공론장에서 철저하게 외면되었습니다. 그 자리에서 룸살롱 남성연대가 스크럼을 짜고 한국사회의 새로운 기득권이 되어 다른 사람의 사다리를 걷어차고 있는 것은 아닐까요. 우리 사회에는 사회변화를 위한 새로운 기획과 다른 목소리들이 어느 때보다도 절실히 필요합니다. 우리에게 필요한 건 더 많은 민주주의이지, 형님, 아우, 형수님의 안온한 그들만의 리그는 아니었을 텐데 말입니다. 강의는 이것으로 마치겠습니다. 감사합니다.

질
의
응답

Q. 요즘 여성혐오를 이야기하면 "이런 남성들도 있는데 불쌍하지 않냐"라는 말이 나오기도 합니다. 이 말에 대해선 어떻게 대처해야 하는지 궁금합니다.

A. 더디지만 의식이 변해가고 있고 새로운 남성들이 등장함에도 불구하고, 사회의 주요 문화가 바뀌지 않는 이유는 남성의 변화를 주류남성들도 환영하지 않기 때문입니다. 불쌍한 남성을 돕자는 얘기라면 "바로 당신이 도우면 된다"고 말해주고 싶네요. 여자를 갈아넣지 말고요.

Q. 386세대의 아내이며 '일베'의 어머니들인 386세대의 여성은 사회적으로 어느 구조에 들어가 있는지 궁금합니다.

A. 많은 학자들이 연구중입니다. 이제 40대가 되어서 과거 386 활동을 했던 '언니'들이 어떤 식으로 존재했고 어떻게 경력단절이 되었는지, 어떻게 사회적 존재로서 삭제되었는지 여러 곳에서 분노에 찬 목소리가 들립니다. 최근에 출간된『영초언니』같은 책이 그 시작이 되겠지요. 이전에는 당대 여성의 목소리를 바로 운

동권 후일담이라며 치워버렸습니다. 하지만 이제는 그렇게 되지는 않을 거예요. 당시 여성들이 어떤 역할을 했는지, 목소리는 어떻게 지워졌는지, 동료였는지 아니었는지 등의 질문이 페미니즘의 부상 속에서 이제야 제대로 등장할 수 있게 된 것 같습니다. 저 역시 독자의 한 사람으로서 기다리고 있는 작업들입니다.

Q. 2017년 대선 기간 중 최근 몇 년 동안 계속되어온 여성혐오라는 이슈가 외면받았다고 느꼈습니다. 여성혐오문제를 어떻게 정치화시킬 수 있을까요?

A. 제가 반성했던 것은 사회지표들을 보면서 그동안 한국사회의 젊은 여성들에게 어떤 일이 벌어지고 있는지 이제야 알게 되었다는 것입니다. 모든 지표가 이 정도로 끔찍해졌는지 몰랐어요. 사실 사회가 점점 나아지고 있다고 생각했습니다. 그 점을 미처 몰랐다는 것에 책임감을 느낍니다. 여러모로 여성혐오문제를 제기하는 젊은 여성들의 목소리에 대한 사회적 응원이 필요하다고 생각합니다. 강남역 여성살인 사건이 일어났을 때, 경찰청장은 "여성혐오가 아니다"라고 말했었죠. 이런 식의 태도가 여성혐오문제를 제기하는 사람이 이 사회의 구성원으로서 존중받지 못한다고 생각하게 합니다. 생리대 안전성이 문제가 되었을 때 보건당국은 "안전하다"고 말했었습니다. 여성혐오인지 아닌지, 안전한지 아닌지에 대해서는 신속한 대답이 필요한 것이 아니라, 그 문제를 중요하다고 생각한다는 메시지가 더 필요합니다. 지금의 정치에 필요한 것은

이런 태도입니다. 내가 모르는 세계에 대해 다른 목소리를 듣겠다는 태도 말이죠.

그 사내다움에 대하여

:음모론 시대의 남성성과 검사영화

손희정

한국영화와 검사영화의 조직도

안녕하세요, 손희정입니다. 이렇게 만나 뵙게 되어 반갑습니다. 오늘은 한국영화, 그중에서도 특히 검사가 주인공인 영화인 '검사영화'를 중심으로 2010년대 한국사회에 대해서 이야기를 좀 해보겠습니다. 검사영화에는 어떤 작품들이 있을까요? 그렇습니다. 〈부당거래〉(2010), 〈범죄와의 전쟁〉(2011), 〈내부자들〉(2015), 〈검사외전〉(2015), 〈더 킹〉(2017) 같은 작품들이 떠오르시죠?

요즘 관객들이 온라인에서 한국영화를 뭐라고 부르는지 아시나요? '알탕영화'라고 부릅니다. 쉽게 말하면, 한국영화에 남자들만 나오고 여자캐릭터는 거의 없다는 의미입니다. 비평언어로는 "남성은 과대재현되고 여성은 상징적으로 소멸되는 현상"이라고도 합니다. 검사영화의 유행과 그 영화들에서 반복되는 관습적인 재현은 이런 '배타적으로 남성만 주인공이 되는 한국영화의 현실'과도 맞닿아 있습니다. 차근차근 그 이야기를 해보겠습니다.

2017년 대한민국을 사로잡았던 정치적 열정이라든가 한국사회의 지배적인 정치적 태도 등을 결정짓는 중요한 축 가운데 하나가 **음모론**입니다. 한국에서 이 음모론은 상당히 성별화되어 있는 측면이 있습니다. 특히 남성중심적인 담론에서 음모론이 활발하게 작동되어왔죠. 그래서 '남자다움', '남자됨'의 성격을 상상하는 방식과 음모론이 서로 영향을 주고받습니다. 말하자면 남성성과 음모론이 서로 맞물려 있다는 것입니다. 한국사회가 남성성을 상상하는 방식이 음모론이 생산되고 소비되는 방식에 영향을 주고, 음

모론이 그렇게 태동할 수 있는 사회적 조건은 또 한편으로 남성성을 결정짓는 조건으로 작동하죠(예컨대 '일베'의 등장 같은 것을 음모론과 남성성의 상관관계 안에서 살펴볼 수 있을 텐데, 이에 대해서는 이후에 좀더 자세히 이야기해보도록 하죠). 그리고 이 상호작용이 기가막히게 관찰되는 영화 장르가 하나 있으니, 바로 검사영화입니다. 오늘은 그 검사영화 중에서도 특히 〈내부자들〉에 방점을 찍어보려고 합니다.

〈내부자들〉의 기본적인 내용은 이렇습니다. 백윤식이 〈조선일보〉쯤 되는 신문의 주필입니다. 칼럼 하나로 정계와 재계를 들었다 놨다 하는 사람인데요. 이 사람이 데리고 있는 정치깡패가 이병헌이에요. 그는 백윤식의 뒤를 닦아주는 역할을 합니다. 조승우는 백윤식을 중심으로 하는 남성 이너서클 네트워크, 즉 '내부자들'의 비리를 폭로하는 검사고요. 이 세 사람이 주인공들입니다. 거기에 두 명이 더 등장하죠. 미래자동차 오회장 역할의 김홍파와 그의 스폰을 받고 있는 여당 대통령 후보 이경영입니다.

이렇게 해서 영화가 말하는 '내부자들'이 완성됩니다. 언론과 정계, 그리고 재계가 유착되어 있고, 여기에 검찰까지 연루되어 있는 형태. 물론 연예계도 연결됩니다. 조폭인 이병헌이 연예인소속사를 운영하면서, 자신이 '거느리는' 여성연예인들을 성상납에 이용하는 브로커 역할도 합니다. 우리는 여기에서 잊혔던 사건, 즉 장자연씨의 죽음을 둘러싸고 아직도 밝혀지지 않은 '내부유착관계'를 떠올리게 됩니다. 바로 그 세계가 〈내부자들〉의 이야기가 펼쳐지는 영화적이면서 동시에 아주 현실적인 배경입니다.

지금부터 〈내부자들〉을 이야기할 때 그 영화만이 아니라, 그 영화에서 조승우가 연기한 검사 우장훈을 중심으로 다른 영화의 다양한 캐릭터들을 연결하면서 하나의 세계를 그릴 거예요. 저는 지난 20년간의 한국영화를 '한남 시네마틱 유니버스'라고 생각하는데요, 일종의 남성중심적으로 만들어진 '영화적 우주cinematic universe'가 형성되어 있다는 것입니다. 그래서 이 영화적 우주 안에서는 각각의 작품이 따로따로 작동할 뿐만 아니라 깊은 연관관계 안에서 의미망을 만들어내고 있는 것이죠. 그리고 그 세계에서는 이경영이 수십 명의 캐릭터를 연기하고 있습니다. 그게 제가 각 개별 작품이 설정한 인물의 이름이 아니라, 그 인물을 연기하는 배우 이름으로 캐릭터를 지칭하는 이유이기도 합니다.

다음 그림의 중심에 있는 것이 〈내부자들〉의 조승우입니다. 조승우는 '내부자'가 되고 싶었던 인물입니다. 그래서 열심히 사법고시를 봐서 검사가 됐어요. 영화 초반에 조승우는 "나처럼 조직을 위해 개처럼 일한 사람 있냐"고 계속 부장검사한테 어필합니다. 줄을 잘 잡아서 승진을 하려고 호시탐탐 기회를 노리고 있었던 것이죠.

그런데 중요한 건 조승우가 '흙수저'라는 거예요. 영화에서 사람들이 그를 "고아 같은 새끼"라고 부릅니다. 아무런 줄이 없다는 의미였죠. 조승우는 줄이 없기 때문에 꼬리 자르기 쉬운 검사이기도 합니다. 그러니까 위험한 사건들, 청소가 필요한 사건들이 계속

184

185

조승우에게 갑니다. 조승우는 그런 일들을 깔끔하게 잘 처리하면서 윗선의 눈에 들기 시작합니다. 그렇게 조승우가 온갖 더러운 일들을 청소해주면서까지 들어가고 싶어하는 이너서클이란 이경영, 백윤식, 김홍파, 이 세 사람이 구성하고 있는 그 이너서클이에요. 〈내부자들〉에서 제일 유명한 장면 아시죠? 이 세 사람이 술을 마시며 노는 장면인데, 이 장면이 상징적으로 보여주는 것이 이너서클의 세계 그 자체인 것이죠. 그리고 그런 '내부자'로서 한국영화에서 상당히 중요한 캐릭터 중 하나가 바로 〈부당거래〉의 류승범입니다.

〈부당거래〉는 2010년도에 개봉했고, 부패경찰과 부패검사가 서로 싸우다가 결과적으로 부패경찰은 죽고 부패검사는 살아남는 이야기였어요. 그때 부패검사는 류승범이, 부패경찰은 황정민이 연기했죠. 이 영화의 명대사, 기억나시나요? 류승범이 쳤던 대사. "호의가 계속되면 권리인 줄 안다."

류승범은 건축회사 회장이랑 유착되어 있어서 스폰을 받으면서 재산을 축척하는데, 동시에 거물급 인사의 사위이기도 합니다. 류승범이 사고를 치면 장인이 해결해주는 식의 이너서클이죠. 금수저 이너서클. 실제로 류승범 본인은 '흙수저'인지 '금수저'인지 알 수 없지만, 어쨌든 한국사회에서 신분상승을 할 수 있는 방법 중 하나인 결혼을 통해 '금수저' 줄을 잡은 상태인 것만은 분명합니다.

그랬을 때 이 이너서클이라고 하는 것은 정확하게 **남성-동성사회적인 내부입니다.** 이 안에 여자가 들어갈 공간은 없죠. 전부 다 남성들로 구성돼 있어요. 남성들이 서로의 비리를 백업해주면서 그걸 바탕으로 관계를 공고하게 하는 상황. 이런 상황에서 이 이너서클이 남성-동성사회적이라고 말할 수 있는 것은, **이들의 관계 안에서 여성은 서로가 서로에게 주는 선물이거나, 약점으로 잡고 있는 히든카드이거나, 승진 혹은 신분상승을 위해 사다리같이 사용하는 매개**이기 때문입니다. 이 '사다리로서의 여자'가 그나마 대사도 있고 한 명의 '인간'으로 그려진 것이 〈더 킹〉의 조인성 아내였죠. 김아중이 연기했습니다.

재미있는 건 〈내부자들〉에서 조승우의 출신성분입니다. 조승우는 검사가 되기 전에 경찰이었습니다. '흙수저' 경찰(조승우의 앞길에 계속 걸림돌이 되는 아버지가 헌책방을 한다는 설정은 저에게는 '지성의 몰락'처럼 보여서 조금 서글펐습니다). 그는 '흙수저' 경찰이었다가 그것으로는 출세를 할 수가 없으니 다시 시험을 봐서 검사가 됩니다. 그리고 바로 그 이유에서 조승우는 '금수저 내부자들', 즉 '적폐'의 비밀을 캘 수 있는 정의로운 남성이 될 수 있었습니다. 류승범의 경우 아마도 금수저가 아니었을까 생각하는 것은, 류승범은 조승우와 달리 음모를 꾸미는 내부자이기 때문입니다. '음모를 꾸미는 사람을 세상에 폭로함으로써 이 사회의 정의를 실현할 수 있는 사람, 정의를 구현할 수 있는 남성은 "금수저" 중에서는 나오지 않는다.' 이것이 한국영화가 그리고 있는 음모론의 핵심적인 내용이기도 합니다. 이 사회의 상상력 안에서 '정의로운 주체'란 우선 남자여야 하고, '흙수저'여야 하며, 정의감 때문에 '경찰'이 됐었던 사람이어야 하는 셈입니다. 그리고 결국은 비밀에 다가서기 위해 검사가 된 사람인 거죠.

'우리가 알지 못하는 거대한 음모가 있고, 그 음모는 "내부자"인 검사가 파헤칠 수 있다.' 이것이 검사영화의 주요 상상력입니다. 그랬을 때에도 이 검사가 그 미션을 완수하려면 '시민'이어야 한다는 거예요. 재미있는 건 문화적 상상력이 호명하는 '시민'은 '서민'에 가깝다는 점입니다. 그가 금수저인 '적폐─검사'가 아니라 '시민─검사'라는 사실이 중요합니다. 그래서 이런 **검사영화의 짝패는 바로 경찰영화라고 할 수 있을 듯합니다.** 경찰영화에서 경찰이란 권력도 없고 연줄도 없지만, 정의로움과 당당함, 그리고 남자다움을 갖추고 있기 때문에 우리─시민을 위해 싸우는 존재들입니다. 예컨대 〈베테랑〉(2015)의 황정민 기억하시죠? 그가 바로 '시민─검사'의 짝패로 등장하는 정의로운 경찰입니다.

최근에 주목받고 있는 또하나의 경찰캐릭터가 '영포티'로 부상한 '마블리', 마동석입니다. 그는 관객 수 680만을 넘긴 〈범죄도시〉(2017)에서 드디어 '형사No.1' 역을 맡습니다(그는 〈부당거래〉에서 황정민에게 살해당하는 '형사No.2' 역할을 했었죠. 이게 좀 재미있는데, 남자배우들은 '알탕영화'들 안에서 서서히 승진을 합니다. 단역─좀 중요한 깡패 역─좀 중요한 형사 역─형사No.1 역─검사 역. 은유적으로 그렇다는 이야기이기는 하지만, 실제로 〈베테랑〉을 보시면 2017년에 이르러 탑배우로 성장한 남자배우들의 단역 시절을 보실 수 있어요. 여자배우들에겐? 이런 '성장과 승진'의 기회가 잘 주어지지 않죠). 〈베테랑〉의 황정민과 〈범죄도시〉의 마동석, 두 사람의 공통점은 엄청나게 능력이 있지만 승진하진 못한다는 것이죠. 승진에 욕심이 없거나 그 옆에 더 야비한 동료가 있기 때문이에요. 계속 공功을 빼앗깁니다. 그래서 요즘에 제가 흥미롭게 보고 있는 캐릭터들이 'The 경찰'이에요. 영화 속에서 '적폐'로 설정되어 있는 존재들과 시민-검사 및 경찰 사이의 차이를 볼 수 있습니다. 한국사회에서 어느 정도 관객 수를 넘기려면 그 주인공은 '소시민'이어야 합니다. 그것이 어떻게 보면 이 시대의 음모론을 가능하게 하는, 우린 피해자이며 이것을 어떻게 해결할 것인가를 고민하는 그 욕망의 기저에 있는 한 부분이기도 합니다.

이 지점에서 좀 뜬금없어 보이지만 정말 중요한 영화를 한 편 붙여보려고 합니다. 이 '시민캐릭터'가 우리를 구원할 '선군'일 수도 있다는 상상력을 보여주면서 관객 수 1,000만을 넘긴 영화가 있었죠. 저는 이 영화를 포스트-노무현 기의 대표적 작품이라고 생각하는데요, 바로 〈광해, 왕이 된 남자〉(2012, 이하 〈광해〉)입니다.

노무현 대통령은 한국의 신자유주의를 가속화시켰고, '쌍용차' 사건에 책임을 지고 있는 리더이면서, 대추리 등등에서의 국가폭력의 주범이기도 합니다. 그럼에도 불구하고 한국 민주화운동의 얼굴이자 반권위주의의 정치를 보여줬다는 점에서 '선군'의 위상을 차지하고 있는 정치인이죠. 그 정치적 리더가 죽음을 맞이하고 난 다음, 한국사회에 닥쳐온 것은 이명박·박근혜의 시대였습니다. 이들은 비열한 장사꾼이거나 무능한 공주였죠. 말하자면 '정치적 무능'의 시대가 열렸습니다. 그러면서 이 정치적 공백을 문화적 상상력이 메워주게 되었던 것인데요, 그 문화적 상상력이 펼쳐 보였던 형상이 '선군'의 모습이었습니다. 드라마 〈뿌리 깊은 나무〉(2011)의 세종을 비롯하여 〈성균관 스캔들〉(2010), 〈바람의 화원〉(2008), 〈한성별곡〉(2007), 〈이산〉(2007~2008) 등에 등장했던 정조와 영화 〈광해〉에서의 하선(광해)이 있었죠. 이 작품들의 선군은 노골적으로 노무현 대통령을 참조하고 있었고요. 거기에 영화 〈변호인〉(2013)은 이 선군 탄생의 전사前史, prequel를 보여주고 있었던 셈입니다.

〈광해〉는 참 흥미로운 영화입니다. 영화에서 진짜 왕 '광해'는 무능하고 비열한 마약중독자입니다. 그 왕이 자기는 숨어 있고 자기의 그림자를 하나 세우는데, 그게 이병헌이 연기한 '하선'이라는 광대죠. 하선은 국가나 민족에는 관심 없는 광대입니다. 하지만 허균(류승룡)이 돈을 주니 결국 왕 노릇을 받아들이죠. 이 '허수아비 광해'는 왕으로서 교육받았기 때문이 아니라, 그러니까 '금수저'의 '선민의식'을 주입받았기 때문이 아니라, 시민으로서의 감각을 갖추고 있기에 선군일 수 있었습니다. 그는 명에 대적하고, 독립을 유지하기 위해 노력하면서, 파병에 반대합니다. 그리고 대동법을 시행하는 등 백성을 위하는 정책을 추진하죠. 결과적으로 하선은 떠납니다. 그래도 남는 것은 시민이라는 공간으로부터 선군이 등장할 수 있다는 상상력입니다. 물론 그 자체로 '고졸 출신 선군'이라는 노무현을 참조하고 있는 것이겠지만 말입니다(제가 광해를 노무현으로 해석하는 것이 오버가 아닌 것은 실제로 하선의 대사 중 "조강지처를 버리란 말이오"라는 말이 등장하기 때문입니다. 노무현 대통령이 하신 말씀이죠. 아주 의도적이었다고 볼 수 있습니다. 저는 그런 의미에서 〈광해〉―〈변호인〉―〈택시운전사〉(2017)―〈1987〉(2017) 등을 하나의 역사관을 공유하고 있는 작품들로 이해합니다).

다시 한번 강조해야 할 것은 시민―검사, 시민―경찰, 시민―선군이 만들어내는 이 네트워크 안에는 여성이 한 명도 없다는 사실입니다. 여성이 배제된 상태에서 또 남성동성사회를 형성하고 있는 것이죠. 그렇게 '시민 vs 적폐'의 적대가 형성됩니다. 하지만 여기에 형성된 'vs' 역시 주목해볼 만합니다. 한국사회는 정치적 지형뿐만 아니라 대중문화의 상상력에서도 거대한 두 개의 남성―동성사회가 싸우고 있다는 겁니다. 서로가 서로에게 '적폐'니 '빨갱이'니 하면서 삿대질을 하면서 말이죠. 하지만 이 둘 모두 거대한 '성性적폐'라는 것은 부정할 수 없는 진실이죠.

복수와 정의구현의 문제

〈내부자들〉에서 적폐세력을 해결하려고 하는 또하나의 남자 캐릭터는 이병헌입니다. 이병헌은 백윤식 때문에 손이 잘리는데, 자신의 손을 자른 것이 백윤식이라는 것을 조승우 덕분에 알게 되자 백윤식을 비롯해 이경영과 김홍파를 끌어내리기 위해 적극적으로 움직이기 시작하죠. 조승우와 이병헌, 이 두 사람은 공모관계에 놓이면서 점차 가까워지는데, 그때 조승우가 이런 말을 합니다.

"너는 왜 얘네를 치려고 하냐? 나는 정의를 구현하고 싶고 너는 복수를 하고 싶은 거 아니냐." 여기에서 우리는 이 두 사람을 움직이고 있는 중요한 동력, 그리고 한국 검사영화를 추동하는 중요한 동력인 복수와 정의구현을 확인하게 됩니다.

이제 복수와 정의구현이라는 두 개의 가치가 어째서 이렇게까지 중요하게 등장하게 되었는가를 살펴보아야 할 것 같습니다. 이게 '음모론'의 핵심이기 때문입니다. '사적 복수'와 '정의구현'은 한국영화 안에서 한국의 사회변동과 함께 차근차근 등장해왔습니다.

'사적 복수'는 2000년대 초반부터 한국영화의 중요한 화두로 주목받았습니다. IMF 외환위기 이후, 경제적 재난이 닥쳐옵니다. 믿을 만한 사회적 안전망은 무너졌고, 대의는 사라졌으며, 국가는 시장에게 밀려나 소멸했거나 폭력으로서만 존재하게 되죠. 그러면서 시스템이 붕괴해버렸다는 불안이 한국사회를 점령합니다. 그러니 국민이자 시민으로서의 나의 위치를 보장해줄 수 없는 사회 속에서 내가 당한 부당한 일은 내가 직접 복수하는 수밖에 없어집니다. 사적 복수 내러티브가 인기를 끌게 된 배경입니다. 〈복수는 나의 것〉(2002)으로 대변되는 박찬욱 감독의 '복수 3부작'이 대표적인 작품입니다(이런 사적 복수극이 스크린에서 지속되면서 오히려 드라마에서는 사적 복수를 공적 처벌로 치환하려는 노력이 등장해서 '안전한 인기'를 끌기도 했는데요. 2012년에 SBS에서 방영되면서 화제를 불러모았던 손현주 주연의 〈추적자〉(2012)가 있었죠).

여기에서 한 가지 말하고 넘어가고 싶은 것은 사실 2017년 대한민국이 맞이한 '한남 시네마틱 유니버스'의 시작에는 박찬욱, 봉준호, 장준환 등 한국영화를 이끌어온 중요한 남성감독들이 있다는 것입니다. 좋은 의미에서건, 비판적인 의미에서건 말이죠.

박찬욱 감독은 이에 대해 좀 반성적인 태도를 견지하고 있는 듯합니다. 그는 〈아가씨〉(2016) 개봉 즈음에 JTBC 〈뉴스룸〉에 나와 "〈올드보이〉(2003)를 찍었을 때 강혜정이 연기한 여성캐릭터만 진실에서 소외된 상태로 남겨놓은 것이 마음에 걸렸다. 그걸 해결하려는 것이 〈친절한 금자씨〉(2005)나 〈박쥐〉(2009), 〈스토커〉(2013)로 이어지는 것 같다"라는 이야기를 하는데요, 그런 의미에서 〈아가씨〉는 박찬욱 자신이 큰 영향력을 행사한 감독으로서 일정 정도 책임을 져야 하는 '한남 시네마틱 유니버스'에 대한 어떤 반성문과도 같은 영화가 아닌가 싶습니다. 그래서 이 남성중심적인 사회를 뒤엎는 유토피아적인 이미지로 레즈비언 섹스신을 상상하는 거죠. 이것도 이성애자 남성이 레즈비언 섹스를 대상화하는 것이라고 분석하는 사람들도 있는데, 어쨌거나 중요한 건 반성과 성찰 속에 그다음 행보를 보였다는 점입니다. 영화 〈아가씨〉의 마지막에 인상적인 대사가 나옵니다. "자지라도 지키고 죽을 수 있어서 다행이다." 하정우의 대사입니다. 이건 박찬욱 감독의 자의식이 엄청나게 투영된 대사인 셈이죠. 남성에게 남성됨과 그 권력을 보장해주는 것이 남성 성기이고, 그래서 남성들이 그 성기를 그토록 중요하게 생각하고, 그러니까 가부장제사회에서 성기 사이즈를 비아냥거리는 것이 엄청난 모욕으로 다가가는 것이잖아요. 그런 '남성 성기'를 가부장제를 지속시키는 힘이라는 상징적인 위치에 놓고 반성적으로 비판하는 태도를 보여줍니다.

어쨌든 〈복수는 나의 것〉을 비롯한 '복수 3부작' 등을 시작으로 이 사회에 정의를 구현해줄 수 있는 믿을 만한 시스템이 없을 때 사적 복수의 방법이 부활하게 됐다는 상상력이 발동했다는 것입니다. 그러면서 2003년에 사적 복수극이자 한국 음모론영화의 최고봉이라고 할 수 있는 장준환 감독의 〈지구를 지켜라!〉(2003)가 나옵니다.

〈지구를 지켜라!〉는 신하균이 연기하는 병구라는 블루칼라 남성노동자가 주인공인데요, 그는 살면서 끊임없이 억압과 폭력을 당해온 자입니다(그는 "고통은 절대 익숙해지지 않거든"이라는 명대사를 남기기도 했죠). 병구는 도대체 이 고통과 억압을 이해할 수도 설명할 수도 없습니다. 그러면서 **외계인이 지구인을 식민화해서 이렇게 고통받는 거라고 생각**하는 것으로 돌파구를 찾습니다. 그래서 자신과 어머니를 착취하던 공장의 사장 백윤식을 외계인으로 지목해 납치하고, 끔찍하게 고문하기 시작합니다. 이 사장이 외계왕자를 만나게 해줄 것이라고 생각하기 때문이에요. 그리고 자신이 왕자를 만나서 설득하면 그가 지구 식민화의 고리를 끊고, 인간을 해방시킬 수 있을 거라고 생각합니다. 그래서 백윤식과 엄청난 두뇌싸움을 하면서 쫓고 쫓기는 내용이 영화 대체의 줄거리입니다. 그런데 '아, 병구는 미친 사람이구나' 하면서 영화를 보다보면, 결국 영화의 끝에 백윤식이 진짜 외계인이었다는 사실이 밝혀

져요. 음모론이 그저 망상이 아니라 '팩트'이자 진실로 드러나는 거죠. 심지어 백윤식이 병구가 그토록 만나고 싶어했던 외계왕자였던 거죠. 그래서 영화는 지구가 폭파되는 장면으로 끝이 납니다. 백윤식이 지구인의 폭력에 너무 질려서 우주선으로 올라가 "지구에는 희망이 없다"며 레이저빔을 쏴버리거든요.

이 영화 자체는 끊을 수 없는 식민화의 연쇄고리를 보여준 작품입니다. **외계인 아버지가 지구를 식민화**하고, **지구 안에서 1세계가 3세계를 식민화**하고, **3세계에서 자본가가 노동자를 식민화**하고, **노동자계급 안에서는 남성이 여성과 아동을 식민화**하는 이야기예요. 그리고 그 폭력의 연쇄고리의 중심에는 가부장제가 있죠. 병구는 폭력 피라미드의 최말단에 있는 사람입니다. 이 폭력을 되받아치기 위해서는 아버지의 행동을 답습하거나 미러링할 수밖에 없는 사람이기도 하죠. 이 세계는 우리가 설명할 수 없는 거대한 음모에 사로잡혀 있고, 그것에 저항하는 것은 정의로운 복수이면서 정의구현인 셈입니다.

이런 식의 상상력에 조금 더 구체적인 역사적 사건인 화성 연쇄살인 사건을 그 맥락으로 넣은 작품이 〈살인의 추억〉(2003)입니다(〈지구를 지켜라!〉와 〈살인의 추억〉은 같은 해에 개봉했습니다). 이 영화의 세계관은 이렇습니다. 우리가 이해할 수 없는 엄청난 폭력이 이 세계를 지배하고 있고, 이 엄혹한 세계에서 여자들이 다 시체로 죽어나가는데 범인은 도저히 잡을 수 없습니다. 그렇게 "진실은 여기가 아닌 저편에 있는 것"이 되죠.

이 영화에서 제일 중요하고 유명한 장면은 〈살인의 추억〉이 유행시킨 대사가 나오는 바로 그 장면입니다. 송강호가 박해일에게 "밥은 먹고 다니냐"라고 물어보는 그 장면이요. 억수같이 비가 쏟아지는 어느 날. 기차 터널 앞에서 경찰인 김상경이 연쇄살인 용의자인 박해일을 마구잡이로 때리고 있습니다. 김상경은 박해일이 범인일 것이라고 확신하지만, 증거가 없어서 잡아넣을 수가 없습니다. 너무 화가 난 상태인 거죠. 김상경과 그의 동료인 송강호가 기다리고 있는 것은 미국으로 보낸 DNA 감식 결과입니다. 박해일의 DNA와 범인의 DNA를 대조해달라고 보내놓은 것입니다. 결과는 오지 않고, 박해일은 놓칠 것 같고. 김상경은 견딜 수 없는 마음으로 박해일과 대치하게 됩니다. 그때 송강호가 마침 도착한 검사 결과를 가지고 뛰어옵니다. 이것만 확인되면 박해일을 잡아넣을 수 있게 됩니다. 그러나 떨리는 손으로 열어본 결과는 안타깝게도 불일치입니다. 그래서 범인이라고 확신하면서도 박해일을 놔줄 수밖에 없게 됩니다. 분을 이기지 못한 김상경이 총을 들어 '사적 복수'를 하려고 하니까 송강호가 막아섭니다. 그리고 박해일을 놔주면서 물어보죠. "밥은 먹고 다니냐." (이 대사가 대본에 있는 것이 아니라 송강호의 애드립이었다는 것은 유명하죠.) 박해일은 대답 없이 몸을 돌려 터널 안으로 뛰어들어갑니다.

필름 입자를 일부러 거칠게 만들고 조명으로 명암대비를 강하게 줌으로써 매우 어두운 세계관을 표현하고 있는 장면이에요. 비는 억수같이 쏟아지고 있죠. 터널은 완전한 암흑 속. **사실 그것이**

2000년대 중후반 한국사회의 어떤 감정상태를 보여주는 정확한 장면인 것 같습니다. 진실은 저 터널 안쪽으로, 도저히 식별할 수 없는 그 어둠 속으로 사라져버렸다는 것. 더 중요한 건 그 진실을 놓쳤다고 생각했을 때 그것이 그저 음모이고 거짓이었다면 오히려 다행이었을 텐데, 드러나는 것은 지금의 박근혜·최순실 국정농단 이나 '블랙리스트 실존' 같은 현실입니다. **음모론은 그저 근거 없는 판타지소설만은 아닌 셈입니다.** 그러므로, 그다음이 본격적인 음 모론의 시대인 것이죠.

음모론의 시대

검찰영화의 인기비결 중 하나는 시대정신으로서의 음모론, 그 음모를 파헤칠 수 있는 남성시민의 자질, 이런 것들이 액션 스펙터 클과 함께 눈앞에 긴박감 있게 펼쳐지기 때문입니다. 그렇다면 왜 음모론일까요? 이제 '음모론'으로 직접 들어가보죠.

음모론이란 '사회에 큰 반향을 일으킨 사건의 원인을 명확하 게 설명하지 못할 때, 배후에 거대한 권력조직이나 비밀스런 단체 가 있다고 해석하는 것'을 의미합니다. 가수 김광석의 죽음이나 세 월호 참사를 둘러싼 갑론을박들은 그 원인이 명확하게 규명되지 않았기 때문에, 그 '사실'이 채워지지 않은 틈새 속에서 자라났습니 다. 그리고 그 틈새에는 물론 음모론적 사유도 존재합니다.

전상진 교수가 그의 저서 『음모론의 시대』에서 밝히고 있는 것 처럼, 음모론이란 우리 시대의 새로운 현상은 아닙니다. 그는 "격변이 지속되고 대중문화와 언론이 힘을 발휘하는 근대" 자체를 "음모론의 시대"라고 부를 수 있다고 말합니다. 다만 그것이 정치적 의미값을 가진 것으로 주목받기 시작한 것이 1990년대 말이고, 그것이야말로 분석되어야 할 것이라고 말합니다. 왜 1990년대 말에 음모론이 주목받고 분석되기 시작했는가? 그것이 중요한 질문이라는 말입니다.

저는 한국에서 이렇게 음모론이 활발하게 펼쳐지고 또 중요한 정치적인 역할을 시작한 것은 아무래도 IMF 외환위기 이후라고 생각합니다. 『음모론의 시대』에 따르면 "고통은 어떻게든 설명되어야 하는데, 그 고통을 설명하고 관리하는 방식이 시대에 따라 변해"왔습니다. 예컨대 중세에는 우리가 겪는 고통을 종교가 설명해줬다는 거죠. '신이 그렇게 하라고 하였으니'라고 하는 신정론神正論, theodicy입니다. 근대로 넘어오게 되면 이 신정론이 힘을 잃게 되고, 그 자리에 이데올로기론이 들어섰습니다. 정치가 우리의 고통을 설명해줄 수 있었던 것이죠. 하지만 이제는 종교도 정치도 그 역할을 할 수 없게 되었습니다. 그랬을 때 음모론은 힘없는 자들의 '무기'로 부상하게 됩니다. 경제적 위기를 해결하지 못하는 와중에 정치적으로 사기꾼 정부(이명박 정부)와 무속 정부(박근혜 정부)로 이어지는 혼란을 겪습니다. 이 속에서 당면하게 된 고통을 설명하는 노력들이 음모론으로 이어진 것이죠.

중요한 건 현대인들은 고통에 점점 예민해지고 있다는 것입니다. 근대라는 것이 우리에게 약속한 것은 평등과 주권재민이었습니다. 그렇게 평등의 감각을 가져왔는데, 실제로 살아보니 평등은 실현되지 않았습니다. 자본주의와 자유민주주의가 세계에 등장할 때, 그 새로운 정치·경제체제가 약속한 것은 '적어도 시장에서만은 평등할 것이다'였는데, 실제로 21세기에 이르러 자본은 '당신들을 평등하게 대해줄 생각이 없다'고 천명해버렸습니다. 2014년 즈음 전 세계를 강타했던 『21세기 자본』의 '피케티 열풍' 기억하시죠? 자본이 자본을 버는 것이 노동력이 자본을 버는 것보다 훨씬 더 빠르다는 아주 단순한 이야기였습니다. 이런 불평등을 극복하기 위해 더 적극적으로 복지정책을 마련해야 한다는 주장으로 이어지는 논의였는데요. 이에 반대한 경제학자들의 반응은 "자본은 원래 그런 거야"였습니다. 21세기에 자본은 사람을 구하고 평등하게 대하는 것에 완전히 실패했음을 천명한 것이나 다름없었죠. 그렇게 근대를 지나면서 인간들은 불평등에 더 예민해졌는데, 더이상 종교와 정치는 그 불평등을 설명할 수가 없으니, 그 사이에 의심과 분노가 들어서게 됩니다.

하지만 기억해야 할 것은 이것입니다. 『음모론의 시대』 역시 지적하고 있는 것처럼, 종교의 힘이 떨어졌기 때문에 음모론이 들어선 것이 아니라 종교가 고통을 더이상 설명할 수 없게 되었기 때문에 종교에 대한 관심이 떨어진 거죠. 정치도 비슷합니다. 사람들이 탈정치화되어서 정치가 무의미해진 것이 아니라, 정치가 무능에 빠졌기 때문에 사람들이 탈정치화되는 것인 셈이죠.

1970년대까지는 고통을 해결하기 위해 사람들이 정치에 기댔습니다. 자본주의사회에서는 좌파들이 자본주의를 극복해서 공산사회로 가야 된다고 말할 수 있었습니다. 그런데 1980년대 말이 되면 동구권이 붕괴합니다. 그러면서 이론적으로 '역사의 종말'이 선언되죠. 쉽게 말하면, 자본주의 다음은 없다는 것입니다. 이게 왜 '역사의 종말'이냐면, 기본적으로 마르크스의 역사발전단계를 설정값으로 삼아 정치학이 논의되었기 때문입니다. 마르크스에 따르면 역사란 계속 '진보'하는 것이죠. 1단계 원시공산제사회—2단계 고대노예제사회—3단계 봉건제농노사회—4단계 자본주의사회를 지나, 근대자본주의체제가 그 생명을 다하고 모순이 극복되지 않을 때 공산당 일당독재가 수립되고, 그것이 5단계 사회주의체제로 넘어갈 것이라는 거잖아요. 그런데 이 역사의 진보가 1980년대 말 동구권이 몰락하면서 멈춰버린 거죠. 그리고 그 '자본주의 이후'라고 생각했던 체제가 자본주의로 '회귀'해버립니다. 그러니까 자본주의 다음의 역사를 상상할 수 없게 된 거예요. 그래서 프란시스 후쿠야마 같은 학자들은 자본주의가 역사에서 승리했고, 역사가 종언을 고했다고 선언합니다. 그리하여 1990년대에는 정치가 문화에 그 자리를 내주고, 정치학이 윤리학에 밀려나는 시대가 열립니다.

이야기가 좀 복잡한데요. 제가 좋아하는 예를 들어서 조금 더 쉽게 설명해보겠습니다. 심리학자 김정운씨가 지금은 종영한 〈힐링캠프〉라는 예능 프로그램에 출연해서 하신 이야기가 이 과정을 매우 정확하게 보여주고 있습니다. 이분이 1980년대에 운동권이었대요. 그런데 운동을 하다가 잡혀서 '빨간줄'이 가면서 군대에 끌려가셨다는 거죠. 그런데 의외로 군대생활이 체질에 맞으셨다는군요? 그렇게 제대를 하고 여차저차해서 복학하고 졸업까지 했는데, 이미 빨간줄이 가 있어서 취직도 안 되는 상황을 맞이하게 됩니다. 남은 선택지는 유학이었대요. 그런데 "운동권이라 매판자본주의의 나라인 미국"에는 갈 수 없고, "마르크스의 나라인 독일"로 가서 정치경제학을 전공했다고 해요. 그분 말씀에 따르면 본인이 가난한 고학생이라 거기에서 온갖 아르바이트를 하면서 공부를 했답니다. 그러던 어느 날 경비업무를 보고 나서 경비실에 앉아 마르크스의 『자본』을 독일어로 읽고 있었는데, 저쪽에서 "우우우" 하는 소리가 들려서 봤더니 사람들이 베를린장벽을 넘어오고 있었다는 거예요. 동독의 붕괴, 동구권 몰락의 상징적 사건이자 공산사회의 실패를 선언했던 사건. 네, 베를린 장벽의 붕괴였습니다.

그와 함께 김정운씨는 『자본』을 덮고 전공을 문화심리학으로 바꿨다고 하더라고요. 물론 시간이 흐른 후 과거를 되돌아봤을 때 '결과론적'으로 쓰인 자기 서사이기는 하지만, 매우 영리한 사람입니다. 이제 미래는 정치가 아니라 문화에 놓여 있음을 깨달은 것이죠. 미국과 소련의 대치를 중심으로 하는 냉전으로 인해 1980년대까지는 그야말로 정치경제학의 시대였습니다. 그런데 동구권이 몰락하면서 문화의 시대가 열리죠. 한국에서는 1987년 직선제개헌으로 제도적 민주화가 달성되고 난 뒤, 그때까지는 어쨌거나 노동자와 학생들의 연대가 한국 민주화세력의 핵심이었다고 한다면,

1990년대가 되면서 말하자면 '서태지의 시대'가 열립니다. 노동자들의 계급투쟁보다 학생들이 교실에서 〈교실이데아〉를 노래하는 것이 사회변혁운동의 주요 이미지가 되는 시대인 것이죠. 그렇게 1990년대는 질적 민주화가 한국사회의 중요한 과제였습니다. 그 반反권위주의투쟁이 결국 2000년대 노무현 대통령의 당선으로 이어집니다. 그래서 1990년대 이후에는 더이상 이데올로기 투쟁도 사람들의 고통을 충분히 설명할 수 없게 됩니다.

　그다음부터는 온라인커뮤니티나 팟캐스트 등과 같은 대중문화의 영역에서 서서히 음모론이 자라나기 시작합니다. 음모론이 많은 것을 설명할 수 있게 된 거죠. 그렇게 탈정치와 탈종교가 함께 이뤄집니다. 그런 의미에서 정치적 팬덤의 등장은 탈정치와 문화의 시대가 만난 결과라고 볼 수도 있겠습니다. 일부 문재인 대통령 극렬 지지자라고 할 수 있는 사람들, 일명 '문빠'의 등장과 같은 맥락입니다. 2018년 1월 중순, 문재인 대통령 생일축하 메시지가 아이돌 생일축하 메시지처럼 지하철 전광판에 등장하게 됩니다. 대선 당시의 "우리 이니 마음대로 해", "오구오구, 우쭈쭈" 같은 현상과 일맥상통하면서 동시에 정치가 '팬질'이 되었다는 것을 보여주는 아주 노골적인 이미지였습니다. 하지만 이보다 더 문제적인 것은 현실정치가 탈정치화되었다는 혼란입니다. 2017년 연말, 촛불 1주년 기념집회 포스터가 여러 종류로 온라인에 배포가 되었는데, 한 포스터에는 "니들은 시위해라 우리는 파티한다"라고 쓰여 있고, 또다른 포스터에는 "선동꾼, 운동권, 직업시위꾼, 분란세력,

집회 알박기, 폭력시위, 수구좌파와 작별한 21세기 대한민국 첫번째 시민축제"라고 되어 있더라고요. 이런 수사들은 스스로 정치적 이기를 포기한 팬덤의 서술이겠지요.

어쨌거나 "수구좌파"라니, 정말 흥미로운 말입니다. '수구'라는 것은 지금의 정치체제를 유지하고자 하는 태도죠. '좌파'는 기본적으로 현행유지를 뒤집어엎으려는 사람들을 의미합니다. 두 가지 단어는 한자리에 붙을 수가 없는 것인데요. 정말 신기한 '상상력'이에요. 사실 이런 '뜨거운 아이스 아메리카노'와 같은 상상력이야말로 음모론 시대의 중요한 태도 중 하나인 '반지성주의'의 핵심이라고 볼 수 있습니다. '수구'와 '좌파'가 원래 놓여 있었던 정치적 맥락과 언어적 의미망을 해체시켜 자기 마음대로 재구성해서 새로운 의미를 만들고 이게 '팩트'라고 말하는 거요. 그래서 탈정치와 음모론과 반지성주의는 매우 흥미롭게 연결되는 지점들이 있습니다.

저는 이 내용을 제가 쓴 책인『페미니즘 리부트』에서 좀더 자세히 다루었습니다.「어용시민의 탄생」이라는 글인데요. 사실은 '수구좌파'와 '어용시민'은 그 형식과 내용에서 매우 비슷한 부분이 있습니다. '진보어용 지식인'이라는 말, 들어보셨지요? 이 말은 유시민 작가가 한 말입니다. 문재인 대통령이 당선되기 직전 유시민 작가가 팟캐스트인〈파파이스〉에 출연했습니다. 진행자인 김어준 씨가〈파파이스〉에서 계속 밀었던 것은 '우리가 노무현 대통령이 당선됐을 때 잘한답시고 너무 감시하고 내몰았다. 그런데 결국 돌아가셨다. 문재인 후보에겐 그런 우를 범하지 말자. 그래서 무조건적인 지지로 지원해줘야 한다'는 기조였죠. 그러던 와중에 〈파파이스〉가 유시민 작가를 부릅니다. 그리고 김어준씨가 유시민 작가에게 "문재인 후보가 당선되면 뭐할 거냐"라고 물어봅니다. 그에 대한 유시민 작가의 대답이 "나는 진보어용 지식인을 할 것이다"였죠.

사실 저에게 이건 정말 놀라운 광경이었습니다. 왜냐면 '진보'와 '어용'과 '지식인'이 한 단어에 들어갈 수 있을 거라고는 상상해보지 못했거든요. "우리는 그저 청와대 권력을 잡았을 뿐이다. 수많은 적폐와 싸우기 위해서는 노무현 때와 같은 오류를 범해선 안 된다"(정청래)라고 이야기를 하는 거예요. 누군가 그런 이야기를 했다죠. "한국보수는 너무 주류라 나라고 뭐고 다 자기 거라고 생각하는데, 한국진보는 스스로를 너무 비주류라고 여겨서 문제가 생긴다." 사실 스스로 피해자 서사를 쓰고 비주류로 머무르려는 것이 반복되는 것은, 그것이 '한국진보'의 권력 재생산 메커니즘이기 때문입니다. 저는 여기에서 586세대들의 깊은 반성과 성찰이 있어야 한다고 생각해요. 어쨌거나 재미있는 건 유시민 작가가 이 이야기를 하는 순간 '트위터'에 '어용시민' 계정이 늘어난다는 것이죠.

21세기 대한민국 음모론의 성격들

저는 음모론으로 추동되는 정치적 집단 중 두 군데에 주목하고 있습니다. 하나는 '일베'고, 다른 하나는 〈나꼼수〉로 대변되는, 혹은 〈나꼼수〉를 중심축으로 하는, 남성네트워크입니다.

'일베'가 음모론과 맞닿아 있는 건 이런 지점입니다. 사건이 놓여 있는 맥락을 완전히 탈락시켜서 세상을 보는 거예요. 그리고 우리에게 주어지는 정보들이 팩트가 아니라 음모에 의해 훼손되어 있다고 생각하는 거죠. '이 음모를 알 수 있는 것은 오직 우리뿐이다. 그리고 그것이 팩트다'라고 말하는 게 '일베'의 놀이였습니다. 대표적인 게 5·18을 '광주사태'라고 부르면서 민중항쟁의 뒤에는 빨갱이들이 있고 그게 아니라고 말하는 것은 역사왜곡이라는 겁니다. 그러므로 '일베'의 음모론이라고 하는 것은 '반지성주의'와 연결되어 있어요. 이 반지성주의는 그냥 '멍청이들'이라 '반지성'인 것이 아니라 아주 정치적인 태도를 갖춘 '반권위주의'이기도 합니다. 이 사회에서 권력을 누리고 있는 자들이 하는 말을 그대로 받아들이는 것이 아니라 내가 그들이 숨기고 있는 것을 찾아내 진실을 알아내겠다는 생각이 바탕이 되기 때문입니다. 물론 5·18에 제대로 된 역사적 위상을 부여하고자 했던 사람들이 과연 권력을 누리고 있는가는 또다른 문제지만, '일베'의 등장 배경으로 김대중·노무현 시기의 논객문화와 그 안에서 '주류'였던 진보진영의 역사관이 지목되곤 했던 것을 보면 이해할 수 있는 부분이기도 합니다. 어쨌거나 여기에 또하나 작동하는 것은 '그 진실은 나만이 알 수 있다'고 하는 엄청난 나르시시즘이기도 합니다.

한편에서 반지성주의의 '일베'가 있었다고 하면, 다른 한편에는 '일베'에서는 등장하지 않았던 반지성주의의 구루가 등장한 그룹이 있었습니다. 그것이 〈나꼼수〉였죠. 그 구루는 다 아시는 것처럼 김어준씨입니다. 그가 입버릇처럼 말했던 "무학의 통찰"이 이 반권위주의적이고 반지성주의적인 성격을 잘 보여줍니다. '무학'으로는 기존의 네트워킹에 포함되어 있지 않고 제도 밖에 있음을 강조하면서, 동시에 '통찰'이라는 말을 통해 자신은 '합리적 추론을 할 수 있는 통찰력을 갖추었다'고 선언하죠. 그렇게 기존의 지식체계는 구닥다리가 됩니다. 물론 저는 〈나꼼수〉의 역할이 있었다고 생각해요. 그걸 다 부정하는 것은 아닙니다. 그러나 〈나꼼수〉의 기본적인 작동 메커니즘은 한번 들여다봐야 한다고 생각해요.

'일베'의 반지성주의는 반권위주의라는 평등한 관계를 상정하고 있고, 그래서 중심세력이 등장하지 않음으로써 정치세력화되지 못했다면, 그것이 이뤄지는 곳은 오히려 '깨시민 지형', 즉 〈나꼼수〉였습니다. 저는 김어준씨가 쓰는 '음모론'을 농담처럼 '감나무주의'라고 말합니다. 길을 가다가 '도를 아십니까?' 류의 사람들을 만나게 됐을 때, 그 사람들이 "집에 감나무 있어요?"라고 물어본다는 거예요. 그랬을 때 "있다"라고 하면 "굿하셔야 합니다" 하고, "아니다"라고 하면 "다행입니다. 있었으면 큰일날 뻔했어요" 한다고 하죠(웃음). 김어준씨가 중요한 문제제기를 하고 또 나름의 대안언론으로서 그 역할을 한다는 걸 인정하지만, 그 기본화법과 자신의 말을 책임지는 방식은 '감나무주의'와 크게 다르지 않아 보입니다. 막 던지고선 '아니면 말고'이거나, '내가 말해서 막았지' 같은 거죠. 그는 이것을 '합리적 추론'이라고 말합니다. 이에 대해서는 잠시 후 좀더 이야기하죠.

저는 "어용시민의 탄생"에서 여기에 '나무위키'까지 붙여서 살펴보았어요. '나무위키'는 일종의 백과사전입니다. 기존의 탑—다운의 백과사전이 아니라 다운—탑의 백과사전이고, 유저들이 정보를 계속해서 덧붙이면서 그 양이 방대해집니다. 실제로 '나무위키'의 포맷을 제공했다고 하는 '위키피디아' 같은 사전들이 집단지성이자 웹2.0이 열어줄 직접민주주의의 활로처럼 이야기됐던 시기가 있었죠. 이 메커니즘 안에서 지금/여기 음모론의 세번째 특징이 드러납니다. 바로 '나무위키'가 보여주는 엄청난 정보수집에 대한 기이한 열정입니다.

'나무위키' 같은 경우 야구나 게임, 웹툰 같은 하위문화에 대해선 타의 추종을 불허할 정도의 정보력을 가지고 있습니다. 중요한 건 이 기이한 정보에 대한 수집 열정이 '절대로 속지 않겠다'는 검색 및 정보채집에 대한 강박과 맞닿아 있는 거예요. 음모론의 시대에 흔히 볼 수 있는 소비행태 중 하나는 20원 싸게 사기 위해 열두 시간 검색하는 사람들이 있다는 거죠. 사실은 내 노동력을 생각하면 20원 싸게 사는 것이 중요하지 않잖아요? 하지만 속지 않기 위해서, 현명한 소비자가 되기 위해서 최선을 다합니다. 현명한 소비자야말로 훌륭한 시민의 조건이기 때문에 엄청나게 검색하는 거예요. 그 검색의 열정이 '나무위키'의 정보수집 열망과 맞닿아 있습니다.

'일베'에서 드러나는 반지성주의와 반권위주의, 〈나꼼수〉에서 드러나는 그 음모론자들을 규합할 수 있는 구루의 등장, 그리고 '나무위키'의 정보수집 열망. 이 세 가지를 종합하면서 주목해야 하는 가장 중요한 문제는 여기에 '감정'이 어떻게 개입되느냐 입니다. 데이터나 정보처럼 중립적으로 보이는 것, 그리고 공론장처럼 감정보다는 이성이 작동하는 것처럼 보이는 공간들이 기실은 다양한 감정에 의해서 추동되고 있다는 것입니다. 감정이라는 것이 지금 이 사회에서는 데이터라는 점 말이죠. 예컨대 '나무위키'는 전혀 중립적이지 않아요. 특히나 감정적으로는 더 그렇죠. 사람들은 '나무위키'가 사전이기 때문에 중립적인 '팩트'일 것이라고 믿어버리죠. 하지만 많은 항목들이 엄청난 혐오와 조롱으로 기술되어 있어요(특히 '페미니즘'과 관련해선 더 그렇죠). 이미 이 사회는 감정, 특히나 혐오라고 하는 감정이 사람들에게 정보로 흡입되고 있다는 점을 기억할 필요가 있을 것 같아요. 그런 이야기 들어보셨을 거예요. '마이크로소프트'에서 '테이'라고 하는 채팅 인공지능을 만들었어요. '테이'는 온라인을 떠도는 빅데이터를 기반으로 채팅을 하게 되는데, 네티즌과 '테이'가 대화를 나눌 때 테이에게 "홀로코스트에 찬성하냐"고 질문하니까 '테이'가 "응"이라고 대답해요. 온라인상에는 인종차별주의자들이 넘쳐나니까요.

〈나꼼수〉와 음모론의 남성연대

저는 음모론이 힘있는 시대정신이 된 배경을 지나서, 음모론이 감정을 가지고 있으며 동시에 젠더화되어 있을 수 있다는 함의까지 전달해드렸어요(하지만 음모론이 젠더화되어 있다는 말이 '여성들은 음모론을 쓰지 않는다'는 말은 아닙니다. 오늘의 관심주제는 검사

영화이고, 그 검사영화와 음모론이 어떻게 이 사회의 '남성다움'을 상상하는 방식과 연결되어 있는지에 대한 이야기이므로 여성 음모론자에 대한 논의는 넘어가겠습니다. 다만 강조할 것은 여성검사물은 지금까지 만들어지지도 않고, 팔리지도 않았다는 것입니다). 음모론은 그저 '하위문화'가 아니라 정치세력화하여 가장 파워풀한 영향력을 미치고 있는 상태가 되었고, 그것은 일군의 남성연대들로 이뤄져 있죠. 그래서 그 '정치'에는 정확하게 배제의 동학이 작동하고 있습니다.

〈나꼼수〉가 그토록 인기를 끌 수 있었던 또하나의 이유는 그들이 서사를 가지고 있었다는 거예요. 남성영웅들이 서로가 서로의 털을 골라주는 남성연대의 서사 말이죠. 김어준, 정봉주, 주진우, 김용민 네 명이 매우 견고한 남성연대를 만들고 있었고, 각자가 캐릭터가 있었어요. 구루(김어준), 정치인(정봉주), 정보수집가(주진우), 광대(김용민)가 있었다는 거예요. 그리고 이 네 사람을 중심으로 형성된 네트워킹이 '거대 꼼수(음모)와 싸운다'라고 하는 대하드라마를 쓴 거죠. 안 팔릴 수가 있을까요? 물론 거기에 이 서사를 이벤트와 스펙터클로 구현해준 탁현민이 있었습니다.

이런 음모론의 시대이기 때문에 '탐사'의 형식을 띤 다큐멘터리들이 많이 나오기도 합니다. 잘 아시는 것처럼 〈더 플랜〉(2017)은 〈파파이스〉에서 만든 다큐멘터리예요. 18대 대선에 부정이 있었다는 이야기인데, 〈더 플랜〉이 주장하는 가장 핵심적인 내용은 이런 것입니다. 시민들이 투표장에서 투표한 표가 개표장으로 가면, 그 각각의 표를 사람이 수개표를 하는 것이 아니라 기계가 투표 내용을 식별하게 됩니다. 기계가 식별할 수 없어서 미분류표로 분류된 표를 사람이 확인해서 재분류하게 되는데, 〈더 플랜〉의 주장은 그 미분류 표에서 박근혜의 지지도가 너무 높았고, 심지어 일정한 비율로 높았다는 거죠. 이것이 'K값의 비밀'입니다. 이 미분류 표를 확인하는 과정에서 조작이 있었다는 겁니다. "투표가 아니라 개표가 결정한다"는 카피는 그렇게 등장합니다.

이렇게 18대 대선이 부정선거였다는 담론이 만들어지자, 또 하나의 대안언론인 〈뉴스타파〉에서 반박 탐사보도를 냅니다. 거기에서 밝힌 것은 무엇이었냐면, 18대 대선 미분류 표에서 박근혜 표가 높았던 만큼이나 19대 대선 미분류 표에서 홍준표의 득표가 높았다는 거예요. 그래서 "보수를 찍은 표가 오류를 내기 쉽다"라고 설명합니다. 그러므로 조작이라기보다는 나올 수 있는 결과였다는 것이죠(자세한 내용은 〈더 플랜〉과 〈뉴스타파〉를 보면서 확인하시기 바랍니다).

이에 대해 김어준씨가 〈파파이스〉에서 10분 정도 재반박을 합니다. 이때 네 가지 '재현 전략'을 취합니다. 첫째, 〈뉴스타파〉 등의 반박을 '노인 가설'이라고 이름 붙여 폄하하면서 '낄낄거림'의 대상으로 만들어요. "노인들이 손이 떨려서 그랬다는 노인 가설입니다"라고 하면서요. 이런 '낄낄거림'은 〈나꼼수〉가 매우 잘하는 일이죠. 그다음에 〈뉴스타파〉 등은 〈더 플랜〉의 주장을 충분히 이해하지 못한다면서 프레임을 교묘히 뒤틉니다. "K값이 18대와 19대에서 크게 다르지 않게 나왔고, 거기에서 보수 후보의 지지율이 더 높았다는 것은 문제의 핵심이 아니다. 핵심은 당선자가 K값 안에서 얼마나 도움을 받았느냐다." 하지만 이 프레임 뒤틀기는 현장에 있는 청중에게도 별로 설득력이 없었는지 이내 세번째 전략으로 이어집니다. "(내 설명이) 이해 안 가요? 이해 못해도 어쩔 수 없다"는 식으로 말하는 거죠. '네가 이해를 못해도, 나는 옳다'입니다. 그리고 네번째, "아직 준비는 안 됐지만, 우리가 결국 다 밝혀낼 거다"라고 선언합니다. 결국 18대 대선이 사기라는 엄청난 이야기, 그러니까 온 국민이 '국기문란'에 속아넘어갔다는 이야기를 하면서도 별다른 책임을 지지 않습니다. 이것 역시 참 놀라운 광경이죠.

한국사회 음모론의 가장 중요한 성격 중 하나는 누구도 별다른 책임을 지지 않는다는 거예요. 대안언론은 물론 중요하고 그 역할이 있죠. 김어준씨는 놀라운 통찰력과 네트워킹, 정보력을 다 갖추고 있어요. 심지어 타의 추종을 불허하는 영향력까지 행사하고 있고 말입니다. 그걸 의심하지는 않습니다. 하지만 그 '합리적 추론'이 진실이 아니라고 판명이 난다면 거기에 책임을 져야 언론으로서의 자격을 갖추는 것 아닐까요? 못 알아듣겠으면 치우라고 이야기하면 안 된다는 거예요. 김어준씨는 음모론자 소리 듣는 것이 정말 억울하신 모양이던데요. 팬덤 뒤에 숨으실 것이 아니라 더 무겁게 책임을 지는 태도가 필요하지 않을까요?

여기에 또 한 편의 음모론 다큐멘터리가 있습니다. 〈김어준의 뉴스공장〉이나 〈파파이스〉에서도 소개했고 힘을 실어주었던 다큐멘터리인데요, 바로 〈김광석〉(2017)이라는 다큐멘터리입니다. 이 상호 기자가 가수 김광석씨의 죽음을 추적하는 다큐멘터리입니다. 이 다큐멘터리에서 제일 이상한 건 역시 포스터예요. 김광석의 죽 음을 추적하는 다큐멘터리인데, 포스터에는 이상호 기자의 비장 한 얼굴만이 가득합니다. '진실은 저 너머에 있고, 나 이상호가 그 것을 밝힌다'는 이미지를 전시하고 있어요. 사실 그 이미지는 이상 호 기자가 다큐멘터리에서 김광석씨 어머니를 쳐다보는 장면을 추 출해서 만든 것입니다. '어머니의 한을 풀어주려고 노력했는데, 내 가 그러지 못했다'가 영화의 중요한 감정축입니다. 일종의 나르시 시즘이죠. 정의를 구현하려고 하는, 비밀을 알고 있는 나만이 당신 의 한을 풀어드릴 수 있다는 것. 그 엄청난 나르시시즘이 이 사회 의 남성들이 주도하는 음모론의 핵심이기도 합니다.

이 다큐멘터리는 김광석씨의 아내였던 서해순씨가 그를 살해 했을 것이라는 인상을 아주 강하게 만들어냅니다. 그리고 서해순 씨가 얼마나 극악무도한 인간인지 강조합니다. 하지만 결국 법원 에서는 서해순씨에 대해 무죄를 선고했고요. 그에 대해서 이상호 기자는 이렇게 말합니다. "나는 서해순씨를 범인으로 지목한 적이 없다. 최초의 목격자인 서해순씨에게 질문하고 싶었을 뿐이다." 다큐멘터리를 보면 이건 사실 '거짓말'입니다. 다큐멘터리는 서해 순을 정확하게 범인으로 지목하고 있어요. 또 한 가지 흥미로운 것 은 이런 거예요. 이 다큐멘터리에서 매우 중요하게 다뤄지는 사건 중 하나는 이상호 기자의 예전 사무실에 수해가 나서 김광석의 죽음을 둘러싸고 진행했던 취재기록이 다 손상되는 일이 벌어졌다는 겁니다. 진실을 밝히는 자 앞에 놓인 고난이라는 서사가 만들어짐과 동시에, 왜 이 음모론이 완벽하게 설명되지 않는지에 대한 변명이 되기도 하죠. 주목할 만합니다.

음모론의 욕망, 검사영화의 욕망

다시 영화 이야기로 돌아와볼까요? 앞에서 말씀드린 이 검사영화들 속에서 아주 흥미로운 캐릭터가 하나 있습니다. 바로 드라마 〈비밀의 숲〉(2017)의 '황시목'입니다. **황시목은 '한남 시네마틱 유니버스'에서 벗어난 캐릭터, 다른 우주에 있는 캐릭터예요(물론 〈비밀의 숲〉은 영화가 아니라 드라마이기는 하지만요). 그래서 배우 이름이 아니라 캐릭터 이름으로 부를게요(웃음). 이 캐릭터는 감정을 느끼지 못하는 캐릭터이기 때문에 내부자들이 되고 싶다는 욕망이 없고, 그렇게 어디에도 속하지 않는 캐릭터입니다.** 그래서 〈내부자들〉의 조승우와는 전혀 다른 캐릭터죠.

반면 함께 등장하는 한여진(배두나)은 감정이 매우 풍부합니다. 시청자들은 황시목이 로봇 같았다고 하지만, 저는 개인적으로는 한여진이 오히려 더 비현실적이라고 생각했어요. 너무 따뜻하고 '인간적'이면서 동시에 능력도 있는, 다 잘 해낼 수 있는 경찰인거죠. 〈비밀의 숲〉은 검찰영화와 경찰영화를 합쳐놓은 듯한 협업물인데, 그랬을 때 한여진은 황시목과 다른 인물이 아니라 황시목의 감정들이라는 생각을 하기로 했어요. 황시목과 한여진이 실제

로는 한 몸인, 그 한 명의 인간이 판타지적으로 둘로 분리되어 있
는 것이 아닌가 하고 말이죠. 영화 〈인사이드 아웃〉(2015) 아시죠?
황시목의 '기쁨이', '슬픔이'가 현실에 현현한 것이 한여진이라는
캐릭터가 아닌가 하고요. 그래서 황시목은 매우 퀴어적인 캐릭터
로 보였어요. 그렇게 한 존재가 두 개의 몸으로 분리되어 있기 때
문에 실제로 두 사람 다 전혀 섹슈얼리티가 발현되지 않죠. 젠더는
가시화되지만 섹슈얼리티는 보이지 않는 상황. 황시목과 한여진
둘 다 한국 드라마에서는 매우 드문 캐릭터이기도 하죠.

이렇게 검사물의 세계관이라고 하는 것은 한국사회를 남성중
심적으로 상상하는, 그래서 남성중심민족과 남성중심국가를 상상
하는 그런 세계관입니다. 영화란 그저 단순히 떠들고 즐기는 엔터
테인먼트가 아니라 '우리'가 누구인가를 상상할 때 대단히 큰 영향
력을 미치는 문화일 뿐만 아니라 정치적인 장場이기도 하죠.

최근에 한국영화의 쟁점으로 여성캐릭터 부재와 함께 조선
족 재현이 떠오르고 있잖아요? 이 시작은 〈황해〉(2010), 〈신세계〉
(2012)로 이어지는 조선족의 괴물화 관습과 관계가 있습니다. 〈청
년경찰〉(2017) 같은 경우는 조선족을 악마화했지만 남녀 공히 좋
아하는 영화로 관객 수 560만을 넘긴 작품이 됐는데요. 〈범죄도
시〉도 마찬가지고요. 그건 무슨 말이냐면, 한국사회에서 영화를
보러 가는 사람들이 '우리'를 상상하는 카테고리 안에 조선족은 없
다는 의미예요. 조선족은 온갖 왜곡된 편견들 속에서 재현되어도
나는 충분히 웃고 즐길 수 있다는 거죠.

타자 혹은 소수자를 혐오하고 배제하여 '외부'로 만들어서 '우리'의 내부적 결속을 다지는 것은 영화에서 많이 사용하는 방식이고, 그에 성공하는 영화들이 많은 관객을 불러모으는 것이 사실입니다. 불특정 다수의 관객들을 '우리'로 호명함으로써 어필하는 것입니다. **그랬을 때 우리가 마지막으로 살펴보아야 하는 것은 '검사 영화의 욕망'인 것 같아요.** 그렇게 만들어지는 '우리'의 성격이 과연 어떤 것인가, 그 욕망과 긴밀하게 연결되어 있을 것 같기 때문이죠. 그리고 그것이 결국 2010년대 중후반을 살아가는 남성연대의 욕망이기도 할 테니까요.

정치적 불안이 음모론을 가져왔고, 그 음모론을 통해 관심과 주목을 끌어서 자신의 자원을 만들고, 그 안에서 소수자들을 배제하면서 자신을 중심에 세우는 남성들의 왜곡된 나르시시즘이 작동하고 있을 때, 이에 발맞춰 검사영화가 나오고 있습니다. 그렇다면 다시 한번 물어보죠. 이 검사영화의 욕망이 정말로 복수와 정의구현일까요?

사실 〈내부자들〉에서 가장 문제가 되었던 그 장면, 이경영이 성기로 잔을 쓰러트리는 장면이 문제가 되었던 것은 여성의 몸덩어리를 남성들이 서로 유착관계를 만드는 과정 속에 던져넣음으로써 관객들의 관음증을 자극했다는 점 때문이었습니다. 그래서 기실 그 장면이 주는 쾌락이란 '이렇게 더러운 자들이 응징당했다'는 쾌감 이전에 '그들 중 하나', 즉 '내부자들'이 되고 싶다는 욕망의 충족이었다고 할 수 있겠죠.

이와 비교해볼 만한 것은 〈부당거래〉의 유명한 대사 "호의가 계속되면 그게 권리인 줄 안다"입니다. 류승완 감독이 류승범의 입에서 그런 대사를 말하도록 했을 때, 그 의도란 '권력자'들이 시민들의 당연한 권리보장을 자신들이 베푸는 '호의'로 잘못 알고 있다는, 그런 태도를 비판하려는 것이었죠. 그런데 2017년에 와서 이 유행어가 작동하는 방식은 "너네 이명박·박근혜 시대에는 아무 말도 안 하고 있다가, 이제 문재인 대통령 시대가 되니까 이거 해달라 저거 해달라 시끄럽게 구는 거 아니냐"라는 말들과 정확하게 만나고 있습니다. 그렇게 "좀 잘해주려고 했더니, 그게 권리인 줄 아냐"라는 이야기가 한국사회의 곳곳에 숨어 있는 거죠. 그랬을 때 이 검사영화들 안에서 작동하고 있었던 욕망, 그리고 관객들이 반응했던 그 욕망이 과연 정의구현과 복수에만 있었을까요? 어쩌면 꼭 그렇지만은 않을 수도 있다는 거죠. 내부자가 되고 싶은 마음, 실제로는 호의를 베푸는 자가 되고 싶어하는 마음이 사람들의 관음증을 자극했다고도 볼 수 있겠죠.

기억해야 할 것은 그 이너서클은 여성 교환을 통해 '우정'을 유지하는 섹스-커넥션이었다는 겁니다. 그런데 복수와 정의구현을 하겠다는 진보진영의 남성-동성사회성 역시 여성의 이미지를 교환함으로써 만들어지는 이너서클이기도 했던 거죠. 〈나꼼수〉 비키니 응원사건, 기억하시죠?

〈나꼼수〉가 방송되던 시절에 정봉주 의원이 감옥에 들어갑니다. 그때 여성팬 중 한 명이 비키니를 입고 "가슴이 터지도록 나와라, 정봉주"라는 글을 가슴에 적은 채로 찍은 사진을 〈나꼼수〉에 보내죠. 실제로 여성은 자신의 성적 매력을 발산함으로써 정치적 입장을 표명할 수도 있고, 혹은 남성연대에 '꽃'처럼 들어가고 싶을 수도 있습니다. 이분의 의도는 이분에게 남겨둬야 할 부분이라고 생각합니다. 그런데 문제는 뭐였냐면, 〈나꼼수〉 4인방이 여성을 이미지로만 교환하는 것에 익숙했기 때문에, 연대와 응원의 의미를 밝힌 것을 연대로, 정치적인 행위로 받아들인 것이 아니라 '선물'로 받아들였다는 것이죠. '정봉주에게 던져주는 여자'라는 '선물'로 인식했다는 거예요. 그래서 정치적 주체로서 여성을 봤다기보다는 이미지로서 소비해버립니다. 실은 〈나꼼수〉 4인방이 했었어야 하는 건 이 여성이 자신의 정치적 의사를 표명함으로써 성희롱 대상이 되도록 던져버리는 것이 아니라, 그 성희롱의 고리를 끊었어야 했다는 겁니다. 하지만 그런 인식이 저 남성-동성사회에는 존재하지 않았죠.

이 긴 이야기의 마무리로 저는 탁현민 이야기를 하려고 합니다. 그게 오늘의 결론입니다. 정치의 영역에서 정말 중요한 문제 중 하나는, 제가 오늘 분석한 것처럼, '이야기와 상상력'이기 때문입니다.

탁현민은 중학교 때 반 친구를 돌아가면서 강간했다는 이야기를 책에 썼지요. 하지만 문제가 되자 "이것은 사실이 아니라 허구"라고 밝힙니다. 따라서 그 이야기 자체가 범죄사실을 구성하지 않을 수는 있습니다. 그런데 이것이 '정치적'으로 반드시 해결되어야 하는 이유는, 이렇게 배타적으로 남성중심적으로 구성되어 있는 남성연대가 작동하는 핵심에 바로 이런 '이야기들'이 있기 때문입니다. 남자들끼리 모이는 자리에서는 그렇게 '센 척'하면서 허세를 부리는 '이야기'를 많이 한다면서요? 현실에서 어떤지는 알 수도 없고, 어쩌면 중요하지 않을 수도 있습니다. 무엇보다 중요한 것은 '이야기'인 셈입니다. 물론 그것이 현실에서의 폭력으로 이어지고요.

다시 영화 〈아가씨〉로 가볼까요? 박찬욱 감독은 남성-동성사회성과 그 위계를 유지하는 '여성혐오'의 성격이 이야기와 이미지, 판타지로 구성되어 있다는 것을 정확하게 이해하고 있습니다. 조선인 조진웅이 '진짜 일본인'이 되기 위해서 일본여자와 결혼하고 그렇게 '내선일체'에 동조하고, 더불어서 일본 고위급 남성들에게 여성의 포르노그래피적 이미지를 구술과 연행이라는 형태로 제공하죠. 조진웅이 김민희와 결혼한 하정우에게 계속 요구하는 것역시 '첫날밤이 어땠는가'에 대한 상세한 묘사입니다. '말'해주기를 바라는 것입니다. 그렇게 '여성'을 공유하고 싶어하는 것이죠. 결국 여성에 대한 강간과 멸시가 가능해지는 것은 이런 '상상력' 때문입니다.

강간이라는 실제 행위도 중요하지만, 실제 행위가 가능해지고 필요하다고 상상되는 그 '상상력'이 여성에 대한 배제 및 차별, 폭력과 연결되어 있음을 이해해야 합니다. 그리고 그런 여성배제 위에 만들어지는 남성공동체란 또 한편으로는 이성애중심적이고, 비장애인중심적이며, 원주민중심적이죠. 페미니스트 대통령의 내각이라고 한다면, 이런 상상력의 문제 역시 이해하고 있었어야 합니다. 그리고 그것이 문제가 되었을 때, 정치적으로 합당한 대응을 했어야죠. 왜냐면 남자들이 여자들을 "돌려서 먹을 수 있다"고 얘기하고, 그것이 남성다움을 형성한다는 그 상상력이 지금과 같은 배제적인 정치를 만들고 있기 때문입니다. 페미니스트들에게 탁현민의 문제가 그렇게 중요했던 것은 이 때문입니다. 탁현민이 싫어서가 아니라, 혹은 문재인 정권에 흠집을 내기 위해서가 아니라, 여성을 교환가치로 삼아버리는 남성중심적인 정치를 깨기 위해서 이는 꼭 해결해야 할 매우 상징적이고 현실적인 문제였던 거죠.

오늘의 이야기는 여기에서 마무리하겠습니다. 오랜 시간 긴 이야기를 들어주셔서 감사합니다. 무언가에 대한 답을 드렸다기보다는 제가 가진 질문을 나누는 시간이었기를 바랍니다. 다음 기회에 또 뵙겠습니다.

혐오의 시대가 도래하다

: 한국사회의 혐오와 혐오표현, 우리는 무엇을 할 것인가

홍성수

한국사회에서의 혐오

한국사회에서 '혐오'나 '혐오표현'이라는 말이 본격적으로 등장하게 된 것이 2013년 정도부터입니다. 기사를 검색해보면, 그 전에는 혐오라는 말이 사용되긴 했어도 지금과 같은 의미로 쓰이진 않았죠. 제가 혐오표현에 관해 연구하고 강의하기 시작한 것도 2013년부터입니다. 연구자치고는 현실문제에 나름 기민하게 대응한 편이라고 할 수 있겠습니다.

사실 혐오표현이라는 용어뿐만 아니라, 차별하는 '말', 혐오하는 '표현'을 문제삼기 시작한 것도 얼마 안 된 일입니다. 그전에는 실제 차별행위를 문제삼은 것이지, 차별하는 표현이나 말 자체는 크게 문제되지 않았거든요. 2010년대에 들어 처음으로 차별하는 표현이 문제가 됐습니다. 그때 반反다문화를 주제로 한 온라인커뮤니티가 많이 생겼어요. 거기에 외국인이나 이주노동자를 비난하거나 다문화정책 등 외국인 관련 정책을 비난하는 게시물이 많이 올라왔었는데요. 외국인범죄의 위험성을 과장하거나 이주노동자들이 일자리를 빼앗아간다는 식의 담론을 유포하곤 했었죠. 그래서 2011년에는 국가인권위원회가 법무부장관과 '사단법인 한국인터넷자율정책기구이사회' 의장에게 인터넷에서 "인종차별적 표현"을 개선하라는 의견을 냅니다. 법무부는 인종차별적 표현에 대한 개선방안을 수립하고, '한국인터넷자율정책기구'는 회원사인 인터넷 포털사들이 인종차별적 표현을 자율규제해야 한다는 내용이었죠. 차별행위가 아니라 차별적 표현이 문제된 것은 아마 이때가 처음이 아닌가 합니다. 다만 그때는 '혐오표현'이라는 말이 사용되진 않았고, '인종차별적 표현', '인종적 표현'이라는 개념이 사용되는데, 사실 이건 요즘 우리가 얘기하는 '혐오표현'과 같은 내용입니다.

당시 국가인권위위원회가 "인종적 표현"이라고 모니터한 것들을 보면, 다음과 같은 내용들이 있었어요. 당시 혐오표현에 관한 논의는 척박했는데, 혐오표현을 유형화도 하고 모니터링도 했기 때문에 나름 귀중한 자료입니다.

종류	사례
인종적 우월성(순혈주의) 관점	"대한민국이 금방 무너지는 건 시간문제라고 할 수 있겠습니다."
위협적 존재로서의 외국인에 대한 증오감 표출	"G20회의장 반경 2킬로미터 이내에는 무슬림 애들 접근 금지시켜야 한다. 혹시나 모를 테러를 대비해서 접근시 전원 사살 해버려라."
인종을 근거로 외국인을 비하 또는 희화화	"수단에서 온 흑인 두 명이 기숙사에 있는데, 어휴 씹O 냄새가 아주 ㅋㅋㅋㅋㅋㅋ."
인종차별을 정당화하거나 증진시킴	"자식들을 파키식으로 교육시키려고 하는 걸 보고 방송에서는 아주 훌륭한 다문화 아버지라고 칭찬이 늘어졌음. 이제 곧 한국에 큰 재앙덩어리가 될 종자들……."

혐오표현이라는 말이 본격적으로 쓰이게 된 것은 2013년경부터입니다. 당시 인터넷게시판 '일베'가 사회문제로 떠올랐습니다. '일베'에 특정지역이나 여성에 대한 멸시, 모욕적 표현을 담은 게시

물들이 문제가 되었고 '유럽에서는 그걸 헤이트스피치hate speech라고 칭하고 처벌까지 한다'는 것이 소개되었죠. '헤이트스피치'라고 그대로 음역하기도 했고, '혐오표현', '혐오발언' 또는 '증오표현'으로 번역하는 경우도 있었습니다. 그때부터 혐오표현이라는 담론이 형성되기 시작했죠.

시간이 좀 흐르면서 '혐오표현'이 다양한 소수자집단에 대한 차별표현을 포괄하는 말로 쓰이기 시작합니다. 예컨대 최근 몇 년 동안 소위 '반동성애운동'이 꽤 활발했었죠. 이들은 동성애에 대한 차별과 혐오를 조장하는 말들을 온라인과 오프라인에서 유포하고 집회·시위 등 행동에 나서기도 했는데, 이러한 말이나 행동을 "동성애혐오", "성소수자 혐오표현"라고 부르기 시작했습니다.

2015년 여성혐오에 맞선 미러링 커뮤니티 '메갈리아'의 등장과 2016년 강남역 여성살인 사건을 거치면서 한국사회에 여성혐오가 만연해 있고, 그로 인해 여성들이 데이트폭력, 성폭력, 가정폭력 등의 위협에 노출되어 있으며, 살인 사건으로도 이어졌다는 것이죠. 이후에 여성혐오 담론이 확산되면서 페미니즘 도서 판매가 급증하고, 온·오프라인에서 다양한 페미니즘 모임이 활성화되기 시작했죠. 지금도 그 흐름은 계속되고 있습니다.

혐오의 배경과 원인

혐오가 이렇게 확산된 것에는 워낙 다양한 원인이 있어서 한마디로 얘기하기가 쉽지는 않은데요, 조금 거칠지만 간단히 설명해보면 이렇습니다. 익숙하지 않은 것에 대해서는 약간의 불편함이 있을 수 있고, 편견이 있을 수도 있죠. 하지만 편견을 드러내는 것은 옳지 못하다는 생각도 있기 때문에 그러한 불편함과 편견이 항상 밖으로 표출되는 것은 아닙니다. 그냥 마음속에 머물다가 사라지는 경우도 허다합니다. 그런데 그런 마음속의 편견이 어떤 계기를 만나 폭발하는 경우가 있습니다. 예를 들어, 또래 친구들이 특정 인종을 모욕하는 표현을 거리낌없이 하면, 자기도 모르게 그런 말을 해도 된다는 생각이 들죠. 이렇게 주변 사람들에게 영향을 받는 경우가 꽤 있습니다. 자신의 이해관계와 결부되어도 편견이 걷잡을 수 없이 폭발할 수 있습니다. 예를 들어, 공무원시험에서 3년 연속 떨어져서 많은 스트레스를 받고 있는데, 누가 와서 "5·18 유공자들이 특혜를 받아서 당신이 떨어진 거다"라고 하면 혹할 수밖에 없죠. 곰곰이 따져보면 말도 안 되는 얘기지만 순간 그런 말에 이끌리게 됩니다.

요즘 젊은이들 일자리 찾기가 쉽지 않죠. 그런데 옆에서 누군가가 "이주노동자들이 네 일자리를 빼앗아가고 있다"라고 말해주면 귀가 솔깃하죠. 그러면서 이주노동자혐오에 동참하게 됩니다. 사실 이주노동자는 일자리문제의 원인도 아니고, 또 이주노동자를 대상으로 비난을 한다고 해서 문제가 해결되지 않을 것이라는 점은 누구나 조금만 생각해보면 알 수 있죠. 하지만 진짜 일자리문제로 투쟁을 하려면 강자나 기득권과 싸워야 하는데 그건 쉽지 않은 일이잖아요. 그러니까 그냥 손쉬운 상대인 외국인을 상대로 혐오를 퍼붓는 거죠. 이성적으로 생각해보면 말도 안 되는 것이지만, 마음속의 희미한 편견이 자신의 이해관계와 결부되고, 누군가 그 것을 선동하게 되면 자기도 모르게 그 혐오의 대열에 동참하게 되 는 겁니다. 만만한 소수자를 상대로 화풀이하는 거나 다름없는데 도 말이죠.

일본에서의 혐한·반한문제도 마찬가지입니다. 일본 젊은이 들도 요즘 많이 힘들어요. 일본이 한창 고도성장할 때의 혜택을 요 즘 젊은이들이 누리고 있지는 못하죠. 그런 상황에서 2002년 한· 일월드컵을 경유하면서 혐한감정이 고개를 들기 시작했습니다. 처 음에야 그냥 월드컵 공동주최를 하면서 생긴 감정문제 정도였는 데, 누군가가 재일조선인을 타깃으로 혐오 담론을 유포시킵니다. 어처구니없게도, 재일조선인들이 특혜를 받고 있어 일본경제가 힘 들다는 얘기였습니다. 일본 상황을 잘 모르시더라도, 일본에서 살 고 있는 조선인들이 특혜를 받고 있다는 게 말도 안 된다는 건 굳 이 설명이 필요하지 않겠죠? 차별을 받았으면 받았지 무슨 특혜를 받았겠습니까. 그런데도 그런 재일조선인 혐오 담론에 빠져드는 젊은이들이 늘어나기 시작했습니다. 자신이 처한 문제를 엉뚱하게 도 일본사회의 소수인 재일조선인들에게 전가하는 것이죠.

유럽에서 네오나치가 등장하고 반反이민 정서가 확대되는 것 도 비슷합니다. 유럽도 많이 힘들죠. 고도성장 시대가 끝났고, 화 려했던 복지국가 전성기가 막을 내렸습니다. 이제는 고등학교 졸 업해서 노동자로 살아가다가 복지혜택을 받으며 노년을 보내는 시대는 끝났습니다. 유럽인들도 저임금, 고용불안, 불안한 노후라는 현실을 피할 수 없게 된 거죠. 그렇다면 기득권과 강자에 맞서 싸워야 할 텐데, 엉뚱하게도 약자에게 화살을 돌립니다. "이 모든 건 외국인 때문이다!", "무슬림을 쫓아내자!" 이런 구호들이 유럽인들의 호응을 얻게 됩니다. 그것이 영국에서는 브렉시트로 나타났고, 반(反)이주자 및 반(反)무슬림 정서에 편승한 극우정당의 등장으로 이어졌습니다.

미국도 별로 다르지 않습니다. 과거에 안정적이었던 백인남성들의 경제적 지위가 추락하면서 반(反)이민정책을 표방하고 소수인종이나 여성에 대한 차별적 발언을 일삼는 트럼프를 이들이 지지하게 되었다고 하죠. 우리 논의의 맥락에서 보면, 혐오와 손을 잡은 것입니다. 그런다고 백인남성들이나 중산층노동자들의 지위가 예전처럼 회복될지는 미지수입니다. 그런데 그런 실현가능성은 중요하지 않습니다. 어쨌든 그들이 이주자나 외국인에 대한 혐오로 이 문제가 돌파될 수 있을 거라고 진지하게 믿고 있다는 게 문제입니다.

이쯤 되면, 혐오는 세계적 현상이라고 해도 과언이 아닙니다. 저성장 시대를 맞이해서, 특히 과거에 영화를 누리던 소위 선진국들에서 혐오가 만연하기 시작한 거죠. 근본적인 문제해결과 거리가 멀어 보이지만, 그들은 혐오라는 해법을 택했습니다. 강자와 기득권과 맞서 싸우기보다는 취약한 소수자를 차별, 배제, 혐오하는 것으로 문제가 해결될 수 있다고 제법 진지하게 믿고 있는 것입니다. 혐오를 정치적으로 이용하는 정치선동가들의 등장으로 이는 더욱 강고하게 자리잡기 시작했습니다. 바야흐로 '혐오의 시대'가 도래한 것입니다.

혐오와 혐오표현의 개념

지금까지 한국과 세계의 혐오 현상을 소개했는데요. 본격적으로 혐오, 혐오표현의 개념을 좀 살펴보겠습니다. '혐오'의 뜻은 싫어하고 미워한다는 것이죠. 상당히 강한 뉘앙스의 말입니다. 영어의 헤이트hate도 표현 강도가 높습니다. 그냥 싫어하는 게 아니라 매우 많이 싫어하는 것을 뜻합니다. 혐오시설, 혐오식품 등에서도 혐오는 굉장히 싫어하는 대상을 묘사하는 말이죠. 근처에 가기도 싫은 피하고 싶은 어떤 것입니다. 그런데 '혐오표현'에서 '혐오'는 그 의미가 조금 다릅니다. 혐오표현에서 혐오는 소수자집단에 대한 부정적인 관념과 감정 등으로 소수자를 차별하거나 배제하는 것을 뜻합니다. 그러니까 일단 혐오의 대상이 소수자여야 한다는 얘기죠.

요즘 고등학교 교과서에도 사회적 소수자라는 개념이 나오더라고요. 그 정의에 따르면 "신체적, 문화적 특성 때문에 사회에서 다른 구성원과 구분되어 불평등한 처우를 받는 사람들로 스스로 집합적 차별의 대상임을 인식하는 사람으로 정의한다. 지배와 피지배집단을 가리키는 개념이지 수적 소수를 뜻하는 것은 아니다"라고 되어 있더군요. 즉, 소수자란 일단 불평등한 처우를 받는 집단이어야 하겠고, 그 집단이 어떤 집단성을 가져야 합니다. 예를 들어, 어떤 사람이 "노란 옷 입은 사람은 너무 싫어"라고 한다고 하면 그건 소수자를 대상으로 했다고 보기 어렵습니다. 노란 옷 입은 사람이 불평등한 처우를 받고 있지도 않지만, 노란 옷을 입은 사람들끼리 집합적 차별대상으로 스스로를 인식하지 않으니까요. 하지만 "장애인이 싫어"라고 했다면 장애인은 차별받고 있기도 하고, 또 장애인들이 스스로를 차별받는 집단으로 인식하기 때문에 얘기가 달라지는 겁니다.

소수자는 대개 수적으로 소수인 경우가 많습니다. 그래서 불평등한 처우를 받고 집단성을 갖는 것이 보통이니까요. 하지만 여성처럼 수가 많은데도 오랫동안 차별받아온 경우도 있고, 남아프리카공화국에서는 흑인이 백인에 비해 수가 많은데도 차별받아온 소수자입니다. 그러니까 권력자로부터 지배를 받는 것이 중요하지, 수적 소수임은 결정적인 문제가 아니라는 것이고요.

조금 더 쉽게 설명하면, 과거로부터 차별받아왔고, 지금도 차별받고 있으며, 앞으로도 차별받을 가능성이 높은 집단이 바로 소수자집단입니다. 물론 어떤 특정 개인이 일시적으로 부당한 처우를 받을 수도 있습니다만, 그건 그냥 부당하다고 얘기하면 되지 그 개인을 소수자라고 말할 필요는 없습니다. 예컨대 교수가 어떤 학생이 노란 옷을 입고 다닌다는 이유로 점수를 깎았다면 그건 소수자차별이라기보다는 그냥 부당한 성적 처리입니다. 그런데 동남아시아 출신 학생이라는 이유로 점수를 깎았다면 그건 차별입니다.

동남아시아 출신 학생들이 한국에서 차별받아온 역사가 있고, 그런 상황에서 동남아시아에서 왔다는 이유로 성적을 낮게 받았다면 기존의 차별이 공고화되는 효과도 있을 수 있고, 집합적 차별대상임을 공유하는 다른 동남아시아 학생들이 그런 위험에 함께 노출됩니다. 즉 소수자차별은 그냥 부당한 정도를 넘어 기존의 차별을 공고화하는 파급효과를 갖고 있고, 그 집단에 속한 사람들에게 집단적인 위협을 가한다는 점에서 특별하게 취급하는 것입니다.

그러니까 소수자와 차별은 뗄 수 없는 관계가 있다는 것인데, 이게 '혐오'의 개념하고도 그대로 연결됩니다. 소수자를 열등한 존재로 여기는 것이 혐오이고, 그래서 멸시하고 모욕하는 표현을 하는 것이 혐오표현인 것입니다. 자연스럽게 혐오표현은 소수자에 대한 차별이 되는 것이고요.

혐오'표현'이라고 했으니, 표현의 개념도 좀 따져봐야 합니다. 혐오를 마음속에 품고만 있으면 문제화되지 않겠죠. 하지만 혐오가 표현되면 문제가 됩니다. 표현은 보통 말로 하게 되지만, 종종 복장이나 표식 같은 것으로도 표현됩니다. 인종차별집단인 'KKK단'이 그 상징인 하얀 옷만 입고 나와도 혐오를 표현하는 게 됩니다. 독일에서는 아무 말 없이 나치 문양만 들고나와도 처벌되는 경우가 있죠. 'KKK단'의 십자가 소각 같은 퍼포먼스도 표현의 한 형태입니다.

소수자에 대한 차별로서의 혐오표현

사례를 통해 차별과 혐오표현의 개념에 좀더 다가가보겠습니다. 차별과 혐오표현을 연결시켜서 이해하는 것이 유용합니다. 어떤 레스토랑에서 노란 옷을 입은 사람의 출입을 금지시킨다면 차별일까요? 다시 말해 우리 사회가 그런 영업행위를 금지해야 할까요? 굳이 그럴 필요는 없어 보입니다. 노란 옷을 입고 갔다가 제지를 당했다고 해도, 다음날 다른 옷으로 갈아입고 가면 되거든요. 노란 옷은 앞서 소수자의 개념 정의에서 나오는 "신체적, 문화적 특성"과 무관하고 그냥 갈아입으면 되는 문제입니다. 또한 노란 옷을 입는 게 특별히 소수자들의 문화가 아니기 때문에, 레스토랑의 노란 옷 출입금지가 노란 옷 입은 사람들에 대한 차별을 조장할 우려가 없습니다. 그냥 그건 그 레스토랑의 독특한 영업방침이라고 이해하면 됩니다.

그런데 그 레스토랑이 "히잡 쓴 사람의 출입을 금합니다"라는 안내문을 붙인다면 어떨까요? 느낌이 확 다르죠. 아마 무엇이 문제인지 정확하게 말씀하실 수 없다고 해도 무언가 문제적이라고 생각하실 겁니다. 그건 히잡 쓴 사람들, 즉 무슬림들이 차별받아온 소수자이기 때문입니다. 소수자 고유의 옷차림을 금지한다는 것은 그 소수자들의 출입을 금지한다는 것과 마찬가집니다. 그런데 무슬림들은 그 안내문을 쿨하게 넘길 수가 없습니다. 노란 옷을 금지하는 안내문을 보고는 '별 희한한 레스토랑이 다 있네' 정도로 넘길 수 있겠지만, 히잡 출입금지는 그 의미가 완전히 다릅니다. 일단 다음날 히잡을 벗고 오면 된다고 할 수 없습니다. 그건 자신과 분리될 수 없는 종교적 복장이기 때문입니다. 게다가 그런 안내문으로 인해 기존의 차별이 노골화되고 공고화될 가능성이 큽니다. "무슬림 출입금지"라는 안내문이 인근 레스토랑과 커피숍으로 확산될 우려가 있습니다. 고용이나 교육 영역에서의 무슬림차별이 노골화될 수도 있습니다. 그러다보면, 무슬림은 점점 사회에서 배제될 겁니다. 그래서 히잡 쓴 사람의 출입을 금하는 레스토랑 영업은 허용될 수가 없는 겁니다.

혐오표현문제도 이러한 차별문제와 똑같습니다. "노란 옷이 싫다"라고 표현한 것과 "히잡이 싫다"라고 표현한 것의 차이는 명백합니다. 전자는 좀 별난 취향을 표현한 것 정도로 넘어갈 수 있지만, 후자는 차별을 조장하고 공고화할 가능성이 큽니다. 무슬림 입장에서는 가볍게 넘길 수 없습니다. 자신들에 대한 공격적 표현으로 이해될 수밖에 없습니다. 그러니까 차별하면 안 되는 소수자에게는 혐오표현도 하면 안 된다고 할 수 있겠습니다.

그럼 안경 쓴 사람을 조롱하거나 대머리를 모욕하는 발언은 어떨까요? 저는 초등학교 1학년 때부터 안경을 꼈습니다. '안경잡이'라는 놀림도 받았고, 친구들이나 선생님이 제 안경을 언급하면 기분이 좋지 않았습니다. 당시에는 안경 쓴 사람이 소수자로 분류될 여지가 있었던 것 같습니다. 그렇다면 안경 쓴 사람을 조롱하는 것은 혐오표현의 될 소지가 있는 거죠. 하지만 지금은 그렇게 보긴 어려워 보입니다. 지금 강의실을 둘러봐도 안경 쓰신 분들이 엄청

많은데 소수자로서 차별받는다고 느끼거나 소수자로서의 집단성을 느끼시나요? 그렇게 보긴 어렵겠죠. 반면 대머리는 좀 얘기가 다릅니다. 미국이나 유럽에서와는 달리 한국에서는 대머리가 좀 스트레스를 많이 받죠. 저도 머리가 좀 빠져서 대머리들의 온라인 커뮤니티를 가봤는데, 눈물 없이 볼 수 없을 정도로 슬픈 사연들이 많더군요(웃음). 집단성도 어느 정도 느껴졌습니다. 만약 이 강의실 앞에 앉아 있는 어떤 분을 제가 "대머리시네요~"라고 놀렸다고 한다면, 아마 저 뒤에 앉은 또다른 대머리인 분들도 모욕감을 느낄 수 있을 겁니다. 대머리들 사이의 집단적 동질감 같은 것이 꽤 있다는 것이죠. 대머리라는 이유로 취업에서 불이익을 받는 경우까지 있다면 차별받는 소수자로서의 지위가 있다고 할 수도 있어 보입니다. 물론 현재 상황에서 '대머리는 소수자이고 대머리를 놀리는 것은 혐오표현'이라고 단언하긴 어려워 보입니다만, 차별과 혐오표현으로 간주될 가능성이 없다고도 할 수 없을 듯합니다.

여기서 소수자, 차별, 혐오표현이 그 사회의 맥락에 따라 달라진다는 것을 알 수 있습니다. 이게 아주 중요합니다. 시간이 지남에 따라서도 달라질 수 있습니다. 지금은 노란 옷이 별 의미가 없지만, 그게 특정 국가 출신의 상징적 색깔이 되고, 그 국가 출신의 사람들이 소수자로서 차별받고 있다면, 노란 옷 출입금지는 차별이 될 수 있고, 노란 옷을 놀리는 것은 혐오표현이 될 수도 있다는 것입니다.

여성혐오와 남성혐오도 마찬가지입니다. 여성과 남성의 사회적 지위가 다르다면, 차별과 혐오표현의 효과도 다르게 나타납니다. 일례로 어떤 직장에서 부장이 부원에게 "집에 가서 애나 봐"라고 말했다고 칩시다. 혐오표현일까요? 만약 그 말을 여성직원에게 했다면 혐오표현이 될 수 있습니다. 여성에게는 '집에서 애나 봐야 했던' 역사가 있고, 지금도 그런 차별적 관행으로부터 자유롭지 않습니다. 그 말은 여성에 대한 차별을 드러낸 것이고, 당사자에게는 실제 차별로 이해될 수밖에 없습니다. 하지만 부장의 말이 남성직원에게 향한다면 얘기가 좀 다릅니다. 질책을 당했으니 기분이 나쁘지만, 그걸 혐오표현이라고까지 하는 건 무리입니다. 왜 그럴까요? 남성에게는 남성이라는 이유로 집에 가서 애를 봐야 했던 과거와 현재가 없기 때문입니다. 물론 시간이 흘러감에 따라 상황이 달라질 수 있습니다. 혹시 모르죠. 한 100년 뒤에 남자가 '집에서 애나 봐야 하는' 차별로 고통받게 된다면, 거꾸로 남성직원에게 "집에서 애나 봐라"라고 말하는 건 혐오표현이 될 수 있을 겁니다.

그런 점에서 여성혐오적인 말을 성별만 바꾸어서 반대로 뒤집어서 되돌려주는 소위 '미러링'은 혐오표현이라고 보기 어렵겠죠. 그 취지도 여성혐오의 문제를 극적으로 보여줌으로써 각성하게 하는 것이고요. 예컨대 예전에 '일베'에서 자주 쓰던 '삼일한(여자와 북어는 3일에 한 번씩 패야 한다)'이라는 표현은 전형적인 여성혐오 표현입니다. 하지만 이걸 '숨쉴한(남성은 숨쉴 때마다 한 번씩 맞아야 한다)'으로 되돌려준다고 해서 이걸 남성혐오표현이라고 보긴 어렵다는 것이죠. 여성에게 "저런 여자들은 '삼일한'이 답이야"라고 하는 말을 웃어넘길 수는 없습니다. 여성에 대한 폭력은 현실입니다. 데이터폭력, 가정폭력, 성폭력이 만연한 현실에서 '삼일한'은 농담이 되기 어렵습니다. 반면, 남성에게 "저런 남자들에게는 '숨쉴한'이 답이야"라고 말한다고 해서, 그것이 현실화될 것이라고 두려워하는 남성들은 없을 겁니다. 그런 현실이 거의 없으니까요. 물론 경우에 따라 매우 불쾌하게 여기는 사람은 있을 수 있을 겁니다. 하지만 그게 실제 차별이나 폭력으로 이어질 가능성이 없기 때문에 특별한 문제가 되지 않습니다. 그런 위험이 없다면 소수자차별로서의 혐오표현이 될 수 없습니다.

물론 앞에서 설명한 대로 이건 상대적인 겁니다. 시대가 바뀌어 여성우월사회가 된다면 남성에 대한 모욕적인 발언들이 혐오표현이 될 수 있을 것이고요. 또한 현시대에도 남성들이 소수자가 되는 상황에 놓인다면 혐오표현의 피해자가 될 수 있습니다. 여성이 수적으로도 많고 권력적으로 우위인 어떤 회사에 입사한 어린 남자직원의 경우에는 그런 위치에 놓일 수 있겠죠. 하지만 그건 일시적이고 국지적인 차원에서 발생하는 일일 뿐 일반화하여 말하긴 어렵습니다. 사회 전체가 바뀌지 않는 한 그런 맥락은 잠시 동안 위태롭게 유지될 수 있을 뿐입니다. 이런 상황에서 "남성혐오나 여성혐오나 다 나쁘다"라고 말할 수는 없는 거죠.

광의의 개념으로서의 혐오표현

그런데 여기서 한 가지 짚고 넘어가야 할 게 있습니다. 제가 위에서 혐오표현을 제법 넓게 규정하고 있다는 걸 눈치채셨는지 모르겠습니다. 결론부터 말씀드리자면 저는 광의廣義의 혐오표현 규정을 사용하고 있습니다. 혐오표현의 의미를 넓게 사용한다는 것이죠. 일단 국제사회에서 논의되는 혐오표현 개념을 잠시 살펴보겠습니다.

> "차별, 적의 또는 폭력의 선동이 될 민족적, 인종적 또는 종교적 증오의 고취."
>
> _'시민적 및 정치적 권리에 관한 국제규약' 제20조 제2항

> "반유대주의, 제노포비아, 인종적 증오를 확산시키거나 선동하거나 고취하거나 정당화하는 모든 형태의 표현 또는 소수자, 이주자, 이주 기원을 가진 사람들에 대한 공격적인 민족주의, 자민족중심주의ethnocentrism, 차별, 적대 등에 의해 표현되는 불관용에 근거한 다른 형태의 증오."
>
> _유럽평의회 각료회의의 '혐오표현에 관한 권고'

이런 개념 규정을 보면, "차별·적의·폭력의 선동", "증오의 고취", "증오의 확산·선동·고취·정당화" 같은 말들이 나오죠? 이건 혐오표현 중에서 비교적 강도가 높은 것들이고, 흔히 "증오선동incitement to hatred"이라고 합니다. '트위터'와 '페이스북'에서도 요즘 혐오표현 규제에 적극적인데, 혐오표현을 각각 이렇게 규정합

니다.

> "인종, 민족, 국적, 종교, 성적 지향, 성별, 성 정체성, 종교, 나이, 장애, 질병 등을 이유로 타인에게 폭력적인 행위를 하거나, 직접적인 공격을 가하거나, 위협하는 것."
>
> _'트위터'

> "인종, 민족, 국적, 종교, 성별, 성적 정체성, 성적 취향, 신체적 장애, 질병에 기반을 두고 타인을 공격attack 하는 콘텐츠."
>
> _'페이스북'

소수자에 대한 "폭력적인 행위", "공격", "위협" 등의 표현이 사용되고 있습니다. 이것 역시 증오선동을 혐오표현이라고 본 것입니다. 하지만 혐오표현 개념을 좀더 넓게 사용하고 있는 경우도 있습니다.

> 인종적 우월성이나 증오, 인종차별에 대한 고무에 근거를 둔 모든 관념의 보급 그리고 피부색 또는 종족의 기원이 상이한 인종 또는 인간의 집단에 대한 폭력행위나 폭력행위에 대한 고무.
> 인종차별을 촉진하고 고무하는 조직과 조직적 및 기타 모든 선전활동.
>
> _'모든 형태의 인종차별철폐에 관한 국제협약' 제4조

인종차별철폐협약에서는 인종차별을 고무하는 "관념의 보급", "인종차별의 촉진·고무" 같은 말이 사용되고 있는데요. 여기서는 비교적 넓은 의미의 혐오표현 개념이 사용되고 있다는 걸 알 수 있습니다. 직접적인 공격이나 사회적 위험을 야기하는 선동 수준이 아니어도, 차별적인 생각을 퍼뜨리는 정도로도 혐오표현이 될 수 있다는 것이죠.

'미소지니misogyny'라는 말도 '여성혐오'로 번역되고 있는데요. 우에노 지즈코는 미소지니를 "여성을 남성과 동등한 성적 주체로 결코 인정하지 않는 이러한 여성의 객체화, 타자화—더 직설적으로 말하면 여성멸시"라고 규정합니다. 즉 미소지니는 여성을 객체화, 타자화하고 멸시하는 차별적 표현을 광범위하게 포괄하는 말로 사용되고 있는데, 이걸 '여성혐오'라는 말로 번역하고 있는 거죠.

사실 '미소지니'나 인종차별철폐협약에 규정된 '인종차별적 표현'을 정확하게 담는 말은 '차별표현' 정도가 아닐까 합니다. 그런데 저는 혐오표현이라는 말을 그대로 쓰려고 합니다. 일단은 이미 사람들 사이에서 그렇게 쓰이고 있기 때문에 결정적인 오류가 있거나 너무 많은 오해를 불러일으키고 있는 게 아니라면 현재의 쓰임새를 그대로 두는 게 맞는 것 같고요. 좀더 적극적으로는, 차별표현보다는 혐오표현이라는 좀더 강도 높은 말로 개념화하는 걸 긍정적으로 보는 것입니다. 실제로 보면 소수자들은 비교적 수위가 낮은 혐오표현들도 '혐오'라고 규정하는 걸 주저하지 않는 경우가 많습니다. 예를 들어, '김치녀'나 '된장녀'도 혐오표현이라고 하면, 남성들은 과하다는 반응이 많지만 여성들은 뭔가 속시원함을 느낀다는 말씀들을 많이 합니다. 농담 정도로 치부되었던 그 말들이 결국 여성에 대한 구조적 차별과 배제를 낳는다는 것을 직감하고 있기 때문에, 그런 말에도 혐오라고 강도 높게 표현하는 게 자연스럽게 느껴지는 것이겠죠. 마찬가지로, "동성애에 반대하지만 동성애자를 차별하자는 것은 아니다" 정도의 의견 개진을 혐오표현이라고 하면 과하다고 거부감을 표시하는 분들도 있지만, 동성애자 당사자들은 '반대'라는 말에서 이미 '나의 정체성을 부정하는구나', '나를 싫어하는구나'라고 생각하고 그걸 '혐오'라고 말하는 걸 주저하지 않는 경우가 많아요. 말하는 입장에서와는 달리, 소수자의 입장에서는 '반대한다'와 '싫어한다(혐오)' 사이의 거리는 크게 느껴지지 않는 거죠. 오히려 문제를 더욱 직관적으로 표현해주는 말이라고 할 수 있고요. 이런 상황에서 다수자들이 불편해한다는 이유로 혐오표현이라는 개념 규정을 포기하는 것은 부적절해 보입니다.

게다가 혐오라는 말이 일종의 전략적인 운동의 거점이 되는 측면도 있습니다. 애매하게 '그건 차별인 것 같아'라고 지적되던 것들이 '혐오'로 지칭되면서 문제를 드라마틱하게 부각시키고 이슈화하고 있다는 것이죠. 실제로 강남역 여성살인 사건 이후 여성혐오에 반대하는 중요한 흐름이 형성되었잖아요. 저는 그 과정에서 '혐오'라는 말의 위력도 상당히 중요한 역할을 했다고 봅니다.

해외에서도 헤이트스피치는 광의로 사용되곤 합니다. 한 폴란드 정치인이 "여성은 약하고 덜 똑똑해서 임금도 덜 받아야 한다"고 말했는데 헤이트스피치라고 해서 징계를 받았습니다. 한 네덜란드 정치인은 지지자들 모임에서 "모로코인이 많았으면 좋겠느냐, 적었으면 좋겠느냐"라고 묻고 청중이 "더 적게"라고 답하자 "제가 그런 정책을 추진하겠습니다"라고 말했어요. 이 정도 발언도 혐오표현의 일종인 증오선동으로 간주되어 기소까지 되었습니다.

다양한 혐오표현의 유형들

혐오표현을 광의로 규정한다면 그 구체적인 유형을 좀더 자세히 살펴볼 필요가 있습니다.

① 차별적 괴롭힘

일단 '차별적 괴롭힘harassment'이라는 게 있는데 고용, 서비스, 교육 영역 등에서 차별적 속성을 이유로 소수자에게 수치심, 모욕감, 두려움 등 정신적 고통을 주는 행위입니다. 해외에서는 차별금지법에 의해 차별행위의 한 유형으로 규정되기도 합니다. 예컨대, 교사가 수업시간에 동성애에 대한 부정적 생각을 피력하거나, 회사 간부가 회사에서 여성에 대한 차별적 생각을 유포시키는 경우가 대표적이죠. 만약 이런 말을 길거리에서 한다면 (물론 부적절한 말이지만) 실제로 사회에 어떤 해악을 끼칠지는 알 수 없습니다. 하지만 회사나 학교 같은 공간에서 교사나 간부가 그런 말을 한다면 얘기가 좀 다릅니다. 그건 차별로 직결될 가능성이 매우 높습니다.

그러니까, 동성애에 대한 부정적인 생각을 말하면서 동성애자를 차별하지 않는 교사, 여성에 대한 차별적 농담을 하면서 여성을 차별하지는 않는 회사 간부를 생각하기 어렵다는 거죠. 그리고 듣는 입장에서도 '말만 저렇게 할 뿐 실제 차별은 없어'라고 신뢰할 수가 없습니다. 그런 말을 듣는 순간 회사와 학교에서 '차별받고 있다'고 생각할 수밖에 없는 거죠. 미국은 표현의 자유가 광범위하게 보장되지만, 학교나 회사에서의 '차별적 괴롭힘' 발언을 내버려두진 않습니다. 오히려 더 강력한 규제를 합니다. 불특정 다수를 향한 혐오표현은 규제받지 않지만, 회사나 학교에서는 강하게 규제를 하는 거죠. 한국에서 혐오표현 규제를 도입한다면 1순위로 대상이 되어야 할 것이 바로 차별적 괴롭힘입니다. 차별금지법을 제정함으로써 가능해지고요.

② 편견의 조장

다음은 '편견의 조장'입니다. 이건 차별이나 혐오를 의도하거나 암시하는 생각을 유포하는 것입니다. 앞서 설명한 인종차별철폐협약에서 "차별적 관념의 유포"에 해당하는 말입니다. 강하게 누군가를 멸시하거나 모욕하는 건 아니지만, 소수자집단을 부정적인 이미지로 고정관념화하는 것이 대표적입니다. '김치녀', '된장녀' 같은 말들이나, "동성애자가 에이즈를 유포한다"고 말하거나, "동남아시아 사람들은 게으르다"고 말하는 것 등이 대표적이죠. 집단 전체에 부정적인 이미지를 덧씌워 말하는 것이 일반화되면 어느 순간 그게 고정관념이 되고, 많은 사람들이 그렇게 생각하게 됩니다. 고정관념화된 집단은 자신은 그렇지 않다는 걸 보여주기 위해 안 해도 되는 노력을 해야 하고요. 편견을 조장하는 표현들이 대개 표현수위 자체는 낮은 편이지만, 중장기적으로 보면 그 폐해가 만만치 않습니다. 편견의 조장 자체를 처벌하거나 규제하기는 쉽지 않지만, 그것을 혐오표현이라고 규정하고 대응하는 것은 중요합니다.

③ 멸시·모욕

'멸시나 모욕'도 있는데요. 이건 소수자를 멸시하거나 모욕하는 말입니다. 동물이나 더러운 것에 비유하는 경우가 대표적이죠. 아시아인을 눈이 찢어진 사람으로 묘사하거나, "원숭이 같다"고 말하는 것, 흑인의 피부색을 거론해가면서 이야기하는 경우를 생각해볼 수 있습니다. '맘충'처럼 '충'을 붙여 모욕하는 것도 여기에 포함될 수 있고요.

④ 증오선동

'증오선동'은 소수자집단에 대한 차별, 적의, 폭력을 선동하는 것입니다. 다른 사람에게 차별이나 폭력을 가하자고 강력하게 촉구하고 그런 행동을 이끌어내는 것이죠. 선동은 직접적으로 사회적 해악을 창출할 가능성이 농후한 행위라는 점에서 특별히 위험하다고 간주됩니다.

혐오표현이 낳는 해악

이러한 혐오표현은 심각한 해악을 초래합니다. 그래서 규제하자고 얘기하는 것이겠죠. 그런데 그 해악의 실체를 좀더 구체적으로 살펴볼 필요가 있습니다. 먼저 혐오표현은 그 자체로 소수자들의 정신적 고통을 야기합니다. 혐오표현을 들으면 실제로 위축되기도 하고 스트레스를 받고, 심지어 자살에 이르는 경우가 있을 정도로 다양한 고통을 받습니다. 이건 의학적 또는 사회심리학적으로 수차례 입증된 것이고요.

두번째로 혐오표현이 실제 사회참여를 어렵게 만들기도 합니다. 혐오표현 규제 옹호론의 대표적인 학자인 제러미 월드론은 혐오표현이 사회구성원으로서의 정상적인 지위를 박탈한다고 말합니다. 혐오표현으로 위축이 되면 회사 가기도 싫고, 학교 가는 게 두렵고, 클럽 활동하는 데에도 지장을 받습니다. 시민으로서의 온전한 삶이 위태롭게 되는 거죠.

마지막으로 혐오표현이 차별과 폭력으로 연결되기도 합니다. 옆 친구가 편견을 드러내고 혐오표현을 일삼게 되면, 자연스럽게 그 편견을 실천해도 된다는 생각을 하게 되는 거죠. 말에만 멈추어 있는 경우가 오히려 예외적이라고도 할 수 있을 겁니다. 거기서 더 나가면 폭력을 행사할 수도 있게 되는 거고요. 예컨대 여성차별적 발언이 실제 여성차별로 이어지고 심지어 '열등하다고 생각되는' 여성을 힘으로 제압하는 행동을 하는 것으로 이어진다는 겁니다.

혐오표현 특유의 확장성도 문제입니다. 누구나 윤리의식이 어느 정도는 있지만, 동료들의 입에서 또는 방송에서 혐오표현이 자유롭게 발화되면 '저 말을 해도 되나보다'라는 생각을 하게 됩니다. 듣는 입장에서도 문제죠. 내가 직접 듣지 않았어도, 요즘 그런 얘기가 있다는 얘기만 들려도 혐오표현의 해악이 영향을 미칩니다. 본인을 직접 지칭한 혐오표현이 아니어도 타인에게 영향을 미칩니다. 예컨대, 동성애자 A를 동성애자라는 이유로 모욕했다면, 다른 동성애자 B도 똑같은 모욕감을 느낄 수 있습니다. 정리하자면, 혐오표현 발화자의 측면에서나 혐오표현을 듣는 표적집단의 측면에서나 혐오표현은 강한 확장성 또는 전염성을 갖는다는 것입니다.

혐오표현을 규제하는 방법

그렇다면 이 혐오표현들을 어떻게 규제해야 할까요? 제가 좀 불만인 것은 혐오표현 규제 논의만 나오면, 늘 형사처벌 여부를 중심으로 논쟁이 된다는 것입니다. 물론 이 논쟁은 중요합니다. 혐오표현을 형사처벌할 것인가 말 것인가는 아직도 명쾌하게 결론이 나지 않은 21세기의 숙제 중 하나입니다. 더욱이 소위 선진국이라고 일컬어지는 나라들이 혐오표현을 처벌하는 유럽국가들과 처벌하지 않는 미국(그리고 일본)으로 날카롭게 구분되기 때문에 더욱이 논쟁의 답을 찾기가 어렵죠. 혐오표현 형사처벌에 관한 한 '선진국의 경우를 따라하면 된다'는 아무런 답을 주지 못합니다.

여기서 혐오표현 형사처벌의 의미와 문제점을 장황하게 설명드리진 않겠습니다. 한편으로 형사처벌이 강력한 효과와 메시지를 준다는 점은 분명하지만, 모든 혐오표현을 다 형사처벌할 수 없기 때문에 제한적인 효과만 있을 뿐이라는 점 정도만 말씀드리려고 합니다.

혐오표현 형사처벌이 문제가 되는 것은 혐오표현은 어디까지나 '표현'이기 때문입니다. 표현으로 누군가에게 고통을 주는 것은 물리적으로 타격을 입히는 것과는 다소 다릅니다. 그러니까 타인을 칼로 찌르는 것과 말로 괴롭히는 것은 다르다는 것이죠. 칼로 찌르면 누구나 아픕니다. 병원비도 나오겠죠. 누구나 나쁜 행위라고 인정합니다. 이런 행위에 대해서는 국가가 형사처벌을 가해야 합니다. 가해자가 상처 부위를 정성껏 치료해줬다고 해도 처벌을 해야 합니다. 여기에는 이견의 여지가 없습니다. 그런데 말로 고통을 주는 건 얘기가 좀 다릅니다. 일단 다 똑같이 아프지가 않습니다. 어떤 사람은 많이 아픈데 어떤 사람은 안 아프다고 합니다. 또 똑같이 말로 돌려주면 속이 시원해지기도 합니다. 주위 사람들이 도와주고 말로 되갚아주면 위로도 되고, 없었던 일처럼 되는 경우도 있습니다. 이걸 '대항표현counterspeech'이라고 하는데, 혐오표현이 시민사회에서 자율적으로 해결되는 한 모습입니다. 만약 이러한 자정작용이 잘 일어난다면, 국가가 굳이 개입할 필요가 없겠죠?

문제는 항상 이렇게 자율적으로 해결되지 않는다는 것입니다. 만약 이러한 자정작용이 원활하게 작동한다면 우리가 굳이 혐오표현에 관한 이야기를 하지 않아도 되겠죠. 그게 안 되니까 이렇게 대책을 논의하고 있는 것이겠고요. 그렇다면 혐오표현을 금지하고 처벌하는 쪽으로 바로 나아가야 할 텐데, 여전히 미련이 남습니다. 금지하는 것보다는 자율적으로 해결되는 게 더 좋은 방법임은 자명하니까요. 그렇다면 이 자율적 해결을 좀더 활성화시킬 수 있는 방법은 없을지부터 생각하는 게 우선입니다. 즉, 국가가 규제를 하더라도 금지·처벌보다는 이 자율적 해결을 촉진하고 지원하는 것을 우선적으로 생각해보자는 것이죠. 가장 중요한 것은 의무교육 기간 내에 차별과 혐오에 대해서 교육하는 것이죠. 인권교육, 시민교육의 차원에서도 접근할 수 있을 겁니다. 긴 의무교육기간 동안 주기적으로 체계적인 교육이 가능할 수 있습니다. 사실 반反차별 교육이라고 하면 교사가 학생들에게 '차별하지 말라'고 교육하는 것을 떠올리실 텐데, 제가 생각하는 것은 좀더 넓은 의미의 교육입니다. 즉, 학교라는 공간 자체를 혐오와 차별이 없는 곳으로 만들어야겠죠. 그런 환경 속에서 자연스럽게 혐오와 차별 대신 공존의 시민문화를 몸으로 체험할 수 있을 것입니다. 공공기관의 역할도 중요합니다. 공공기관이 중심을 잡고 내부적으로, 외부적으로 반反차별, 반反혐오의 문제의식을 확산시킨다면 그 효과가 클 것입니다. 일례로 공공기관 기관장들이 앞장서서 기관 내에 반차별선언을 하고 관련 규정을 만들고, 고충처리기구 등을 통해 차별문제를 적극 시정해나간다고 한다면 그 파급효과는 상당할 것입니다. 그리고 자연스럽게 그런 노력들이 일반 사기업으로 확산될 수 있겠죠. 정부가 할 일은 이러한 개별 기업들의 조치들을 지원하는 역할을 하는 겁니다.

사적 영역에서의 자율적인 노력도 매우 중요합니다. 예전에 최인수 작가라는 분이 〈만화가가 조심해야 할 혐오표현〉이라는 자료를 만드신 것을 흥미롭게 봤습니다. 만화가의 입장에서 만화가들이 특별히 조심해야 할 것들을 잘 정리해주셨더군요. 아마 제가 어설프게 강의하는 것보다는 동료 만화가가 만든 자료가 훨씬 설득력이 있을 겁니다. 영화계에서도 〈청년경찰〉(2017) 등의 영화들이 조선족 또는 중국동포를 혐오한다는 문제가 제기되었었잖아요. 〈브이아이피〉(2016)는 여성혐오 영화라는 비판이 있었고요. 이 문제도 해당 영화의 상영을 금지할 것이냐의 문제로 보기보다는 영화계가 이 문제를 성찰할 계기로 삼아보면 어떨까 싶습니다. 영화계가 스스로 이 문제를 놓고 진지한 논의를 해본다면 아주 좋은 모범사례가 될 수 있을 겁니다. 때로는 외부의 도움이 필요할 때도 있습니다. 이때 국가가 지원을 하는 게 필요합니다. 예컨대, 2011년 9월에는 '한국기자협회'와 '국가인권위원회'가 공동으로 '인권보도준칙'을 만들었습니다. 보도에 필요한 지침이 무엇인지는 기자들 스스로가 가장 잘 알고 있을 것이고, 무엇이 인권친화적인지에 대해서는 '국가인권위원회'가 가장 전문성을 가지고 있습니다. '국가인권위원회'가 이러한 준칙 제정을 지원한다면, 유의미한 결과물이 나올 수 있는 것이죠. 정리하자면, 일단 각 영역별·기관별로 자율적인 조치를 취하는 것은 매우 중요하다는 것이고, 그렇다고 국가는 손놓고 지켜만 보는 것이 아니라 그 자율적인 조치들을 지원하는 역할을 해야 한다는 것입니다.

그럼에도 불구하고 규제가 필요하다면

교육이나 자율적 규제가 중요하고 가장 근본적인 해법이긴 하지만, 그렇다고 여기에만 모든 것을 맡길 수는 없습니다. 효과를 보려면 상당한 시간을 요하는데, 마냥 기다리기에는 지금 상황이 너무 절박하니까요. 즉 경우에 따라 금지하고 처벌하는 식의 규제도 당장 필요하다는 것입니다. 하지만 저는 모든 영역에 다 적용되는 금지규제보다는 정말 시급한 영역에서부터 시작해보자는 제안을 하려고 합니다.

가장 먼저 생각해볼 수 있는 것이 고용과 교육의 영역입니다. 여기서의 혐오표현은 그 자체로 차별이나 다름없습니다. 성소수자혐오가 만연한데 성소수자를 차별하지는 않는 학교, 가능한가요? 여성에 대한 혐오표현을 자유롭게 하는 회사인데, 여성에 대한 차별은 전혀 없는 회사, 가능한가요? 거꾸로, 이주노동자혐오가 만연해 있는 직장에 다니는 이주자들이 '우리 회사사람들은 말만 저렇게 하지 실제로 차별하진 않아'라고 믿을 수 있을까요? 장애인혐오를 거리낌없이 하는 학교에 다니는 장애인들이 '말만 저렇게들 하지, 학교에는 장애인차별은 없어'라고 신뢰할 수 있을까요? 이게 가능하지 않기 때문에 혐오표현은 바로 차별과 연결됩니다. 회사나 학교에서의 혐오표현은 그 자체로 차별이라는 것입니다. 해외 주요 국가들에서는 이 문제를 괴롭힘harassment으로 여겨

규율해왔습니다. 직장이나 학교에서 '차별'을 하지 말아야 하는 것은 말할 것도 없고, '차별이나 다름없는 혐오표현'도 하면 안 된다는 것입니다.

방송도 중요합니다. 방송에는 특별한 공공성이 요청됩니다. 그래서 방송만큼은 자유도 중요하지만 공공성도 중요합니다. 따라서 방송은 혐오와 차별에 아주 민감해야 합니다. '차별하려는 의도가 없었다'라는 정도로는 안 되고, 방송 내용이 차별과 혐오를 조장할 소지가 없는지 아주 세심하게 고려해야 합니다. 그 외에도 인터넷에서 주요 SNS나 포털사이트의 경우에는 일정한 규제가 필요합니다. 인터넷의 특성상 사업자의 자율규제가 기본이 되어야겠지만, 아무튼 그냥 무방비 상태로 둘 수는 없을 겁니다.

그 외, 이른바 '증오선동'에 해당하는 표현은 규제가 되어야 합니다. 증오선동은 차별과 폭력을 선동하여 행동에 이르게 할 가능성이 농후한 표현입니다. 실제 불법으로 연결될 직접적 개연성이 매우 높은 말들이 여기에 해당하겠죠.

여기까지 말씀드리면, 그럼 불특정 다수를 향해 차별을 조장하는 정도의 혐오표현은 허용하자는 얘기냐는 의문을 제기하실 겁니다. 저는 그렇게 봅니다. 혐오표현의 심각성을 중요하게 보지만, 혐오표현을 빠짐없이 일망타진하려는 것은 어차피 불가능한 계획이라고 봅니다. 그런 전략보다는 혐오표현이 발화될 수 있는 영역을 최소화시키고, 혐오표현 발화자들을 불편하게 만들고 코너에 몰아넣는 것이 실현 가능한 전략이라는 것이죠. 그렇게 해서 최소한의 혐오표현 청정 공간을 만들고, 혐오표현의 영역을 게토화 시키자는 것입니다. 일단 거기까지 가보자는 게 저의 1차적 제안입니다.

차별과 증오범죄에 대한 규제

혐오표현 자체를 규제하는 것 외에, 차별과 증오범죄를 철저히 규제하는 것도 중요합니다. 혐오표현은 표현이기 때문에 그 규제를 둘러싸고 논란의 여지가 다소 있지만, 표현에 그치지 않고 차별과 증오범죄로 실현되었다면 반드시 규제를 해야죠. 일례로, 여성들을 '김치녀'라고 부르는 것은 표현이지만, 실제로 여성에 대한 그런 편견을 기반으로 고용에서 불이익을 주었다면 그건 차별이고 당연히 제재가 필요합니다. 차별에 대해서는 차별금지법(한국의 경우에는 국가인권위원회법)에 따라 차별시정을 하는 것이 보통입니다. 또한 그런 편견을 이유로 여성에게 폭력을 가했다면 그것역시 제재가 필요합니다. 이걸 증오범죄hate crime이라고 부릅니다. 폭행, 강간, 살인 등을 하면 그 자체로 처벌이 되죠. 그런데 이러한 범죄행위의 동기가 여성, 성소수자, 이주자 등에 대한 편견에 기반을 두었다면, 그걸 증오범죄라고 합니다. 증오범죄법이 있는 나라에서는 이러한 증오범죄를 '가중'처벌합니다. 만약 혐오표현을 직접 규제하지 않더라도, 그것이 차별이나 증오범죄로 발전하는 순간 강력하게 대응한다면 혐오표현도 위축되는 효과를 가져올 수 있을 것입니다.

한국의 무대응

그렇다면 한국은 현재 혐오표현에 어떤 규제를 하고 있을까요? 안타깝게도 혐오표현에 관한 한 대응하고 있는 게 거의 없다고 해도 과언이 아니라는 게 제 생각입니다. 일단 혐오표현을 직접 금지하는 법은 없습니다. 제가 앞에서 불특정 다수를 향한 혐오표현을 규제하는 건 쉽지 않은 일이라고 말씀드리면서도, 고용이나 교육 영역, 또는 공공분야나 방송, 인터넷의 일부 영역에서는 규제가 필요하다고 말씀드렸죠. 그리고 표현의 자유가 광범위하게 보장되는 미국에서도 이러한 영역에 대한 규제는 있다고 말씀드렸고요. 그런데 우리는 어떨까요? 고용이나 교육 영역에서 혐오표현을 제대로 규제하고 있나요? 공공분야나 방송, 인터넷 등에서 혐오표현 규제정책이 제대로 작동하고 있나요? 안타깝게도 그렇지 않습니다. 무엇보다 이러한 규제를 총괄할 차별금지법이 없는 것이 치명적이고요. 그래도 2017년 9월, 서울특별시 학생인권조례에 "학교의 설립자·경영자, 학교의 장과 교직원, 그리고 학생은 제1항에서 예시한 사유를 이유로 차별적 언사나 행동, 혐오적 표현 등을 통해 다른 사람의 인권을 침해하여서는 아니 된다"(제5조 제3항)라는 항목이 신설되었습니다. 그동안 혐오표현을 간접적으로 일부 규제하는 규정들은 있었지만 혐오표현 자체를 금지한 규정이 명시된 것은 최초라고 할 수 있습니다.

하여간 혐오표현을 제대로 규제하고 있지도 않지만, 그렇다고 혐오표현의 다음 단계인 차별이나 증오범죄에 단호하게 대처하고 있는 것도 아닙니다. 차별행위는 국가인권위원회법상 금지되는 행위이고, '국가인권위원회'에 진정을 제기할 수는 있지만, 충분한 실효성을 확보하고 있지는 못합니다. 종종 뉴스에서 미국의 무슨 회사나 학교가 차별을 했다는 이유로 거액의 손해배상을 하게 되었다는 얘기를 들어보신 적 있죠? 한국에서는 아직 꿈같은 얘깁니다. 그러다보니 기업에서도 차별에 민감하지 않고 차별을 했다가 회사에 큰 손해가 발생할 거라고 생각하지도 않습니다. 증오범죄는 어떤가요? 증오범죄법안이 제출된 적은 있지만 통과되지 못했고, 수사당국이 증오범죄를 특별하게 다루고 있지도 않습니다. 증오범죄 관련 대책이 제대로 수립되어 있지도 않고요.

혐오표현에 대한 법적·제도적 대처가 미비해도 우리 사회가 혐오표현에 단호하게 대처하고 있다면 또 모르겠습니다. 하지만 학교나 회사에서 혐오표현 관련 정책을 수립했다는 얘기는 들어보지 못했습니다. 정치 지도자 등 영향력 있는 인사들이 혐오표현에 관하여 의지를 표명하는 경우도 거의 없었습니다. 시민사회의 분위기도 혐오표현에 특별히 민감하다고 보기 어렵습니다. 물론 최근에는 혐오표현에 관한 문제의식이 고양되긴 했습니다. 과거에는 그냥 농담 정도로 넘겼던 것들까지도 '혐오'로 간주하여 비판하는 일이 늘어났습니다. 하지만 주로 온라인에서 그 목소리가 크고, 그것이 실제로 어떤 영향력을 갖고 있다고 하긴 어려워 보입니다. 예컨대, 회사나 학교 등의 영역에서는 혐오 관련 대책이 수립되고, 혐오표현을 하는 사람들을 규제하는 것은 필요할 텐데, 그것조차 제대로 되고 있지 않습니다. 온라인에서 문제제기하는 목소리만 좀 커졌을 뿐 혐오표현을 실효적으로 규제하고 있지는 못하다는 것입니다.

한국사회는 혐오표현에 관해서 무방비 상태나 다름없어 보입니다. 방심하고 있다가 혐오표현이 차별과 폭력으로 언제 어떻게 발전해나갈지 알 수 없습니다. 어떤 분들은 한국에서는 유럽이나 미국처럼 혐오집단이 활개를 치거나 혐오로 인한 조직적인 폭력이 있는 건 아니지 않느냐는 지적을 하시더군요. 물론 한국에서 노골적인 폭력의 발생 건수 자체가 많다는 증거는 없습니다. 하지만 혐오가 만연한 곳에서 그것이 차별과 폭력으로 연결될 가능성은 매우 큽니다. 개인의 취약한 지위가 강화되고 정치선동과 만나게 되면 혐오는 걷잡을 수 없이 차별과 폭력으로 치닫게 됩니다. 지금 예방주사를 맞아놓지 않으면 나중에 돌이킬 수 없는 상태에 빠지게 될 수도 있다는 것입니다.

위험의 징후가 몇 가지 있습니다. 지난 2017년 대선에서 홍준표 후보가 텔레비전 토론에서 동성애 찬반을 묻는 장면은 한국사회에서 처음으로 성소수자문제가 정치도구화된 순간이었습니다. 해외에서는 이주자나 소수종교 등 소수자를 희생양으로 삼아 정치적 입지를 확대하는 정치세력들이 많죠. 한국에서도 이제 성소수자문제를 정치 쟁점화하여, 더 정확하게 말하자면, 성소수자를 희생양으로 만들어 득표에 활용하는 일이 벌어진 것입니다. 정치는 결국 다수의 지지를 얻어야 하는 게임이고, 소수자를 악마화하는 것은 정치인에게는 아주 달콤한 유혹이죠. 한국정치도 지역감정을 그런 식으로 활용해왔지만, 이제 소수자를 도구화하는 시대가 열리게 된 것입니다. 다음 대선 때는 "외국인노동자에 대해서 어떻게 생각하십니까?", "무슬림에 대해서 어떻게 생각하십니까?", "외국인범죄에 대한 단속 강화를 찬성하십니까?"와 같은 질문을 던지는 정치인이 나올 수도 있습니다.

혐오가 조직적인 양상을 띠고 있다는 것도 중요하게 봐야 할 지점입니다. 외국의 사례를 보면 대개 혐오가 확산되고 폭력까지 불사하게 되는 데에는 대개 어떤 '조직'이 있는 경우가 많아요. 미국의 인종차별주의집단 'KKK단'이나 일본에서 재일조선인혐오를 주도하고 있는 '재특회(재일 특권을 용납하지 않는 시민의 모임)' 같은 단체들이 대표적이죠. 그동안 한국에는 이렇게 혐오 자체를 조직화하는 조직은 거의 없었던 것 같습니다. 하지만 이주노동자혐오와 관련해서는 2000년대 초반에 반反다문화커뮤니티들이 우후죽순 생기고, 오프라인에서 시위를 하는 정도까지 발전해나가기도 했고요. '일베'도 단식 중인 세월호 참사 유족들 앞에서 '폭식투쟁'을 한다며 오프라인에 등장하기도 했었죠. 한 번 이렇게 오프라인에 나왔다는 것이 중요합니다. 한 번 나왔으면 또 나올 수도 있다는 얘깁니다. 오프라인에 등장했다는 것은 '놀이'를 넘어 일종의 '정치행동'을 했다는 것으로 해석될 수 있습니다.

동성애 반대운동이 조직적으로 움직이기 시작한 지 오래입니다. 여성혐오도 '일베'뿐만 아니라 여러 온라인커뮤니티가 생기고,

일부는 오프라인에서 시위를 조직할 정도로 발전한 경우도 있습니다. 이런 상황에서 이 흐름에 기름을 붓는 어떤 계기가 마련되면 어떤 방향으로 어떻게 발전해나갈지 누구도 쉽게 말할 수 없는 상황이 된 것입니다.

누가 한국에서 혐오가 얼마나 위험한 상황이냐고 묻는다면, 저는 바로 지금이 혐오의 확산을 막을 수 있는 적기라고 이야기합니다. 이미 혐오가 전염병처럼 퍼진 후에 후회해봐야 소용이 없습니다. 그래서 바로 지금 예방주사를 맞아야 한다는 것입니다. 혐오와 차별에 맞서야 하는 시기는 바로 지금이라고 생각합니다. 더 늦출 수 없는 시대의 과제가 된 것입니다.

●

질
의
응답

●

Q. '노키즈존'도 소수자를 차별하는 것으로 볼 수 있을까요?

A. '노키즈존'은 혐오표현이라기보다는 '차별' 여부가 쟁점이 됩니다. 이게 사적 영역이라는 점에서 문제가 좀 복잡합니다. 공공시설에 '노키즈존'이 가능하냐는 논의할 필요가 없잖아요. 하지만 노키즈존은 사적 영업을 하는 입장에서 특정 집단의 출입을 금하는 것이죠. 이게 과연 허용되는 것이냐의 문제가 제기됩니다. 일단 특정 집단의 이용이나 출입을 금지하는 것이 무조건 안 되는 건 아닙니다. 예를 들어, 클래식 공연장에서는 어린이의 출입을 금지하고 있죠. 그걸 뭐라고 하는 사람은 없을 겁니다. 반면 영업의 자유라고 무한정 허용되는 것은 아닙니다. 예컨대, 허위/과장광고를 하는 것은 불법이죠. 여기다 대고, "속는 사람이 잘못이지 국가가 왜 남의 영업에 간섭하느냐"고 말하는 사람은 없을 겁니다.

그렇다면 '노키즈존'은 이중 어디에 속할까요? 일단 특정 집단을 배제하는 것은 되도록 피해야 합니다. 그 집단에 낙인효과가 발생할 수 있고, 그 집단에 기존의 차별이 강화될 수 있다면 사회에서 허용될 수 없습니다. 예컨대, '동남아시아노동자 출입금지'나

'무슬림 출입금지'와 같은 팻말을 붙이고 장사를 할 수 있다고 생각
하시진 않겠죠? 이러한 영업이 안 되는 이유는 그 집단이 소수자
집단이기 때문입니다. 만약 서울 시내에 있는 식당에서 "서울 사람
출입금지"라고 써 붙인다면, 화제는 될 텐데 그걸 금지할 것까지
는 없을 겁니다. 왜냐하면 서울 사람들은 서울에서 전혀 차별받고
있지 않거든요. 하지만 동남아시아 출신 노동자나 무슬림은 차별
받는 소수자로서의 지위를 가지고 있기 때문에 이들을 집단적으로
배제하는 영업은 허용되기 어렵습니다.

　아이나 아이의 보호자가 전형적인 소수자집단에 속하는지는
다소 애매한 문제일 수 있습니다만, 그렇다고 안정적인 지위를 누
리고 있다고 보기도 어렵습니다. 소수자집단은 집단적으로 차별감
정을 공유한다는 중요한 특징을 가지고 있는데, 그 집단구성원이
어떤 차별 사례를 봤을 때 '내 일처럼 느낀다'는 것이죠. 강남역 여
성살인 사건 이후에 여성들이 "나는 우연히 살아남았다"며 강남역
에 모인 것, 어떤 술집에 "무슬림 출입금지" 팻말이 걸렸다는 얘기
를 듣고 대부분의 무슬림들도 문제의 심각성을 공유하는 것, 흑인
증오범죄가 발생한 이후에 흑인들이 집단적으로 항의에 나서는 것
등이 대표적이죠. '노키즈존'이 확산되는 것을 본 아이 부모들의 마
음도 이와 유사한 면이 있다고 생각됩니다. 그렇다면 '노키즈존' 역
시 차별로 볼 여지가 있는 것이겠죠.

Q. 차별과 혐오표현을 규제하는 데 정치권에서 지도자의 역할이 중요하다고 하셨는데, 대선 텔레비전 토론회에서 동성애 찬반을 묻고, 헌법재판소 소장 임명 과정에서도 후보자의 동성애에 대한 입장 때문에 임명동의안이 부결이 되는 등 걱정되는 면이 많습니다. 개헌 과정을 어떻게 지켜보고 계신지요?

A. 아쉽게도 개헌 국면에서도 매우 우려가 되는 흐름이 전개되고 있습니다. '"양성" 규정을 삭제하면 동성혼이 허용된다', '성평등을 넣으면 수십 가지 성이 인정된다', '차별금지 사유에 성적지향을 넣으면 동성애자들에게 특권을 부여하게 된다', '망명권이 신설되면 이슬람 난민이 유입되어 국가예산이 파탄 난다', '기본권의 주체를 국민에서 사람으로 바꾸면 외국인에게 권리를 부여하게 된다' 등 헌법적 가치에 부합하지 않는 의견들이 개진되고 있는 상황입니다.

문제는 이러한 주장을 하는 분들이 아주 적극적인 운동을 벌이고 있고, 그런 주장이 과다대표되어 국회의원들에게 영향을 주고 있다는 것입니다. 예를 들면, 일부 반동성애 운동세력에서 차별금지법에 성적지향 조항이 있는 것을 문제삼으면서 차별금지법 제정 반대운동을 하고 있고, 정치권에 상당한 영향을 주고 있습니다. 그런데 차별금지법은 말 그대로 '차별을 금지하는 것'이고 이건 찬반의 문제가 아니라 당위의 문제입니다. 이것조차 어려운 것이 우리 현실이고요.

이럴 때 정치인들이 단호하게 나서는 게 중요한데, 사실 그렇

지 못했습니다. 정치인들은 다양한 의견에 귀를 기울여야 하지만,
안 되는 것은 확실히 안 된다고 선을 그어야 합니다. 그럼 점에서
지금까지 정치권의 대응에는 아쉬움이 많았고요. 이제라도 혐오와
차별에 대하여 분명한 원칙을 세울 필요가 있습니다.

Feminism
×
Democracy

문재인 정부와 젠더
:나라 만들기를 넘어 민주주의로

정희진

인식론으로서 젠더

여러분, 안녕하세요? 첫번째 강의에 이어 마지막까지 여러분을 뵙게 되어 기쁩니다. 오늘 달력을 넘기는데, "12월 20일 대선"이라고 되어 있는 거예요. 시간여행을 한 느낌? 문재인 정부가 출범한 지 몇 년은 된 것 같은데……. 해마다 12월에 하는 진부한 표현이지만, '올해는 정말 많은 일이 있었습니다'. '다사다난' 정도가 아니라 시민혁명이 있었으니까요. 돌이켜보기만 해도 가슴이 뛰네요.

원래 오늘 강의 제목은 '문재인 정부와 젠더'였어요. 그런데, 강의 기획하시는 분들이 너무 '과격'하다고 하셔서 홍보는 '좋은 정부와 나의 삶' 이렇게 나갔지요. 좋은 정부와 나의 삶? 너무 막연하지 않나요? 아무리 좋은 정부도 모든 국민을 다 행복하게 할 수는 없잖아요?

한국사회에서는 논의가 부족하지만, 서구의 사회과학에서는 인종, 계급, 젠더, 이 세 가지를 사회를 구성하는 기본요소라고 봅니다. 물론 백인중심주의, 성차별, 인종문제는 별개로 작동하는 것이 아니라 서로 간에 얽혀 있어서, 하나라도 배제할 경우 제대로 사회를 인식할 수 없죠. 서구에서는 인식론으로서 젠더의 지위가 높지만 우리는 그렇지 않습니다. 한국사회에서는 허구한 날 여성들이 죽어나가도, 사소한 문제로 취급되거나 아예 이런 일에 대한 개념이 없죠. 이것은 중요한 문제입니다. 단지 여성에 대한 존중이 없는 것이 아니라 타자, 약자, 소수자에 대한 인식이 없는 것이고

인권과 민주주의 의식이 없는 것입니다. 더욱 본질적으로는, 우리는 우리를 모릅니다.

저도 '문빠'였지만……

지금 저를 비롯해, 문재인 정부에 대한 기대와 사랑은 대단하죠. 저는 저 나름으로 촛불시위는 물론 선거운동도 열심히 했고……, '이제, 모든 게 잘 되겠구나, 일상으로 돌아가자……', 이렇게 생각했어요. 저야말로 젠더를 모른 거죠. 탁현민씨 사건이 터지면서, 저는 더 바빠졌어요. 그리고 꼭 그 사건 때문은 아니지만, 연재했던 모든 지면과 강의를 그만두었어요. 탁현민 행정관에 대한 문제제기가 그토록 폭풍을 일으킬 줄은 꿈에도 생각하지 못했고, 무엇보다 대통령의 태도도 이해가 안 갔어요. 저는 소위 '조리돌림'을 넘어, 제가 글을 쓰는 매체가 위협을 받으니 민폐를 끼치는 것 같아 더이상 글을 못 쓰겠더라고요. 이렇게 말하니까 제가 탁현민씨 사건에 대해 글을 굉장히 많이 쓴 것 같지만, 사실 그렇지도 않아요. 세 편? 그걸로 끝이었어요. 한편에서는, 페미니스트들이 왜 더 투쟁하지 않느냐고 저를 닦달하고…….

예전에는 여성들이 "저는 페미니스트는 아니지만 이건 문제가 있다고 생각합니다 I am not a feminist, but…"라는 류의 말을 많이 했는데, 요즘 저는 "저도 '문빠'지만……, 이건 좀 아니라고 생각합니다"라는 말을 달고 살아요. 사실, 탁현민씨 사건은 중요한 상징이었어요. 이후 문재인 정부의 성격을 가늠할 수 있는. 탁현민씨를 옹호하신 분들의 면면도 그렇고.

어쨌든, 우리가 여기서 논의할 것은 사랑이란 무엇인가입니다. 구체적으로는 지도자를 사랑한다는 것, '대통령 문재인'을 사랑한다는 것. 제가 책을 많이 읽은 사람은 아닙니다만, 그래도 이제까지 제가 아는 문장 중에서 가장 명문은 "사랑은 아무나 하나, 어느 누가 쉽다고 했나"입니다(웃음). 〈사랑은 아무나 하나〉의 노래 가사죠. 인생에서 인간관계가 가장 어렵고, 그중에서 사랑이 가장 어렵다고 생각합니다. 저는 성숙한 사랑을 주고받는 분들을 가장 존경하고 또 부러워합니다. 사랑은 인격의 총체죠. 그러나 사랑이야말로 권력관계의 '끝판왕'이라, 언제나 더 사랑하는 사람이 상처받기 마련이죠. 사랑은 절대로 명사일 수 없습니다. 동사죠. 사랑'받는' 입장보다 사랑'하는' 쪽은 더 많은 노동과 고뇌와 고통을 경험합니다. 사랑하는 사람은 피학, 마조히즘의 편에 서게 됩니다. 그래서 모든 예술은 사랑에 실패한 사람의 작품이죠. '나는 너를 떠났노라' 이런 작품은 없습니다. 모든 문학은 '님은 떠났습니다, 저는 비참합니다, 저는 괜찮습니다, 저는 아직도……' 등이 서사가 됩니다.

'문빠'는 문재인 대통령을 사랑하는 분들인가요? 묻고 싶습니다. 사랑을 하면, 겸손하고 행동이 조심스럽고, '누군가를 사랑하는 사람이라는 정체성' 때문에 훌륭한 사람이 되려고 노력하게 되지 않나요? '그분에게' 폐가 되지 않을지 별별 생각을 다 하잖아요? 그래서 사도 바울이 그토록 위대하고 가장 많이 회자되는 거잖아요. 그는 예수를 위해서라면, 모든 변화를 감수하겠다고 했잖아요. 팬덤fan/dom문화가 처음 한국사회에 등장했을 때죠. 서태지, H.O.T., 젝스키스부터 동방신기까지 팬덤이 형성됐죠. 그들의 팬은 사회의 모범이 되고자 했어요. 공연장 청소를 한다든가, 어려운 이들을 돕는다든가 그런 일을 했잖아요. 스타를 좋아하는 사람으로서 몸가짐을 바르게 하고, 나로 인해 스타에게 피해가 가지 않도록. 그게 '국가에 대한 국민의 자세'였죠. 스타덤, 팬덤의 '덤dom'이 국가(왕국)라는 뜻이니까.

저는 '문빠'문화가 아이돌 팬문화를 본받아야 한다고 생각합니다. 지난 20년 동안 한국사회는 타락했어요. 세계가 완전히 바뀐 거예요. '사랑'이 상대에 대한 존중과 내가 성장하는 동력이 아니라 나의 개인적인 불만과 좌절, 약자에 대한 분노와 혐오를 '셀럽'을 매개로 분풀이를 하는 문화가 된 겁니다. 상대방 중심이 아니라 '나 중심'인 거죠. 쉽게 얘기하면, 제가 동방신기 팬이면 팬을 모으기 위해 노력을 하죠. 그런데 지금 '빠'들은 그 반대예요. 기존의 지지자조차 쫓아내고 있어요. 아는 지역구 국회의원 관계자들에게 물어보니, '문빠'나 '박사모(박근혜를 사랑하는 모임)'나 행동과 사고방식은 똑같다고 하더군요. 골치 아파 죽겠대요. 문재인 정권이 '문빠'의 덕을 볼까요? 그들이 '근위병'일 수 있을까요? 그게 바람직할까요? 아니, 가능할까요? 아니, 아니, 우리는 왜 이 지경이 되었을까요? 문재인 정권에 대한 무조건적 지지와 이견에 대한 배척은, 그만큼 우리가 전前 정권에 대한 상처가 크다는 이야기겠죠.

하지만, 그렇다고 지금 현상이 '정상'이라고 할 수 있을까요?

문재인 정부의 탄생과 여성들

사실 분단구조를 감안하면, 우리나라도 일본의 자민당처럼 수십 년 일당독재가 될 뻔했지요. 아시다시피, 일본은 전후 한 번도 정권교체가 된 적이 없어요. 그게 나라입니까. 일본공산당이 있긴 하지만 일본 내의 가장 피억압자인 오키나와 사람들이나 자이니치(재일조선인)와도 사이가 나쁘죠. 그런 공산당이 왜 있는지 모르겠지만, 어쨌든 일본사회의 전반적 우익화, 무기력화, 전쟁사과문제 등의 태도는 일본 지배세력의 정체停滯와 무관하지 않습니다. 지배세력이 교체되어야 건강한 사회가 됩니다. 그런 면에서 우리 국민은 여러 번 기적을 이루었습니다. 김대중·노무현·문재인 정부의 탄생은 일본의 좌파는 물론 리버럴들도 부러워하고 감탄합니다. 일본이 학문과 기술, 자본주의가 발달하면 뭐합니까. 후안무치한 사회인 것을…….

박근혜씨는 원래 멘탈이 우주에 있던 분인데, 보수세력뿐만 아니라 한국사회가 그것을 알지 못했어요. 이 역시 정말 짚고 넘어가야 할 문제지만, 오늘은 문재인 정부의 탄생 과정에서 여성의 절대적 역할을 말씀드리고 싶습니다. 필연도 우연이 없으면 풀리지 않지요. 아시다시피, 촛불의 시작은 이화여대 사태였죠. 이화여대의 대학 (신자유주의적) 구조조정, 소위 '미래라이프' 대학 신설문제로 학생들이 반대시위를 했죠. 이 문제는 여자대학으로서 정체성이 걸린 중요한 문제였어요. 그 사업이 젠더산업과 관련이 있었으니까요. '페미니스트 학생'들은 반대할 수밖에 없었죠. 이 과정에서 그 유명한 정유라씨가 SNS에 쓴 글이 문제가 되었습니다. "부모의 돈도 실력이다." 이 내용도 문제지만, 학생들은 학교에서 그녀를 본 적이 없다는 것에 의문을 갖습니다. 학교에 안 나오는 학생. "쟤 누구냐?"부터 시작해서 특혜 입학, 특혜 학점이 줄줄이 나왔고, "정유라 엄마가 최순실이고 이모(?)가 대통령이래"라는 사실(?)이 알려지면서 이화여대 사태는 광장으로 연결되었습니다. 국정농단이 여기에 맞물리고요.

정유라씨는 촛불의 기폭제가 되었죠. 만일 촛불시위가 기존처럼 일부 남성들의 '선도'투쟁과 경찰 간의 '폭력'투쟁이었다면, 즉 남성들끼리의 각목과 최루탄이 난무한 시위였다면 오래 가지 못했을 겁니다. 일반시민과 여성들의 대거 참여가 시위문화를 바꾸었고, 많은 시민들이 주말은 '촛불 가는 날'로 정해놓고 몇 개월을 살았습니다. 박근혜씨, 이명박씨에게 투표한 일반시민들까지 "내 손가락을 자르고 싶다"는 심정으로 참여했습니다. 여성과 가족단위의 참여는 기존과는 다른 양상, 즉 모든 시민의 참여였습니다. 그렇지 않았다면 박근혜 대통령 탄핵과 최순실씨, 박근혜씨의 구속이 가능했을까요?

또 바람직한 현상은 아니었지만, 저는 문재인 정부가 최순실씨와 박근혜씨, 정유라씨에 대한 '여성혐오'의 덕도 보았다고 생각합니다. 그들이 인간이든, 여성이든 간에 저도 진저리나게 싫고 역

266

겨웠으니까요.

한마디로 문재인 정권은 여성들에게 빚졌습니다. 여성들이 밥을 차렸는데, 밥상 아래서 밥을 먹으라고 하면 기분이 안 좋죠. 아니, 안 좋은 정도가 아니라 밥상 엎고 싶죠. 탁현민 행정관 사태 때 이미 한 번 실망했지만, 그야 뭐…… 사연이 있겠지요. 사실 저도 저 자신을 그다지 페미니스트라고 생각하지 않습니다. 너무 부족한 것이 많으니까요. 저는 '페미니스트 대통령'까지는 바라지 않습니다. 다만, 최소한의 균형감각은 있어야 한다고 봅니다. 현재 여성장관 몇 분은, 물론 훌륭하시긴 하지만 '페미니스트 장관'이 아니라 그냥 문재인 라인의 여성들이죠. 전체 차관 중에서 여성은 딱 두 분입니다. 그것도 한 분은 여성가족부 차관이고요. 참고로 여성가족부 예산은 전체 예산의 0.18퍼센트입니다.

문재인 정부의 성격과 한국사회

많은 전문가들이 이 정권이 오래갈 것이라고 예상합니다. 소위 선거전문가나 정치평론가들과 그 이유는 다릅니다만, 저도 그렇게 생각합니다. 저는 분단 이후 보수의 사상적(?) 한계가 극에 다다랐다고 봅니다. 원래 한국의 보수는 실체가 없다고 보는 것이 정확할 것입니다. 그냥 반공·반북세력 아니면 부패세력이죠. 특별한 입장이 있다기보다는 북한의 존재 때문에 그 안티테제로서 보수가 기생할 수 있었습니다. 그런데 지금 북한은 핵 이야기가 있긴 합니다만, 남한과 대당對黨관계가 아니라 타자죠. 너무나 격차가 벌어졌고 일반인들, 특히 젊은이들은 관심도 없습니다. 멀고도 가까운 나라는 일본이 아니라 북한입니다.

지금 문재인 정부를 구성하고 있는 핵심적인 인사들이나 지지세력은 '87체제'의 산물, 오랫동안 '386'으로 불려온, 1980년대에 대학생활을 한 사람들입니다. 한국전쟁 이후에 이제까지 이만한 정치세력이 형성된 적이 없습니다. 4·19세력은 5·16으로 금방 변절했고, 1970년대는 그야말로 암흑의 시대였죠.

1980년대에 대학을 다닌 남성들은 '운이 좋았죠'. 물론 '빨갱이'를 푸른색으로 개조한다는 녹화綠化사업으로 군대 끌려가신 분들, 고문 피해자, 수많은 민주화항쟁의 열사들이 계시지만요. 그 시절 대학을 다닌 남성들은 한국경제가 글로벌라이제이션에 편입되기 직전에 모두 취직했습니다. 4년 내내 시위를 했거나 전과가 있거나 학점이 나빠도 자기계발 같은 것 없이 대기업에 취직했어요. 지금 10~20대 여성들에게 '한남 아재'라고 불리는 분들이죠(웃음). 중년과 청년 사이의 취업 경험의 차이는 세대문제나 세대 간 갈등이 아닙니다. 철저한 자본주의운동의 결과입니다. 일단 여성은 제외고, 그밖에 지역 및 계급 차이가 있지요.

결과적으로 이들은 민주화운동세력이라는 자부심과 경제적 혜택을 동시에 누린 사람들이죠. 세력층이 두텁고 '친일' 등의 낙인으로부터 자유롭습니다. 제주 4·3이나 월북사태 같은 손실도 적었습니다. '인권'이나 '평화'라는 언설에도 많이 노출된 '세련된' 시민입니다. '강남 좌파'가 형성될 정도입니다. 강남 좌파는 실재하니

다. 중산층, 고학력, 진보세력이 〈한겨레〉의 주요 정기구독자들이
죠. 그런데다가 나영석, 김태호 같은 90년대 학번의 문화자본을 가
진 사람들이 결합을 하면서 상호보정적인 관계가 되었습니다. '친
일'이니 '친미'니 하는 논란도 없습니다. 외세 혹은 외국과의 관계
에서 정체성을 형성할 만큼, 이제 한국은 그렇게 못사는 나라가 아
닌 거죠.

  게다가 문재인 정부의 가장 큰 자산은 '문재인' 그 자체라고 할
만큼 '인간 문재인'이 훌륭합니다. 품격이 있죠. 우리가 언제 이런
얼굴을 한 대통령을 가져본 적이 있나요? 전두환씨나 이명박씨 얼
굴을 생각해보세요(폭소). 그 나이가 되면 얼굴은 얼굴이 아니라 인
생입니다. 실력은 물론, 친밀감, 서민적 이미지와 품격, 진정성을
모두 갖추었습니다. 게다가 호남을 배려하는 영남입니다. 문재인
이라는 캐릭터가 신자유주의라는 구조를 메우고 있다고 해도 과언
이 아닙니다. 하지만 대통령의 인격과 스킨십으로는 한계가 있지
요. 문제는 시민입니다. 구조를 직시하고 개선하려고 노력해야지,
팬덤으로 위로받으려고 하면 공도동망共倒同亡입니다. 다 망합니다.

  이들에게 '유일한 약점'은 젠더입니다. 젠더는 시공간을 초월
해 어느 사회에서나 모든 남성의 정치적 문제지만, 이들에게는 도
덕적 우월감이 있어요. 문제는 그것입니다. 도덕적 우월감과 자부
심 때문에 '다른 정치', '다른 목소리'를 인정하지 않아요. 이것이
운동권, 좌파, 진보세력의 적폐가 될 것입니다. 진보나 보수나 여
성문제, 성소수자문제에서는 별 차이가 없다는 것이죠. 그래서 새

로운 구호가 등장했죠. "나중에!" 여성문제는 나중에. 선후를 자기들이 정한 겁니다. 예전에는 '부차적 문제', '사소한 문제'였는데 요즘엔 '나중에'죠. 젠더 스캔들은 계속 터질 것입니다. 이미 저출산이라는 구조적 저항이 완강한데다 지금 젊은 세대, 여성들은 참지 않아요.

저는 성차별 자체보다 남성과 여성의 성차별에 대한 인식차가 더 걱정입니다. 한국남성들의 문화지체 현상은 결국 남성들에게 부메랑이 될 것입니다. 여성들은 '한남'과 대화하려 하지 않아요. 남자들은 자기 문제를 몰라요. 그러니 괴롭고, 열폭하는 거죠(웃음). 아이러니하게도 기득권세력이 괴로운 사람인 셈입니다. 원래 '사회적으로' 우울증은 여성의 병인데, 한국남성의 우울증이 심한 것도 이러한 배경에서입니다.

IT, 금융·유통자본주의 시대의 범퍼

언뜻 문재인 정부는 안정돼 보이죠. 지지세력이나 지지율을 보면 대통령께서 잘못한 건 별로 없어요. 북한, 김정은이 골치지. 하지만 북한문제는 대통령 혼자의 책임이 아니잖아요. 북핵 뉴스만 사라지면 지지율은 계속 70퍼센트가 넘습니다.

문제는 우리의 일상이죠. 오늘 이렇게 많은 분들이 모인 이유도 '좋은 사람이 대통령이 되었는데 왜 우리의 삶은 달라지지 않는가' 이 문제가 궁금하신 것 아닌가요? 고3 소년이 프레스기에 깔리는 사고, 혼자 스크린도어를 수리하던 젊은이가 사망한 구의역 사고……. 제가 오랜만에 대학에서 시간강사를 하면서, 한국 대학생의 현실에 쇼크를 받은 상태거든요. 젊은이들이 그렇게 많은 분노, 좌절을 갖고 있는지 몰랐습니다. 쉽게 얘기하면 기성세대에 대한 적대감이 강하고, 또 한편으론 이유는 모르겠는데 자신감이 없어요. 학생들에게 '아침에 일찍 일어나는 새가 벌레를 많이 잡는다'를 주제로 작문 숙제를 내주었는데, 제가 놀란 것은 많은 학생들이 자신을 벌레와 동일시하고 앞으로 벌레로서 어떻게 살아야 하는가를 고민하고 있었다는 것이었습니다. 저희 세대는 당연히 자신을 새와 동일시했죠. 그냥 부지런한 새. 여기서 새는 근대적 인간의 메타포잖아요. '높이 나는 새가 멀리 본다' 이런 거요. 그런데 젊은이들에게 새는 독수리였어요. 큰 독수리 한 마리가 있고, 자신들은 벌레라는 거예요.

지금 자본주의는 인류가 단 한 번도 마주치지 못한 체제입니다. 묵시록적이죠. 그게 『호모 사케르』라는 책의 내용입니다. 자본주의가 완전히 인간의 조건을 장악했다는 이야기입니다. 이 문제는 '좋은 정부'가 풀 수 없습니다. 박근혜 정부, 이명박 정부는 그나마 최악의 정부였고, 아니, 정부고 뭐고 아무것도 아니었죠. 글로벌자본주의사회에서 국가는 우리가 생각하는 국가가 아니에요. 사실, 정상적인 국가는 한 번도 없었어요. 지금 국가가 할 최선은 글로벌자본을 얼마나 걸러내는가, 필터링하는가인데 문재인 정부도 사드나 FTA 앞에 무력합니다. 그나마 이 국가의 역할을 '이명박' 수준에서 하느냐 '문재인' 수준에서 하느냐, 그 차이죠. 지금은 국제사회도, 국가도 없어요. 잘사는 글로벌시티들 간의 연대가 곧 세계의 창이죠. 뉴욕, 동경, 상하이, 런던, 파리……. 아직 서울은 그것도 아니에요.

산업자본주의에서 금융·유통자본주의로 이동하면서 나타난 가장 큰 특징은 당연히 양극화죠. 고실업과 극한경쟁. 그래서 우리나라가 1등이 많죠. 자살, 우울증, 저출산, 흡연율, 술 소비, 의류 소비, 성폭력, 교통사고.

군대와 학교라는 산업자본주의의 근간이 붕괴된 지는 오래됐죠. 교실은 붕괴했고, 미국의 자살폭탄 테러가 한국에서는 군대 내무반에서 일어나고 있습니다. 프랑코 베나르디의 표현에 의하면, 스펙터클한 살인 겸 자살spectacular murderous suicides이죠. 미국과 한국이 비슷할 지경입니다. 그리고 무엇보다 이미 엄청난 부자들은 우리 눈앞에서 사라졌어요. 보이지 않습니다. 그들만의 세계가 있습니다.

부의 극단적 편재도 문제지만, 앎의 양극화도 지적하고 싶어요. 앎의 양극화, 쉽게 말하면 우민화인데, 앎의 양극화의 전제는 앎의 '대중화'입니다. 그 매체는 스마트폰이죠. 누구나 '전문가'인 시대예요. 물론 훈련된, 훈육된 전문가는 없습니다. 단편적인 정보나 '팩트'를 지식이라고 생각하는 시대에 모두가 스마트폰만 가지면 지적으로 평등한 시대가 되었습니다. 중학생들은 '구글' 번역기로 영어 작문을 하고 한자는 '변환'을 누릅니다. 글자를 못 쓰는 학생이 많습니다. 일본에서는 오래전부터 '하류사회', '자발적 루

저' 등의 논의가 있어왔습니다. 일본에서 먼저 이런 현상이 등장한 것이 아닙니다. 그들은 문제도 심각하지만, 그만큼 논의도 치열합니다. 우리 사회와 일본은 문제가 드러나는 속도는 비슷합니다. 그러나 우리는 사회적 문제제기가 없어요. 그게 진짜 문제입니다. 일단, 우리는 IT에 도취되어 있어요. 한국사회는 좌파나 페미니스트나 모두 성장주의자, 발전주의자입니다. 다시 말해, 서구콤플렉스에서 자유롭지 않습니다. 당연히 문제제기나 연구가 없을 수밖에 없죠. 스마트폰이나 SNS의 장단점을 따지자는 이야기가 아닙니다. 매체로 인해, 도구로 인해 인간의 조건이 바뀌었고, 그것을 해석해야 합니다.

저는 저출산을 걱정하지는 않습니다만, 경제적 형편 때문에 아이를 낳지 않겠다는 사람들은 월 100만 원에서 200만 원 사이의 임금으로 '다이소'에서 구입한 물건으로, '이마트'에서 '노브랜드'라는 유통을 장악한 재벌의 브랜드로 '혼술', '혼밥'하며 먹고살 수 있어요. 그리고 문재인에 열광하고요. 삶이 만족스러워요(웃음).

혐오문제는 간단히 볼 문제가 아니에요. 분노가 아니거든요. 분노는 상대방과 나의 상호작용 속에 담긴 저항적 행위예요. 그런데 혐오는 자기 생각, 혼자만의 투사, 이를테면 망상이거든요. 혐오할 '객관적' 근거가 없어요. 사회에 혐오가 만연해 있고 일부 여성들까지 페미니즘의 이름으로 혐오를 하기 때문에 많은 사람들이 놀라는 거거든요. 저는 흔히 '여자 일베'라고 불리는 '워마드 페미니스트'나 극단적 미러링을 젠더문제로 보지 않습니다. 젠더는 매개일 뿐, 이건 그냥 혐오문화의 일부예요.

사람들은 이렇게 생각합니다. 어차피 나는 안 되니까 나보다 약한 자를 짓밟거나 '셀럽'을 욕망합니다. 미국의 백인남성노동자들이 '어차피 내가 잘살기는 힘들지만 트럼프를 내세워서 유색인간들을 들볶아보자' 이러는 건 욕망의 산물이지, 노동자라는 존재의식의 산물이 아니잖아요. 존재의식의 산물이면 노동자들이랑 연대를 해야죠. 문제는 존재와 의식이 사회를 바꾸는 게 아니라 욕망과 선망이 사회를 바꾸고 SNS는 여론을 과잉재현한다는 겁니다. 익명성·과잉재현·관음증·노출증도 문제지만, 근본적인 문제는 자신도 모르게 자기 조작이 훨씬 쉬워졌다는 것입니다. 좌절도 쉽지만 출세도 쉬워졌어요. 악명도 유명세가 되었으니까요. 어쨌든 모든 사람이 24시간(?) 스마트폰 화면과 얼굴을 맞대고 있는 상태. 이것이 의미하는 바는 무엇일까요? 아니, 왜 이 의미를 연구하지 않을까요?

'좋은 정부'보다 '좋은 사회'를

정리를 하면 이거예요. 우리는 아직 식민지콤플렉스, 서구콤플렉스를 극복하지 못했고, 사실 그게 뭔지도 몰라요. 경제력이면 다 되는 줄 압니다. 그것도 재벌의 경제력이지 '국부'도 아니죠. 정상국가에 대한 열망 때문에 한국사회는 언제나 '나라 만들기' 중입니다. 좌우가 방법이 다를 뿐이죠. 우파는 이조차도 안 하고 국민들을 상대로 횡령을 일삼죠. 좌우 모두 국가 만들기 방법을 놓고 정치적 전선을 만듭니다. 국민이 잘사는 게 아니라 대한민국이 세계에서 어떻게 보이고, 어떤 국가적 위상을 갖는가, 국격을 갖는가가 이들의 관심사죠. 한류와 민주화운동 경험을 수출(자랑)하는 것과 무기를 수출하는 것이 그렇게 다를까요? 생각해볼 문제 아닌가요? 정치적 전선을 독점하고, 이 사회의 고실업·양극화 등 실제 사회문제에 대해선 상대적으로 무관심하죠. 그런데 여성들은 실제 사회문제에 관심이 있을 수밖에 없어요. 당장 자기가 살림을 하니까. 그런데 여성들의 문제제기는 항상 사소한 거죠.

정상국가에 대한 욕망보다 사회를 어떻게 건강하게 만들 것인가가 중요합니다. 박근혜 정부도 사회가 건강하면 변화시킬 수 있고, '통일로 인한 혼란'도 우리 사회의 역량에 달렸어요. 그런데 우리는 '사회'가 없고 '국가'만 있어요. 심지어 국가가 시민사회도 만들어요. 사회가 썩으면서 좌파세력과 페미니즘세력도 부패에서 자유롭지 않게 되었습니다. 좌파 내부의 성폭력 사건들은 오래된 일이지만, 어쨌든 지금은 뻔뻔한 사람들이 이기는 세상이죠. 실력은 없으면서 욕망만 많은 사람 혹은 악당도 '셀럽'이 되는 사회입니다. 그런 식의 캐릭터들이 엄청나게 등장하면서 스트레스 받고 괴로운 적 없으세요? 지금 제주도가 사람들이 많아서 가라앉을 판이잖아요? 제주도가 무슨 죄예요? 도시나 속세(?)가 너무 싫은 겁니다. 은둔, 자살, 망명. 셋 중에 선택을 하는 거잖아요. 같이 더러워질 것인가, 이렇게 사느니 은둔할 것인가. 모든 이의 고민이죠.

지금 정부가 하고 있는 것은 민주주의가 아니라 절차의 상식

화죠. 상식을 만들어가는 것은 매우 중요하지만 그 자체가 민주주의는 아니죠. 민주주의는 말 그대로, '민^民'의 지배입니다. 그런데, 그 민중이 남녀노소, 지역, 계층 등 단일하지 않기 때문에 끝없는 논쟁과 사회적 투쟁이 필요한 것이지요. 한마디로 영원한 추구의 과정입니다. 청문회 나오는 사람을 보면, 이명박 정부나 문재인 정부나 다를 바가 없잖아요? 액수의 차이가 다르다면 다른가요? 표절, 부동산, 성폭력, 거의 비슷하잖아요. 우리나라 엘리트들은 다 그렇게 사나봅니다. 심지어 『삼수 사수를 해서라도 서울대를 가라』, 이런 책을 쓴 사람이 장관입니다. 그 사람이 서울대에서 가르치지 않는데, 그럼 자기가 가르치는 제자들을 어떻게 생각한다는 겁니까.

저는 이런 일들이 스트레스를 넘어 이제 가슴이 아파요. 제 강의 녹취록을 다듬는데 지금 이런 뉴스가 올라왔네요. 그룹 샤이니의 가수 종현씨의 자살 소식을 들었습니다. 누나에게 보낸 문자가 "고생했다고 말해줘, 나 좀 보내줘". 이것은 개인적 문제가 아니라 증후적 현상입니다.

고통을 회피하는 사회는 더 고통을 치릅니다. 제가 문재인 정부에게 바라는 점은 고통에 직면하고 열려 있기를⋯⋯. 물론, 여성들의 고통도 포함해서요.

어쨌든 조악하게나마 8강의 내용을 요약하면, 문재인 대통령의 '얼굴'과 스마트폰이 신자유주의에 저항하지 못하도록 하는 '도피처'가 되지 않도록 하자는 것입니다. 감사합니다.

질
의
응답

Q. 2017년 11월에 청와대에서 낙태죄 폐지 청원에 대한 동영상 답변이 올라왔는데, 그 영상이 '쇼'라고 생각하시는지요? 그렇게 생각하신다면 문재인 정부가 그런 쇼잉을 얼마나 지속할 것 같으신가요?

A. 저는 전혀 쇼라고 생각하지도 않고, 근본적으로는 '쇼'를 나쁘게 생각하지 않습니다. 아무리 쇼를 잘해도 물건이 나쁘면 안 팔립니다. 저는 그 영상을 보고, 어디까지가 진심인지 아닌지를 따질 수는 없다고 봅니다. 모든 것은 쇼입니다. 제 강의도 쇼입니다. 쇼를 안 하면 강의를 할 수가 없죠. 문제는 진정성이라기보다 그것이 어떤 정치적 맥락에서 나왔느냐가 중요하지요.

낙태죄 관련해서 한마디 더 붙이자면, 저는 낙태죄 폐지 입장도, 반대 입장도 아니에요. 대한민국에서 낙태 안 한 여성은 없을 겁니다. 우리나라에서 낙태죄는 사문화된 법, 죽은 법이에요. 법은 있지만 실제로는 지켜지지 않는 법. 문제는 이런 법들이 다 여성이 고통받는 법이라는 겁니다. 젠더 관련법은 거의 공식적으로는 불법이지만 일상적으로는 합법이죠. 가정폭력이 불법이 됐다고

그다음날 가정폭력률이 줄었어요? 낙태는 너무 흔합니다. 합법화
는 너무나 당연한 거고. 지금 쟁점은 합법화냐 아니냐가 아닙니다!
우리나라에서 낙태가 사후피임 수단이잖아요. 이건 공중보건문제
(여성건강문제)예요. 여성들이 성관계할 때 남성들에게 콘돔을 강
제할 권력이 없는 거잖아요. 여성들에게는 그 정도 협상력도 없고,
남성들은 그 정도 인권·생명의식도 없는 사회가 우리가 사는 사회
입니다.

　근본적으로 섹스할 때 남성의 태도, 피임에 달려 있는 것이지
낙태죄 찬반논쟁이 무슨 의미가 있습니까. 남성들은 여성들이 자
신들 때문에 얼마나 많이 낙태를 하는지 몰라요. 여성들이 말을 안
하고 낙태를 하기 때문에.

　저는 낙태가 우리나라에서 가장 큰 성폭력이라고 생각하는 사
람이에요. 낙태와 유산은 출산과 똑같은 과정입니다. 합법화/비합
법화에 초점을 맞추는 것 자체에 분노합니다. 여자들의 몸을 막 다
뤄도 되는 겁니까? 낙태만 안 시켜도 남자들은 페미니스트로 존경
받을 판입니다. 낙태 수술한 다음날 출근하는 여성들이 얼마나 많
은 줄 아십니까.

Feminism
×
Democracy

지금 여기의 페미니즘×민주주의

초판 1쇄 발행 2018년 5월 14일
초판 3쇄 발행 2020년 8월 25일

지은이 정희진 서민 손아람 한채윤 권김현영 손희정 홍성수
펴낸이 신정민

기획 한겨레21
편집 신정민 이정신
디자인 이효진
마케팅 정민호 김경환
저작권 한문숙 김지영 이영은
모니터링 이희연 박세연
홍보 김희숙 김상만 지문희 우상희 김현지
제작 강신은 김동욱 임현식
제작처 한영문화사
펴낸곳 (주)교유당
출판등록 2019년 5월 24일 제406-2019-000052호
주소 10881 경기도 파주시 회동길 210
문의전화 031) 955-8891(마케팅) 031) 955-3583(편집)
팩스 031) 955-8855
전자우편 gyoyudang@munhak.com

ISBN 978-89-546-5126-4 03300